*Das Herz hat seine Gründe,
von denen die Vernunft
nichts weiß*

(Blaise Pascale)

Anna Maria Luft

Im Labyrinth der Gefühle

Roman

Handlungen und Namen von Personen sind frei erfunden.
Ähnlichkeiten mit lebenden oder verstorbenen Personen sind Zufall.
Die Tatsachen in diesem Roman sind historischer Art.

© 2017 Anna Maria Luft
Umschlag: Thomas und Hans-Joachim Luft

Verlag: tredition GmbH, Hamburg

ISBN
Paperback   978-3-7439-2361-4
e-Book   978-3-7439-2362-1

Printed in Germany

Das Werk, einschließlich seiner Teile, ist urheberrechtlich geschützt. Jede Verwertung ist ohne Zustimmung des Verlages und des Autors unzulässig. Dies gilt insbesondere für die elektronische oder sonstige Vervielfältigung, Übersetzung, Verbreitung und öffentliche Zugänglichmachung.

1. Kapitel

München, August 1987, ein Jahr nach Tschernobyl.

Seit dem Morgengrauen lag Andrea wach in ihren Kissen, mit Gedanken wie ein verknotetes, nicht zu entwirrendes Wollknäuel. Immer noch wurde sie von den hässlichen Szenen des Vorabends verfolgt. Sie und Robert hatten einander mit bösen Worten verletzt. Dies geschah öfter in letzter Zeit, aber diesmal war ihre Auseinandersetzung eskaliert. Erst hatten sie sogar noch einmal in Ruhe über das Organisatorische ihrer Reise, die sie am nächsten Tag zusammen mit ihrem jüngsten Kind antreten wollten, gesprochen. Als dann Andrea zugegeben hatte, seine Wanderjacke nicht aus der Reinigung geholt zu haben, war Robert so sehr in Rage geraten, dass er ihr ein halbes Glas Wein ins Gesicht geschüttet hatte. Dabei war ihre weiße Bluse samt Unterwäsche mit großen roten Flecken beschmutzt worden. Drohend hatte sie die Hände erhoben und getobt: „Die Bluse ist hinüber, nicht mehr zu retten. Ich kann sie nur noch wegwerfen."

Sie hatte daraufhin das Kleidungsstück ausgezogen und es zornig in den Mülleimer geschmissen. Robert war ihr nachgegangen, weil er geahnt hatte, was sie in ihrer Wut anstellen würde, und hatte die Bluse von ihr unbemerkt wieder herausgeholt. Er hatte sich vorgenommen, sie nach dem Urlaub zur Reinigung zu bringen.

Andrea hatte außer sich vor Zorn geschrien: „Du kannst morgen allein mit Steffi verreisen", wozu er geschwiegen hatte, da es für ihn keinen Zweifel daran gab, dass seine Frau ihre Androhung nicht wahrmachen würde. Genau wie er wusste sie doch, dass sich Stephan nach einer Reise mit beiden Elternteilen sehnte. Er sprach seit Tagen von nichts anderem mehr.

Mit seinen neun Jahren hing er noch sehr an Mama und Papa. Als aufgeweckter, intelligenter Junge befürchtete er, seine Eltern könnten eines Tages auseinandergehen, da sie ständig einander in den Haaren lagen.

Die beiden erwachsenen Kinder, Jochen 19, Monika 21 Jahre alt, dachten nicht mehr daran, mit den Eltern etwas zu unternehmen. Sie gingen bereits ihre eigenen Wege.

Nachdem sich Robert am Abend schlafen gelegt hatte, war ihm die Auseinandersetzung mit seiner Frau nochmals durch den Kopf gegangen. Es hatte ihm leid getan, ihr den roten Rebensaft ins Gesicht geschüttet zu haben. Ihm war voll bewusst geworden, wie impulsiv er reagieren konnte, wenn er sich ärgerte. Doch nicht nur er verhielt sich so, auch Andrea fuhr allzu leicht aus der Haut. Robert wäre gerne zu einer Versöhnung bereit gewesen, aber sie hatte sich bereits in den Kopf gesetzt, sich von ihm zu trennen. Er jedoch würde gerne mit ihr zusammenbleiben, weil er sie immer noch liebte. Außerdem hätte er gerne der Kinder wegen diese Gemeinschaft aufrecht erhalten.

Als Andrea an diesem Morgen aufstand, lag Robert noch im Bett und schlief fest, weil es am Abend so spät geworden war. Sie jedoch war schon bald aufgewacht und erhob sich nun schwankend von ihrer Schlafstätte. Sie betrat den flauschigen, ihre nackten Füße umschmeichelnden Bettvorleger und tapste zum Fenster, um die beiden Schals der geblümten Vorhänge aufzuziehen. Beim Öffnen des Fensters blinzelte sie, als ihr die Sonne direkt ins Gesicht schien. Der Tag versprach wie gestern sonnig zu werden, hoffentlich nicht zu heiß, damit die Temperatur im Auto erträglich war.

Schon in wenigen Stunden sollte die Fahrt losgehen. Dabei war noch kein Gepäck im Auto untergebracht.

Gähnend trat Andrea in die Diele hinaus. Sie erschrak über das heillose, auch teilweise von ihr selbst angerichtete Durcheinander. Der Föhn lag auf der Badetasche, und, wie gedankenlos, die Badetücher hatte jemand auf das Schuhbänkchen gelegt. Wahrscheinlich war es Stephan gewesen. Oder doch Robert? Sie nahm die Wäsche herunter und legte sie im Schlafzimmer über die Betten.

Ein offener Koffer, in den der Junge seine Unterwäsche wahllos hineingeworfen hatte, einen Pulli und zwei Bücher obenauf, lag mitten im Raum. Dass Robert nun seine Wanderschuhe vor die Badezimmertür gestellt hatte, sodass man darüber stolpern konnte, ärgerte sie. Wollte er sie damit absichtlich erzürnen? Natürlich hätte sie sie des lieben Friedens Willen wegstellen können, aber um ihren Frust abbauen zu können, hielt sie es für gerechtfertigt, ihn zur Rede zu stellen. Leise fluchend hob sie ihre Füße und stieg darüber hinweg.

Nach ihrer Morgentoilette nahm sie sich vor, Stephan zu wecken. Sie stürmte in das Zimmer ihres Sohnes, worauf der blonde Lockenkopf augenblicklich hochschnellte. Das Kind fragte schlaftrunken: „Mama, was ist los? Ist was passiert?"

„Nichts! Bitte, Steffi, könntest du aufstehen und das Frühstück machen? Die Zeit drängt."

Stephan hüpfte aus dem Bett, seiner Mutter auf den rechten Fuß.

„Aua", schrie sie, „mein Hühnerauge."

Er grinste. „Pardon, gnädige Frau. Ja, ich mach schon das Frühstück."

Stephan, ein lebhaftes Kind, manchmal auch unfolgsam, ging seiner Mutter oft zur Hand. Ab und zu richtete er am Sonntag die erste Mahlzeit des Tages. Jedoch musste man ihn höflich darum bitten, durfte ihn niemals direkt dazu auffordern.

Ihm fiel jetzt dazu ein: „Ich möchte aber kein glibberiges Legehennenbatteriezeugs machen, sondern harte Eier. Sonst könnte ich auch eine Matschpampe mischen, so wie Jochen sie isst."

Ungehalten schüttelte die Mutter den Kopf. „Fällt dir nichts Besseres ein als Jochen zu kopieren?"

Er lachte. „Mams, die Eier solltest du aber nicht im Supermarkt kaufen, sondern aus dem Hühnerstall nehmen."

Sie ging gerne auf seinen Spaß ein, weil sie ihm die gute Laune nicht verderben wollte. „Das überlass ich dem Fuchs", äußerte sie schmunzelnd.

Fröhlich erwiderte der Sohn: „Der Fuchs holt sich doch lieber ein Huhn und lässt die Eier liegen."

„Da hast du auch wieder recht, du Schlaumeier, du."

Andrea teilte Stephans Vorfreude auf diese Reise nicht.

In der Diele ergriff sie die Tasche mit den Schuhen, die sie ins Treppenhaus hinaustrug und zwischen Tür und Rahmen des Aufzugs klemmte. Gleich darauf holte sie noch die Badetasche und den Kassettenrekorder aus der Wohnung. Mit diesen Gegenständen fuhr sie ins Parterre hinab. Sie schleppte das Gepäck hinüber zum

Auto, wo sie es im Kofferraum verstaute. Hinterher rauchte sie auf dem Beifahrersitz eine Zigarette, ehe sie in die Wohnung zurückkehrte.

Robert war inzwischen aufgestanden. Als Andrea wieder eintrat, roch er schon von Weitem, dass sie geraucht hatte. Er verzog zwar verächtlich das Gesicht, schwieg jedoch, um die verfahrene Situation nicht noch schlimmer zu machen. Nachdem Stephan außer Sichtweite war, flüsterte er seiner Frau mit versöhnlicher Stimme zu: „Bitte, Andrea, lass uns im Urlaub nicht mehr streiten. Steffis Ferien und auch unsere sollen doch ungetrübt bleiben. Meinst du nicht auch?"

Ihre grünen Augen sahen ihn herausfordernd an.

„Ungetrübt? Schwierig, wenn du dich selbst nicht beherrschen kannst."

„Das kann ich doch und tu es auch. Darauf kannst du dich verlassen. - Übrigens, deine Mutter hat angerufen, als du unten warst. Steffi hat mit ihr geredet. Ich habe gehört, wie er gesagt hat: *Omi, kommt nicht in die Tüte, dass ich Mama heraufhole. Wir fahren nämlich gleich in Urlaub und haben keine Zeit.* Sie hat sauer reagiert, hat Steffi gesagt."

Andrea fuhr sich über die Stirn. Obwohl sie wütend auf ihre Mutter war, die in Walsrode lebte und hin und wieder bei ihr anrief, um sie mit unberechtigten Vorwürfen und unerfüllbaren Wünschen zu nerven, fand sie das Verhalten ihres Sohnes ungehörig. Sie suchte ihn in der Küche auf. „Steffi, so behandelt man seine Oma nicht", rief sie tadelnd. „Papa hat mir erzählt, was du gesagt hast. Sie ist schließlich kein Staubsaugervertreter, sondern deine Großmutter. Du hast dich bei ihr zu entschuldigen. Am besten, Du schreibst ihr eine Ansichtskarte vom Urlaub aus."

„Ja, mach ich schon", erwiderte der Sohn gereizt. „Ich wollte dir nur Ärger ersparen. Den hast du doch immer mit ihr."

„Ich setze mich schon selbst mit ihr auseinander. Für dich ist und bleibt sie deine Oma. Sie ist doch auch lieb zu dir. Warum kannst du es nicht auch sein?"

„Und warum ist sie es nicht zu dir?"

Wütend erwiderte Andrea: „Das ist meine und Omas Angelegenheit. Junge, schreibe dir das gleich mal hinter die Ohren."

Stephan verzog das Gesicht und murmelte: „Mams, da hinten steht schon so viel geschrieben."

„Mit Recht", erwiderte Andrea, ohne ihre Miene zu verziehen.

Stephan kam nahe an seine Mutter heran und fuhr ihr schmeichelnd über die rechte Wange. „Mams, bitte, mach mir den Urlaub nicht kaputt. Ich hab mich so darauf gefreut. Und jetzt schimpfst du mich aus."

„Das musste sein. Deshalb kannst du dich trotzdem weiter auf den Urlaub freuen."

Eine Viertelstunde später frühstückten sie alle drei auf dem Balkon. Stephan schälte sein Ei ab und ließ die Schalen vom sechsten Stock aus hinabrieseln. Dabei landeten sie auf Herrn Kellers Haaren. Verärgert drohte dieser mit dem Finger und rief hinauf: „Ich weiß, dass *du* das bist, Steffi. Du bist und bleibst ein ungezogener Lausfratz. Deine Eltern sollten dich mal erziehen."

„Das tun sie doch ununterbrochen", rief der Junge hinunter.

„Siehst du, schon wieder gibst du eine freche Antwort."

„Das ist aber die Wahrheit."

Der ältere Herr verzog das Gesicht und machte sich an den Haaren zu schaffen. Robert und Andrea schüttelten zwar den Kopf über die schlechten Manieren ihres Sohnes, aber sie tadelten ihn nicht, vielleicht, weil sie diesen Hausbewohner, der an allem und an jedem etwas auszusetzen hatte, auch nicht leiden konnten. Zudem wurde ihre Abneigung noch dadurch verstärkt, dass er öfter nach einundzwanzig Uhr hämmerte und bohrte. Robert und Andrea fragten sich, ob er seine Wohnung als Werkstatt benutzte. Man erzählte sich, dass er deshalb bereits einen Prozess hinter sich habe und erst danach in diesen Block eingezogen war. Wenn man ihn grüßte, blickte er auf die andere Seite. Ein seltsamer Zeitgenosse!

Die Mitbewohner dieses Hauses kamen aus den unterschiedlichsten Gesellschaftsschichten Die meisten gaben sich äußerst zurückhaltend und redeten nur Alltägliches im Aufzug oder im Treppenhaus. Es gab jedoch auch einige Familien, die sich mit anderen angefreundet hatten, so wie die Teschners mit den Dollingers. Christa Dollinger war Andreas Freundin, und Edgar Dollinger spielte öfter mit Robert Schach.

Aber ausgerechnet die liebenswerte Familie Dollinger verließ in den nächsten Tagen für immer dieses Haus, weil sie eine Eigentumswohnung geerbt hatte. Über ihren Auszug waren Robert und Andrea, die ihnen gerade jetzt im Treppenhaus begegneten, sehr traurig. Edgar wandte sich an die Familie: „Sagt mal, habt ihr von dem Flugzeugabsturz über München gehört?", worauf Robert den Kopf schüttelte. „Nein, wir haben kein Radio angehabt", erwiderte er.

„In Trudering ist's passiert", berichtete Edgar. „Das Sportflugzeug hat ein McDonalds-Schnellrestaurant gestreift, das sofort in Flammen aufgegangen ist. Geparkte Fahrzeuge und ein mit Fahrgästen besetzter Linienbus fingen auch Feuer. Es gab Tote und Verletzte. Grausam! Und ihr habt wirklich nichts davon gehört?"

„Nein", entgegnete Andrea. „Wir waren wohl zu sehr mit den Reisevorbereitungen beschäftigt."

Christa ließ wissen: „Ich kenne eine Bedienung bei Mc Donalds. Hoffentlich ist ihr nichts passiert."

„Das hoffen wir mit dir", erwiderte Andrea.

Nachdem sich die beiden Familien voneinander verabschiedet hatten, stiegen die Teschners in den Aufzug und saßen wenige Minuten später in ihrem Auto. Robert lenkte den Mittelklassewagen durch den fließenden Verkehr der Stadt. Stephan, der mit seinen Späßen für gute Stimmung sorgen wollte, blieb erfolglos. Beide Elternteile gaben sich ziemlich muffig, sodass der Junge nur noch schweigend aus dem Fenster blickte. Auf der langen Fahrt wurde kaum gesprochen.

Nach der Ankunft in Feld am See wurde bei seinen Eltern die Stimmung gelöster, wozu die sehr gemütlich eingerichtete Ferienwohnung beitrug. Gleich begannen sie mit dem Auspacken der Koffer. Doch Stephan schlüpfte heimlich zur Tür hinaus, um sich im Haus zu orientieren.

Vorsichtig öffnete er im Parterre den Speiseraum und entdeckte ein Mädchen etwa seines Alters, das ihre Finger über die schwarzen und weißen Tasten eines Klaviers gleiten ließ. Stephan fand, dass sich ihr Spiel gut anhörte. Dennoch fasste er wortlos über ihre Schultern und schlug einen xbeliebigen Ton an. Ärgerlich wandte sich die Klavierspielerin um und rief: „Nimm sofort deine Finger weg. Jetzt spiele ich. In vier Wochen gebe ich nämlich ein Konzert."

Stephan, der dies nicht für bare Münze nahm, lachte schallend, worauf sie erschrocken zusammenzuckte und ihre Finger vom Klavier nahm.

„Oh, eine Pianistin. Wenn du weiter hochstapelst, kommst du oben bei uns in der Wohnung raus."

Strafend blickte ihn das Mädchen an. Sie fühlte sich sehr gekränkt. Als sie etwas entgegnen wollte, lief der Junge bereits zur Tür.

Eine Stunde später betrat Stephan mit seinen Eltern eine Gaststätte. Er bestellte „eine Artischocken-Pizza mit viel Käse drauf." Robert entschied sich für einen Schweinebraten, Andrea für ein Jägerschnitzel mit Salat, auf dem zur Überraschung aller eine Schnecke saß. Der Junge entfernte sie mit Daumen und Zeigefinger und setzte sie auf den Tisch.

Andrea berichtete der Bedienung, dass sich eine Schnecke auf ihren Salat verirrt habe. Aber die junge Frau entdeckte dort keine.

„Mein Sohn hat sie heruntergenommen. Sehen Sie, hier auf dem Tisch kriecht sie", erklärte Andrea, worauf Stephan das Tierchen wieder auf die Rohkost setzte.

Die Serviererin blickte entsetzt. „Du gibst eine Schnecke auf den Salat? Und deine Mutter behauptet, sie sei schon draufgesessen? Bringst du immer Schnecken mit in die Gaststätten?"

Ehe der leicht verwirrte Junge etwas erwidern konnte, schaltete sich sein Vater ein: „Wozu sollte er das tun? Er hat die Schnecke doch nur heruntergetan."

„Und warum setzt er sie wieder drauf?"

„Um zu demonstrieren, wo dieses schleimige Ding gesessen hatte. Sie bringen jetzt augenblicklich einen frischen Salat. Aber Sie stellen ihn auf den Tisch, ehe Sie den andern mitnehmen. Sonst könnten sie vielleicht die Schnecke nur heruntertun und den selben Salat wieder bringen."

Unwillig schüttelte die junge Frau den Kopf. Daraufhin verlangte Robert den Chef.

„Er ist nicht da", antwortete die Serviererin kurz angebunden und verschwand. Nach etwa zehn Minuten brachte sie einen frischen Salat und nahm den andern mit.

Über diesen Zwischenfall amüsierten sich die drei noch auf dem Heimweg. Stephan verging jedoch bald das Lachen, als er erfuhr, dass er nicht, wie gewünscht, im Wohnzimmer auf der Couch übernachten durfte, sondern neben seinem Vater im Doppelbett schlafen musste. Er hatte sich vorgestellt, nachts noch lesen zu können, aber er wusste, sein Vater würde dies nicht dulden.

Während Stephan am Morgen noch die Augen geschlossen hielt, ließ sich Robert frühzeitig von den Sonnenstrahlen wecken, die ungeduldig die dünnen Gardinen durchdrangen. Als er in den Wohnraum stolperte, besserte Andrea auf ihrem Nachtlager Wäsche aus. Darüber war er so verblüfft, dass er kein Wort herausbrachte. Sie jedoch rief in einem scharfen Ton: „Guten Morgen könntest du zumindest sagen. Und wenn es dir nicht passt, dass ich deine Socken stopfe, kann ich sie auch wegwerfen."

Ärgerlich schüttelte Robert den Kopf. „Andrea, bezähme deine schlechte Laune. Mir hältst du daheim Vorträge, ich solle mich beherrschen."

„Du und Steffi, ihr seid in Urlaub. Ich bin nur pflichtgemäß mitgekommen. - Holst du jetzt Semmeln und Aufstrich für das Frühstück?", fragte sie ihn barsch.

„Klar mach ich das. Ich gehe nur noch rasch ins

Bad."

„Dann gehe ich selber." Gleich sprang sie auf, zog sich ein Kleid über, nahm die Einkaufstasche, den Geldbeutel, den Schlüssel und verschwand aus der Wohnung.

Robert wusste nicht, wie ihm geschah. In friedlicher Absicht hatte er das Zimmer betreten und nun diese Abfuhr? Was hatte sie nur?

Wie oft ärgerte er sich über ihre schnippische Art. Meistens gab er eine entsprechende Erwiderung. Aber heute wollte er alles friedlich angehen. Manchmal verstand er nicht, warum er sie trotz allem noch liebte und heftig begehrte. Jede Art Verletzung schien er ihr zu verzeihen. Wenn sie sich weigerte, mit ihm Sex zu haben, hoffte er auf eine bessere Gelegenheit, die dann auch kam, aber leider nur zu selten. Als ein Mann in den besten Jahren litt er unter diesen Zurückweisungen.

Andrea blieb auf einmal im Parterre stehen und lauschte dem Schlager, der aus einem Zimmer kam. *„Life shows no mercy..."* (Das Leben kennt keine Gnade). Dabei überlegte sie, dass ihr Leben bei all den Problemen, die sie zu bewältigen hatte, auch nicht mit Gnade überhäuft war.

Sie wünschte sich frei zu sein, ohne jede Verantwortung, wie Gisela, ihre Chefin, die weder Mann noch Kinder hatte.

Beim Weitergehen dachte sie auch kurz an ihre Mutter, die sicher wegen Stephan beleidigt war. Sie nahm sich vor, bald eine Ansichtskarte loszuschicken, um sie wieder zu besänftigen.

Bei der Rückkehr von ihrem Einkauf nahm sie sich vor, freundlich zu sein. Ihr wurde bewusst, wie schändlich sie sich vorhin Robert gegenüber benommen hatte.

Als sie eintrat, war sie erstaunt, dass Stephan bereits den Tisch deckte. Und Robert war schon dabei, den Tee aufzubrühen. Eine Entschuldigung wegen vorhin lag ihr zwar auf der Zunge, doch sie sprach sie nicht aus. Sie legte die Semmeln in das bereitstehende Brotkörbchen, die Wurst auf einen Teller, den Käse daneben, und so konnten sie gleich mit der ersten Mahlzeit des Tages beginnen.

Nach dem Essen wurde der Rucksack gepackt. Sie fuhren mit dem Auto bis zu einer Hütte, von wo aus sie über saftige grüne Matten, so weich wie ein Perserteppich, zum Mirnock hinaufwanderten. Als leidenschaftlicher Fotograf mit Vorsatzlinsen und Zwischenring ausgerüstet, nahm Robert Alpenrosen und Bartglockenblumen auf. Auf der Blüte einer Distel entdeckte er zu seiner Freude eine Spinne. „Seht mal her", rief er begeistert, „eine Krabbenspinne. In ihrer Farbe passt sie sich total der Blüte an. Das nennt man Mimikry."

Andrea kam näher, aber sie nickte nur, weil sie nichts Besonderes daran fand, Stephan schon gar nicht. „Hm, ich sehe", sagte er gelangweilt und stolperte weiter.

„Diese Bergwelt ist wunderschön", stellte Robert nach einer Weile fest. Zu seiner großen Überraschung erwiderte Andrea bestätigend: „Ja, das ist sie. Selbst ich als Nordlicht bin davon begeistert."

„Wirklich? Das sind gute Aussichten für die Zukunft."

Sie schwieg.

Als Naturliebhaber entdeckte Robert immer wieder etwas Neues. Er hörte seinen Sohn sagen: „Paps, warum ist der Berg so niedrig? Gibt es hier keinen höheren?"

„Hier gibt's keinen Mount Everest. Den nehmen wir uns im nächsten Jahr vor. Vom Mirnock habe ich gelesen, dass er in vorgeschichtlichen Zeiten sein Haupt verloren hat und die Steinmassen ins Tal hinabgerollt sind."

Andrea blieb stehen, weil ihr die Pusste ausging. Sie japste nach Luft, während Stephan jammerte, dass der Berg nicht hoch genug sei.

Robert packte seine Kamera wieder ein. Soeben war es ihm noch leichtgefallen, sich auf den Urlaub zu konzentrieren, aber auf einmal schoss ihm seine Firma durch den Kopf. Er war Abteilungsleiter bei Kniefalter AG und ärgerte sich über die Chefetage, die ihm verboten hatte, einer Angestellten den Jahresurlaub in Raten zu gewähren. Marika Rössert kümmerte sich um ihren behinderten, in einem Heim lebenden Sohn und benötigte ab und zu für ihn diese Freizeit. Die Firma hatte ihr wegen dieses Antrags sogar eine Kündigung angedroht, die jedoch niemals beim Sozialgericht durchgegangen wäre. Herr Nümmermich hatte erklärt: „Ein produktives Unternehmen kann sich derartige Eskapaden nicht leisten." Da Robert seine Sekräterin in ihrem Wunsch unterstützt hatte, wurden ihm persönliche Motive unterstellt. Er hatte sich zu wehren versucht: „Das stimmt nicht. Und Eskapaden sind es von dieser Angestellten schon gar nicht. Etwas sozial sollte unsere Firma schon sein. Frau Rössert bekommt doch nicht mehr Urlaub als ihr zusteht. Wo also liegt das Problem, Herr Nümmermich?"

So oder ähnlich argumentierte Robert. Ihm wurden immer wieder nicht vertretbare Entscheidungen abverlangt. Er hatte schon öfter selbst an eine

Kündigung gedacht. Seine Migräne, die er beinahe jeden Monat erleiden musste, schob er auch auf die ständigen Auseinandersetzungen.

Warum nur musste er gerade jetzt an seine Firma denken, wo alles um ihn herum so wundervoll war? Die eindrucksvollen Berge, das herrliche Wetter, selbst Stephan und Andrea waren bester Laune. Seine Frau schien schon wieder neue Kräfte gesammelt zu haben. Sie fasste ihren Sohn am Arm und wanderte mit ihm weiter den Berg hinauf, während sich Robert nur langsam fortbewegte, weil er seinen Kopf nicht freibekommen konnte. Er hörte seinen Sohn rufen:

„Paps, träumst du? Mama und ich sind gleich oben."

Der Vater rief hinauf: „Wartet nur, euch Gipfelstürmer hol ich gleich ein. Dann habt ihr nichts mehr zu lachen."

„Tust du nicht", rief Stephan vergnügt hinunter und lief mit seiner Mutter weiter. Erst kurz vor dem Gipfel konnte Robert die beiden erreichen. Er schlang seine Arme um Andreas Taille, in der Hoffnung, sie ließ es geschehen. Tatsächlich, sie wehrte sich nicht dagegen. Ob sie diese Zärtlichkeit wegen Stephan geschehen ließ oder ob sie seine Berührung als angenehm empfand?

Zum zweiten Mal in kurzer Zeit keimte Hoffnung in ihm auf.

Auf dem Gipfel ließen sie sich nieder und genossen den imposanten Blick auf die bizarre Bergwelt, wobei sie zu ihrer Brotzeit griffen. Auf einmal spürte Stephan am Hosenboden seiner Jeans Feuchtigkeit. Er sprang auf und rief: „Huch, ich hab mich in einen Kuhfladen gesetzt." Er nahm ein Grasbüschel, um an der beschmutzten Stelle zu reiben. Ungeniert zog er im nächsten Augenblick seine Jeans aus, um sie an einem

Strauch bei Wind und Sonne trocknen zu lassen.

Andrea schloss kurz die Augen, lehnte ihren Rücken an den Rücken ihres Mannes, was diesen sehr erfreute. Doch hörte er sie klagen: „Wahrscheinlich bin ich für so eine Tour ungeeignet."

„Nein, bist du nicht. Vorhin hat es ausgesehen, als wolltest du zusammen mit Steffi einen Rekord aufstellen."

„Das hat mich aber viel, viel Kraft gekostet."

„Kann ich mir denken. Du bist nur etwas ungeübt. Ansonsten machst du das gut."

Sie lächelte. „Wirklich? Meinst du das ehrlich?"

„Ja, ganz und gar ehrlich."

Nachdem Stephan seine Hose wieder angezogen hatte und eine Jugendgruppe mit lautem Hallo erschien, nahm sich die Familie den Abstieg vor.

Im Auto war Robert so vergnügt, dass er ein Liedlein vor sich hinpfiff, doch bald wurde ihm die Laune verdorben, weil es auf der Straße einen Stau gab, der sich lange nicht auflösen konnte. Ein Lastwagen stand wegen eines Unfalls quer auf der Fahrbahn.

Die Familie war froh, wieder in die Ferienwohnung zurückkehren zu können. Während es Andrea und Robert nur nach Relaxen zumute war, holte Stephan seinen Ball aus der Ecke und verschwand damit. Unten im Hof waren einige Kinder versammelt, um Handball zu spielen. Aber bald gab es unter der Gruppe ein Handgemenge, und Stephan kam schimpfend die Treppe heraufgesprungen. Er klagte: „Melanie, die dumme Ziege, hat mich am Kopf getroffen."

Andrea schlug ihrem Sohn vor, es mit einem kalten Umschlag zu versuchen. Aber stattdessen füllte der Junge eine Spritze mit Wasser und verschwand wieder.

Eine Viertelstunde später klingelte es an der Wohnungstür. Eine Frau stand draußen, die sich mit *Miller-Schmidtbauer* vorstellte. Sie behauptete: „Ihr Sohn hat meine Tochter with cow-shit vollge... All friends run away. Terrible!"

Andrea lachte. „Mit cow-shit? Sagen Sie doch gleich Jauche. Nein, ich habe gesehen, wie er die Spritze mit Wasser gefüllt hat."

„No, it was liquid manure."

„Ich bin sicher, dass es Wasser war."

Robert, der hinzugekommen war, glaubte Frau Miller-Schmidtbauer. Er stieg mit ihr die Treppe hinab. Auf der Bank vor dem Haus saß das mit Jauche bespritzte, stinkende Kind, in Tränen aufgelöst. Seinen Sohn fand er hinter der Scheune. Er konnte kaum glauben, was er sah: Im Beisein von zwei älteren Jungen zog Stephan an einer Zigarette. Wütend riss ihm der Vater den Glimmstengel aus dem Mund. „Und jetzt entschuldigst du dich bei diesem Mädchen, das du mit Scheiße..."

Stephan rümpfte die Nase. „Nein, tu ich nicht. Erst haut sie mir den Ball an den Kopf, dann nennt sie mich komisches Äffchen."

„Du entschuldigst dich bei ihr und sagst, dass du das Kleid reinigen lässt. Wenn du es nicht tust, ist der Urlaub zu Ende", drohte der Vater.

Zögernd bewegte sich der Junge auf das schluchzende Mädchen zu und murmelte eine Entschuldigung. Er versprach, ihr Kleid zur Reinigung zu bringen.

„Das nächste Mal ziehste Hosen an und nennst mich nicht mehr *komisches Äffchen"*, ließ er sich vernehmen, worauf sie ihre Zähne fletschte. Dann ging sie ins Haus und kehrte bald mit dem beschmutzten Kleid unter dem Arm zurück. Als sie es Stephan reichte, streckte sie ihm die Zunge heraus.

In die Wohnung zurückgekehrt, erhielt Stephan von seiner Mutter eine Gardinenpredigt. Beleidigt ließ er sich auf sein Bett fallen und las nach wenigen Minuten wieder in seinem Lieblingsbuch *Die gefiederte Schlange*. Er vertiefte sich so sehr in die Handlung, dass er die Stimme seiner Mutter nur wie aus weiter Ferne vernahm. „Steffi, leg das Buch weg. Wir gehen zum Essen. Oder bist du schon vom Fingernägelkauen satt?"

Gleich hörte er auch noch die tadelnde Stimme seines Vaters, diesmal in voller Lautstärke: „Ich schlage dich windelweich, wenn du noch einmal eine Zigarette in den Mund nimmst."

Stephan versprach, es nicht mehr zu tun und begab sich mit seinen Eltern zur nächsten Gaststätte, um ein Abendessen einzunehmen. Hinterher spielten sie in ihrer Ferienwohnung noch eine Stunde *Mensch ärgere dich nicht*.

In der Nacht erwachte Andrea von einem Geräusch. Noch ehe sie das Lämpchen anschalten konnte, spürte sie Roberts Arm auf ihrem Arm. Er bat sie, im Bett Platz zu machen. Als er neben ihr lag, fragte sie ihn:

„Robert, was willst du jetzt mitten in der Nacht?"

„Liebling, kannst du es dir nicht denken? Ich möchte mit dir schlafen", hauchte er.

„Aber ich nicht mit dir. Außerdem bin ich nicht mehr dein Liebling", flüsterte sie.

„Das hat vorhin bei unserer Wanderung anders ausgesehen."

Sie drehte sich zur Seite und griff nach dem

Kopfkissenzipfel. „Lass mich jetzt bitte, bitte schlafen."

Er begann mit den Füßen zu strampeln. „Weißt du was", knurrte er ärgerlich, „du bist kalt und starr wie steifgefrorene Wäsche. Mich lässt du im Regen stehen und mit Frank hast du es getan."

Mit Frank Leroux, dem Bruder ihrer Freundin und Chefin, hatte Andrea damals, als es in ihrer Ehe zu kriseln begonnen hatte, eine kurze Affäre gehabt. „Es ist doch nur ein Ausrutscher gewesen", erklärte sie jetzt Robert. Sie hatte angenommen, er habe es ihr damals verziehen, aber nun bewies seine Bemerkung das Gegenteil.

Robert unternahm noch den letzten Versuch, sie an sich zu ziehen, doch sie schlug so heftig um sich, dass er beinahe von der Liege heruntergefallen wäre. Enttäuscht kehrte er in sein Schlafzimmer zurück.

Andrea wälzte sich noch einige Zeit hin und her. Sie dachte daran, wie glücklich sie in den Anfangsjahren ihrer Ehe gewesen waren. Sie hatten sich in Hannover kennengelernt, wohin Robert von seiner Münchner Firma versetzt worden war. Nach ihrer Heirat war er mit ihr nach München zurückgekehrt.

Hier in Oberbayern hatte Robert oft sonntags seine sportlichen Tätigkeiten mit Freunden wieder aufgenommen. Viel später erst hatte er begriffen, dass seine Familie dabei zu kurz gekommen war. Andrea hatte ihren Mann oft gefragt, warum ihm die Familie so gleichgültig geworden war, aber er hatte behauptet, dass dies nicht der Tatsache entspreche und von seiner Frau und später von den Kindern verlangt, sich auch an kurzen, einfachen Wanderungen zu beteiligen. Aber Andrea war dem Sport völlig abgeneigt gewesen und hatte auch die Kinder entsprechend beeinflussen können. Die Kluft war immer tiefer und tiefer geworden. Andrea hatte stets die Schuld bei ihrem Ehemann gesucht, und er die Schuld bei seiner Frau. Lange schon hatte sie ihrer Ehe keine Zukunft mehr gegeben, und eines Tages hatte sie ihrem Mann den Vorschlag unterbreitet, professionelle Beratung und Hilfe in Anspruch zu nehmen. Er hatte den Standpunkt vertreten, dass ihnen fremde Menschen nicht helfen könnten. Sie müssten schon selbst an sich arbeiten, um ihre Ehe zu festigen. Aber es war ihnen nicht gelungen. Noch heute litt die Familie unter dieser Disharmonie. Am meisten davon belastet war das jüngste Kind Stephan.

Am nächsten Morgen saß Andrea in der Ferienwohnung als Erste am Frühstückstisch. Es dauerte einige Zeit, bis endlich Robert und Sephan erschienen. Der Junge sorgte für Ablenkung: „Paps, warum sagen die Österreicher zu den Aprikosen *Marillen* und zu den Tomaten *Paradeiser?* Und warum reden die Österreicher deutsch und nicht österreichisch?"

Robert lächelte: „Weil für die Österreicher Aprikosen eben Marillen sind und die Tomaten Paradeiser. Meines Wissen kommt der Begriff *Marillen* aus dem romanischen Sprachbereich. Und die Paradeiser haben ihren Namen vom Paradiesapfel."

Stephan grinste. „Paps, ein bisschen hinkt deine Erklärung, so wie ein Mann mit einem Krückstock hinkt."

Andrea und Robert blickten einander an und lachten. Für Stephan klang dieses Lachen sehr befreit. Erst blickte er in die Augen seiner Mutter, dann in die des Vaters. Er war davon überzeugt, dass sie einander zu verstehen versuchten. Der Gedanke machte ihn so froh, dass er beinahe vor Freude geweint hätte.

Robert erkundigte sich bei Andrea, ob sie auf der Fahrt nach Klagenfurt mit einem Umweg zum Ossiacher See einverstanden sei. Sie entgegnete: „Selbstverständlich bin ich das."

Er erzählte von der kleinen Pension der Moosbacher, in der er mit seiner Familie öfter den Urlaub verbracht hatte. Er meinte, ihn interessiere, wie dieses Haus heute aussehe.

Doch dort stellte Robert enttäuscht fest, dass sich an der Stelle der Pension ein Hotel mit Swimmingpool befand. Wehmütig erinnerte er sich an die blitzsauberen Zimmer mit Holzbalkonen und an die herzliche Vermieterin, die in Abschiedstränen ausgebrochen war, als die Familie Teschner wieder heimfahren wollte, und dass sie einmal gesagt hatte: *So a liabs Madl, die Mona. Und euer Bua is so g'scheit und so nett. Er hat mir vor zwei Tagen den Mülleimer aus der Hand g'nommen und wegtragn. Ich war ganz platt. Gell, des wisst ihr gar ned*? „Das waren meine schönsten Ferien. Abends Unterhaltung mit Musik und Wein. Mona und ich haben nur Limonade trinken dürfen. Herr Moosbacher hat auf einer Zither Volkslieder gespielt. Und was ist jetzt? Jetzt regiert nur noch das Geld."

Andrea war anderer Meinung: „Robert, du urteilst zu hart. Die Leute hier müssen vom Tourismus leben. In so einem unkonfortablen, wenn auch romantischen Häuschen will keiner mehr Urlaub machen."

Robert zuckte mit den Schultern, und Stephan rief: „Wenn ich Geld hätte, würde ich in Amerika Urlaub machen. Mit dem Flugzeug hinfliegen oder mit dem Schiff hinfahren."

Andrea lachte, und Robert stieß einen Seufzer aus.

Eine Reise nach Amerika zu unternehmen, war auch einer seiner Wachträume.

Wehmütig schweifte Roberts Blick über all die neuen Häuser und über die Gondelbahn, für die eine Trasse in die Landschaft geschlagen worden war. Musste nicht gerade er Verständnis dafür aufbringen, wo er selbst Skiläufer und Bergwanderer war? Der Fremdenverkehr forderte von den Bewohnern, dass sie sich nicht dem Fortschritt verschlossen. Hier gab es keine andere Möglichkeit, Geld für den Lebensunterhalt zu verdienen.

Die Familie fuhr nach Klagenfurt weiter, um den Reptilienzoo zu besuchen. Im Innenhof hielt ein Mann in weißer Hose und weißen Turnschuhen, vermutlich der Zoodirektor, eine Kreuzotter mit einem Stock in die Höhe. Mit humorvollen Worten versuchte er sein Publikum zu faszinieren. „Kreuzottern bringen ihre Jungen oftmals in den Heidelbeersträuchern zur Welt. Meine Damen, stellen Sie sich vor, Sie könnten wie dieses Reptil bei schlechter Laune das freudige Ereignis auf den übernächsten Tag verschieben. Das sollten Sie lieber diesen Schlangen überlassen, die wahre Meister darin sind."

Der Herr in Sportskleidung sprach weiter: „Wie Sie wissen, gibt es in Oberbayern viele *Schwarze*. Von Kreuzottern ist hier die Rede." Demonstrativ hielt er wieder den Stock mit der Schlange hoch. „Das hier ist eine lebhafte Kärntnerin. Meine Herren, sind Sie schon einmal einer langweiligen Kärtnerin begegnet? Ich habe leider nur Erfahrungen mit Schlangen. Spaß beiseite! Wenn Sie sich ein solches Tier im Garten halten wollen, rechnen Sie damit, bald keine Mäuse, keine Ratten, aber auch keine Nachbarn und Gäste mehr zu haben. Wollen

Sie wie Adam und Eva im Paradies allein leben? Beim Umgang mit den Schlangen dürfen Sie nie auf Handschuhe und Stiefel verzichten. Adam und Eva waren noch unerfahren. Sie haben sich durch die Unverfrorenheit und Schläue des Reptils verführen lassen."

Stephan und seine Eltern amüsierten sich über diesen fröhlichen Schlangenbeschwörer, der jetzt die Kreuzotter auf die Erde hinabgleiten ließ, wo sich das Tier verängstigt hinter einem Fichtenbäumchen verkroch. „Wie gut, dass es um dieses Gelände herum eine Mauer gibt, sonst gäbe es hier keinen einzigen Besucher mehr", verkündete der Mann zum Abschluss seiner Vorführung.

In einem Gebäude gab es Glaskästen mit grünen und orangefarbenen *Färberfröschchen,* die zwar niedlich aussahen, aber als sehr giftig eingestuft wurden. Stephan hatte mehr Freude an dem munteren Nashornleguan, und er versuchte, wie drei andere Jungen, mit dem Reptil um die Wette zu züngeln. Robert kam hinzu und meinte: „Mama wartet draußen auf uns. Ihr ist von der haarigen Vogelspinne übel geworden."

Stephan grinste. Er meinte, sie habe sie doch nicht streicheln müssen.

Vater und Sohn ließen sich auch noch von der *Schwarzen Mamba,* der Königin der afrikanischen Schlangen, beeindrucken. Die Information, zwei Tropfen ihres Giftes reichten aus, um einen Menschen zu töten, ließ sie erschauern.

Draußen vor dem Tor wartete bereits Andrea voller Ungeduld auf Robert und Stephan. „Habt ihr es wirklich übers Herz gebracht, den Schlangen und Spinnen

Lebwohl zu sagen?", bemerkte sie spöttisch.

„Es ist uns schwergefallen, weil wir schon mit ihnen Freundschaft geschlossen haben", entgegnete Robert augenzwinkernd.

Bestens gelaunt fuhren die drei in ihre Wohnung zurück.

Am nächsten Tag, es war heiß, stürzte sich die Familie mit Vergnügen in das Nass des Millstätter Sees. Stephan paddelte etwas später mit seinem Schlauchboot auf dem See umher, während sein Vater tauchte. Nach zehnminütigem Schwimmen ließ sich Andrea auf der mitgebrachten Decke nieder und vertiefte sich in eine Zeitschrift. Auf einmal legte sie das Blatt beiseite, weil ihr so viele Gedanken durch den Kopf schossen. Sie sinnierte über ihre Situation mit Robert nach. Wie sollte es mit ihnen weitergehen? In manchen Augenblicken, wie zum Beispiel beim Bergwandern, waren sie einander nähergekommen, was Stephan sofort registriert hatte. Sie sah es ihm an, weil sich jedesmal sein Gesicht zu einem Lächeln entspannte. In dieser Hinsicht hatte er einen scharfen Blick. Ihm entging keine gutgemeinte Geste. Genau wie Robert schöpfte der Junge Hoffnung, dass alles wieder gut werden würde, aber Andrea war fest entschlossen, eine Trennung herbeizuführen. Leicht war das für keinen von ihnen.

Plötzlich blickte sie auf und erheiterte sich, wie andere Anwesende, über einen Mann, dem es nicht gelingen wollte, seinen Liegestuhl aufzustellen. Bei jedem Handgriff fiel das Objekt wieder in sich zusammen. Ein Badegast wollte den Hilflosen bei seinen Bemühungen unterstützen, aber auch er musste passen. Wieder großes Gelächter! Jetzt bot ein zwölfjähriger Junge seine Hilfe an. Der Mann meinte: „Ach, lass den verdammten Liegestuhl. Ich lege mich auf die Decke." Der Schweiß stand ihm bereits auf der Stirn. Er resignierte. Doch der Jugendliche wollte nicht nachgeben und griff energisch nach dem Corpus Delicti. Im nächsten Moment rastete der Aufstellbügel tatsächlich ein, und es dauerte nicht lange, bis der Liegestuhl in die richtige Position kam. Die Leute, die vor kurzem noch in Gelächter ausgebrochen waren, waren baff und gaben keinen Laut mehr von sich. Stolz erklärte der Junge: „So haben Sie es doch bequemer. Jetzt brauchen sie nicht mehr auf der Decke zu liegen." „Tausend Dank. Du bist ein Genie", lobte der ältere Herr den Jungen, woraufhin der hilfsbereite Knabe erwiderte: „Mir reicht schon ein einziger Dank. Schönen Urlaub wünsche ich Ihnen."

Als Robert und Stephan vom Baden zurückkehrten, erklärte ihnen Andrea, dass sie ein schönes Schauspiel verpasst hätten. „Zuschauen, wie ein Mann mit einem Liegestuhl kämpft, ist interessanter, als wenn ein Torero es mit einem Stier aufnimmt."

Die Familie kehrte später wieder zufrieden in die Wohnung zurück. Doch am nächsten Morgen zog ein heftiges Gewitter auf. Es donnerte und blitzte so stark, dass sich Andrea ängstlich auf ihrer Liege die Decke über den Kopf zog. Stephan starrte mit seinem Vater aus dem Fenster, an dem klatschend die Regentropfen zerplatzten. Dabei kam Robert der Gedanke, heute in der Ferienwohnung etwas für die Familie zu kochen. Über diese Idee freute sich Andrea, auch wenn sie verwundert war, weil er sich daheim nie um's Kochen gekümmert hatte.

Beim Besorgen der Zutaten für die Mahlzeit half

Stephan seinem Vater, aber vom Kochherd hielt er sich fern, ebenso Andrea, die ihren Liebesroman weiterlas. Stephan verfasste inzwischen an seine Freunde Oliver und Theo einen sehr fantasievollen Brief: *„Die Schwarze Mamba riss ihr großes Maul so weit auf, dass man bis zu ihrem Bauch hinuntersehen konnte. Sie hatte etwas Komisches verschluckt, wahrscheinlich einen Menschenarm. Meine Mama ist beim Betrachten der Vogelspinne umgekippt. Um den Hals des Zoodirektors lagen zwei Riesenschlangen. Er hat schon zehn Kreuzotterbisse überstanden. Die giftigen Färberfröschchen kamen aus ihrem Glaskasten heraus, weil jemand den Deckel nicht zugemacht hat. Wir liefen alle davon. Sonst ist dieser Urlaub prächtig. Wir haben auch schon viele Gipfel bestiegen. Herzlich grüßt Euch Euer Steffi."*

Eine Stunde später saßen sie zu Tisch. Robert füllte die Teller mit Schweinefleisch in feuriger Paprikasoße und Reis, und er wurde von Stephan und Andrea sehr gelobt. Sie staunten über die wohlschmeckende Mahlzeit. Andrea wollte wissen, wo er sich solche Fähigkeiten angeeignet habe, weil er doch daheim nie eine Mahlzeit zubereite, aber er zeigte nur ein geheimnisvolles Lächeln.

Später unterbreitete er seinen Familienmitgliedern den Vorschlag, in den nächsten Tagen auf Burg Landskron einmal ein Rittermenü einzunehmen. Dazu schwieg Andrea, aber Stephan rief voller Begeisterung: „Eine prima Idee, Papa!"

Während Stephan wieder unten im Hof Ball spielte, nahmen sich seine Eltern einen Cafébesuch vor. Sie genossen die köstliche Kirschtorte und den besonders aromatischen Kaffee. Als dann die Tür aufging und ein

Mann in den mittleren Jahren eintrat, zuckte Andrea wie vom Blitz getroffen zusammen. Robert merkte sofort ihre Erregung. „Was hast du?", fragte er sie. „Hat es mit diesem Mann dort was zu tun?"

„Ja, ja, hat es", stotterte sie.

„Dann sag mir bitte, wer das ist."

Sie antwortete nicht. Der soeben angekommene Gast entdeckte Andrea und ging auf sie zu. „Hallo, Andrea, schön, dich zu sehen. Sag mal, machst du auch hier Urlaub?"

„Ja. Und woher kommst du jetzt?"

„Von daheim selbstverständlich. Eine schöne Gegend ist das hier, nicht wahr?"

„Ja, ist es wirklich", entgegnete sie benommen.

Er wollte ihr die Hand reichen, doch sie zog ihre zurück.

„Auch okay, wenn du nicht willst. Hat der Herr Gemahl dir verboten, Männern die Hand zu geben? Nun ja, ich muss mich erst einmal vorstellen: Ich bin Frank Leroux, von dem Sie sicher schon gehört haben."

Robert rümpfte die Nase und zischte: „Und ob ich schon von Ihnen gehört hab."

„Ich hoffe doch, was Gutes."

„Gehen Sie mir aus dem Weg."

„Was haben Sie nur? Ihr Rivale bin ich doch schon lange nicht mehr."

Andrea stieß ihren Mann an. „Robert, lass ihn. Er wollte mich doch nur begrüßen."

Frank nickte. „Das habe ich jetzt getan. Wissen Sie, Herr... Herr Teschner, ich konnte mich bloß nicht gleich an der Tür in Luft auflösen. Vielleicht tu ich das jetzt", grinste er. Doch dann lächelte er Andrea an und meinte: „Wenn du Lust hast, dich noch mit mir zu unterhalten, ich sitze hier irgendwo und trinke gemütlich meinen Kaffee."

Sie schüttelte den Kopf. „Nee, Lust habe ich wirklich keine dazu."

„So ist es auch okay." Er ging nun ein paar Schritte weiter und nahm am Fenster an einem kleinen runden Tisch Platz.

„Das ist ja unerhört", zischelte Robert. „Muss der Mann hier auch Urlaub machen? Ist das wirklich Zufall?"

„Das musst du mir schon glauben. Damit habe ich wirklich nichts zu tun", flüsterte sie. „Ja, es war damals ein Fehler von mir. Ich dachte, du hast mir verziehen."

„Verziehen schon, aber meinst du, ich kann das so plötzlich aus meinen Gedanken löschen?"

„Ich kann doch nichts dafür, dass Frank hier Urlaub macht."

„Robert zuckte mit den Schultern. „Komisch, es ist gerade so, als ob er gewusst hätte, dass du hier bist und sein Glück nochmal versuchen will."

„Jetzt höre bitte damit auf. – Bezahle und wir gehen."

„Warum jetzt auf einmal so eilig?"

Andrea brummte: „Meinst du, mir ist das nicht unangenehm? Und auch noch deine Verdächtigungen. Also bitte, machen wir, dass wir weiterkommen."

Andrea drehte sich kurz nach Frank um. Er hob die Hand und rief: „Hallo."

Robert begriff nicht. Er wisperte: „Gerade sagst du noch, du willst nichts mit ihm zu tun haben, und jetzt drehst du dich nach ihm um. Was soll ich jetzt glauben?"

„Glaube doch, was du willst. Ich wollte nur sehen,

wo er Platz genommen hat. Ist das verboten?"

„Ich verbiete dir auch nicht, sich zu ihm zu setzen. Aber ich muss dir sagen, dass mir die Lust zu diesem Urlaub vergangen ist. Wir fahren morgen heim. Und heute packen wir noch unsere Sachen zusammen."

Andrea fiel vor Schrecken die Kuchengabel aus der Hand. Sie piepste: „Das können wir nicht tun. Was glaubst du, was Steffi dazu sagen wird? Ihm gefällt es hier so gut. Robert, was ist denn daran so schlimm, dass dieser Mann auch hier Urlaub macht?"

„Wir werden ihm wahrscheinlich immer wieder begegnen. Und das ist für mich entsetzlich. Ich bestehe darauf, dass wir morgen fahren. Sonst musst du allein mit Steffi hierbleiben. Dann kannst du dich mit deinem Frank treffen."

„Mit meinem Frank? Ich will mich nicht mit ihm treffen. Ich will aber auch nicht nach Hause fahren."

Robert schwieg. Er rief die Bedienung herbei und bezahlte. Draußen ging der Streit weiter. Mit Absicht übersahen sie Stephan, der im Hof mit den Kindern Ball spielte.

Tatsächlich begann Robert gleich mit dem Einpacken. Er zog die Unterwäsche aus dem Schrank, doch Andrea riss ihm das Bündel wieder aus der Hand und legte es ins Fach zurück. Darüber wurde Robert wütend.

Als Stephan heraufkam, sah er verwundert von einem zum andern. „Was tut ihr denn da?"

„Wonach sieht es aus? Wir packen", erklärte ihm der Vater.

„Wieso? Wir fahren doch noch nicht heim."

Andreas Augen wurden feucht, als sie erklärte: „Steffi, wir müssen. Dein Vater will es so haben., worauf der Junge zornig auf den Boden stampfte. „Ich will nicht. Es ist gerade so schön hier. Morgen wollten wir zur Burg Landskron gehen. Blöder Papa, blöder", entfuhr es ihm, worauf Robert ihm eine Ohrfeige verpasste. Heulend rannte er ins Schlafzimmer und ließ sich auf sein Bett fallen. Andrea kam hinterher.

„Steffi, Papa besteht darauf, dass wir heimfahren. Ich habe schon alles versucht, um ihn umzustimmen. Nichts hilft. Wir müssten sonst allein hier bleiben und mit dem Zug heimfahren. Ich will das nicht. Weißt du, wir haben in München doch auch Gelegenheit, etwas Schönes zu erleben. Papa und ich vertragen uns nicht mehr."

Seine Augen waren voller Trauer. „Aber gestern war doch alles so schön und vorgestern doch auch. Ihr habt euch doch so gut verstanden."

„Steffi, gestern und vorgestern ist nicht heute."

„Habt ihr euch im Café gestritten?"

„Ja. Es ist eine lange Geschichte. Ich möchte dich nicht damit belasten."

Nachdem Andrea das Zimmer verlassen hatte, vergrub Stephan sein Gesicht in den Kissen und weinte. Dann erhob er sich plötzlich, nahm das Buch und knallte es an die Wand.

Am nächsten Morgen fiel die Stimmung am Frühstückstisch entsprechend getrübt aus. Andrea und Stephan unternahmen gemeinsam den Versuch, Robert umzustimmen, aber er wurde nur noch ärgerlicher: „Lasst mich in Ruhe. Wir fahren nach Hause. Basta. Allerdings bleibt es euch freigestellt, hierzubleiben oder mitzufahren." Er knallte seine Tasse auf die Untertasse, sodass der Tee überschwappte.

Stephan sprang auf. Der Vater gab ihm ein Zeichen. „Du setzt dich sofort wieder hin, verstanden? Nach dem

Essen gibst du mir gleich deine Federballschläger. Ich lege sie als Erstes hinten in den Kofferraum."

Der Junge schüttelte den Kopf. „Geht nicht. Hab keine Schläger mehr", krächzte er.

Roberts Gesicht schwoll rot an. „Was soll das? Wo hast du sie hingetan?"

Allmählich rückte Stephan damit heraus, dass er sie Melanie geschenkt habe, worüber der Vater perplex war. Er hatte immer noch angenommen, dass sein Sohn auf dieses Mädchen ärgerlich war. Seine Wut verflüchtigte sich. Er sprach sogar ein Lob aus. „Schön, dass ihr euch wieder versöhnt habt."

„Und du schimpfst nicht mehr, weil meine Schläger weg sind?"

„Nein, ich weiß ja, wo sie sind. Du kannst sie schenken, wem du magst."

„Paps, kommen wir nächstes Jahr wieder? Melanies Eltern haben schon wieder gebucht."

„Lass uns erst einmal heimfahren."

Der Junge ließ das Kinn herunterhängen. „Bitte, Paps, bleiben wir noch eine Woche. Oder wenigstens noch zwei Tage."

Robert schüttelte schweigend den Kopf, und Stephan verließ ohne Kommentar die Wohnung. Erst nach einer Stunde kehrte er in Melanies Begleitung zurück. Beide trugen auf dem Kopf eine Mütze aus Zeitungspapier und in der Hand eine mit Pilzen gefüllte Plastiktüte.

„Paps, guck mal, wir haben Schwammerl gefunden."

Robert sah erst in die Tüte, dann in die strahlenden Kinderaugen, aber er war davon überzeugt, dass auch die Pilze strahlten. Letztes Jahr, im April 1986, waren in Kärnten, genau wie in Bayern, die Pilze vom

Reaktorunfall in Tschernobyl belastet worden. Der Wind hatte die radioaktiv belasteten Wolken wegen der seinerzeitigen Großwetterlage auch hierher getrieben.

„Dürfen wir die Pilze schnell noch kochen, Paps?", fragte Stephan seinen Vater, worauf dieser erwiderte:

„Steffi, nein. Du weißt doch, letztes Jahr in Tschernobyl..."

Stephan zog die Stirn kraus. „Das macht nichts."

„Wie? Das musst gerade du sagen? Jochen hat dir das genau erklärt. Und nun bist du so gleichgültig?"

Robert sah in die flehenden Augen der Kinder. Er murmelte: „Die Pilze weisen zu hohe Bequerel-Werte auf, das heißt mit einfachen Worten: Sie sind verseucht. Ihr wollt doch nicht krank werden."

Andrea verdrehte die Augen. Sie äußerte, dass es Robert nur den *Grünen* nachmachen wolle. Es sei Panikmache, aber er schüttelte den Kopf und erwiderte: „Du glaubst also nicht daran, dass diese Waldpilze belastet und Kinder besonders gefährdet sind? Das ist unverzeihlich, Andrea."

Sie biss sich auf die Oberlippe und überlegte, während Melanie Robert aus großen Augen anstarrte, weil er ihr die Tüte entreißen wollte, aber sie hielt sie so fest, dass ihm dies nicht gelang. „Das sind meine Pilze, meine Pilze", rief sie verzweifelt.

„Mädchen, die darfst du nicht essen. Bitte, gib sie her."

„Aber das sind doch meine Pilze, nicht Ihre."

„Es geht um deine Gesundheit, mein Kind."

Endlich kam die Einsicht. Das Mädchen übergab die Produkte des Waldes Stephans Vater, der sie kurzerhand in den Mülleimer warf. Mit Stephans gesammelten Pilzen geschah das gleiche. Er hatte inzwischen begriffen, dass es der Vater gut mit ihnen meinte.

Melanie flüsterte Stephan etwas ins Ohr. Sie schlug vor, für ihn zum Abschied noch ein Musikstück zu spielen. Doch im Speiseraum nahmen einige Gäste ihr selbstgekochtes Essen ein.

Stephan starrte plötzlich auf einen mit einer Pilzmahlzeit gefüllten Teller. Er näherte sich dem weißhaarigen Mann, dem er gehörte, und rief aufgeregt: „Nicht essen, nicht essen, die Pilze sind verstrahlt. Wegen des Supergaus in Tschernobyl. Sonst kriegen Sie Krebs." Er zog dem Gast sogar den Teller weg, doch dieser holte ihn sich wieder zurück. „Was fällt dir ein, Bub. Ich sterbe nicht an Krebs, ich sterbe, weil ich alt bin. Die Leute hier essen alle ihre Schwammerln, ob mit oder ohne Supergau."

Stephan verdrehte die Augen und rief: „Mein Bruder ist Umweltschützer und sagt, dass die gefährlichen Atomkraftwerke abgeschafft gehören."

Der Mann, dem er das Essen weggenommen hatte, grinste: „Kleiner, hast du die Weisheit mit dem Löffel gefressen? Gefährlich sind auch Flugzeuge und Autos. Aber die Kernenergie erspart uns den Ausstoß von Schwefeldioxid und Stickstoffoxid, das durch die Elektrizitätsgewinnung mit Kohlekraftwerken entsteht."

Stephan nickte. „Sie wissen Bescheid", bemerkte er, worauf der Mann einen lauten Lacher ausstieß.

„Sag deinem Bruder, dass wir ohne Kernenergie die elektrischen Geräte vergessen könnten."

„Mein Bruder ist für Sonnen- und Windenergie."

Der Schwabe am Fenster, der seine Mahlzeit aufgegessen und seinen Teller ausgeschleckt hatte, lachte. „Sonne und Wind? Liebs Hergottle vo Biberach, könnet ma do nett glei wieder die Wasch im Zuber waschn? Und des alt' Kohlebügleisen nehmen?"

Gegen diese Idee protestierte die Schwabenfrau: „Heiligs Blechle. Euch Mannsleut könnt'des so passen, dass mer wieder Waschweiber spielen. Die Zeit hat die Katz gfressen."

Der Berliner neben dem Schwaben lächelte Stephan aufmunternd zu. „Schlau, aber unvaschämt biste. Klar, die Spätschäden dürfen wa nich vajesssen."

Der Schwabe schüttelte den Kopf. „Keine Spätschäden. In unserm Körperle wird alles wieder gut."

„Lieber Herr Bäumle", erwiderte sein Nachbar. „Die Abwehrmechanismen sind individuell verschieden. Kommt darauf an, in welchen Dosen."

„Hanoi, in Bier- und Coladosen", grinste der Schwabe, worüber der Grauhaarige den Kopf schüttelte.

Stephan jedoch wiederholte energisch: „Man kriegt aber Krebs davon."

Fünf Augenpaare starrten ihn entsetzt an, sodass der Junge erschrak. Rasch drehte er dieser Gesellschaft den Rücken zu und verließ mit Melanie den Raum.

Draußen lauschten die beiden kurz an der Tür. Drinnen war eine hitzige Debatte entstanden. Man stimmte über Pro und Contra ab. Der Berliner und der Schwabe ließen sich zu giftigen Worten über ungiftige, aber bestrahlte Pilze hinreißen. Beinahe hätten sie einander auch noch die Mahlzeit ins Gesicht geschleudert, aber etwas Achtung blieb noch. Der alte Herr verließ angewidert den Aufenthaltsraum. Er öffnete die Tür und schlug sie versehentlich Stephan und Melanie auf die Nase. „Junge, dir ist eine riesige Heldentat gelungen", stöhnte er.

„Mir? Garnichts ist mir gelungen."

„Doch, jetzt herrscht übereinstimmender Unfriede."

Inzwischen hatte Robert das Gepäck im Auto verstaut. Stephans erneuter Protest gegen die viel zu frühe Heimfahrt blieb unbeachtet. Der Junge setzte sich aufs Autodach und ließ die Beine baumeln. Als Melanie kam, hüpfte er herunter. Sie bat ihn, rasch noch einmal mit hinter die Scheune zu kommen. Er folgte ihr dorthin. Sie zeigte auf den Boden. „Hast du schon mal so große Ameisen gesehen?"

Stephan betrachtete das Treiben der Insekten.

„Wahnsinn! Melanie, du bist eine Entdeckerin."

„Und dir ist eine Heldentat gelungen."

Melanie ließ eine Ameise über ihre Hand laufen, worüber Stephan staunte. Er hätte es ihr nicht zugetraut.

„Schau mal, Steffi. Den Apfel habe ich gestern hingelegt. Jetzt ist nur noch ein kläglicher Rest übrig."

„Da haben bestimmt tausend Ameisen die ganze Nacht durchgefeiert. - Ich muss zum Auto zurück. Sonst wird mein Papa ungemütlich. Er ist es sowieso schon."

Sie gingen zusammen zum Wagen. Stephan stieg ein. Sofort kurbelte er das Fenster herunter. „Schreibst du mir, Melanie", schrie er hinaus.

Sie grinste. „Weiß ich noch nicht."

„Dann komm ich im nächsten Jahr nicht mehr her."

„Ach, Steffi, es war nur Spaß. Komm doch wieder."

Robert ließ den Motor an und fuhr mit der Familie davon. Stephan senkte nachdenklich den Kopf.

„Ein nettes Mädchen", hörte er den Vater sagen. „Aber für Damenbekanntschaften bist du noch viel zu jung."

„Papa, wo war eine Dame? Ich habe keine gesehen."

Andrea lachte, und Robert schüttelte den Kopf.

Auf der Straße kamen sie rasch voran. Gegen 18.30 Uhr erreichten sie bereits München.

2. Kapitel

Robert, der die Wohnung zuerst betrat, stellte rasch das Gepäck ab, um sich im Bad seines durchgeschwitzten T-Shirts zu entledigen. Er erschrak, als ihm Dunstschwaden und Stimmengewirr entgegenkamen. Erstaunt erkannte er die Stimme seines Sohnes und entdeckte hinter dem Wasserdampf Jochen mit einer Frau in der Badewanne. Schweigend verließ er die Nasszelle wieder.

Stephan war inzwischen in sein Zimmer gegangen, und Andrea hatte das Schlafzimmer betreten. Robert hörte sie einen schrillen Schrei ausstoßen. Als er in das Zimmer blickte, sah er quer über den Betten zwei männliche Gestalten liegen.

„Was habt ihr hier zu suchen?", tobte Andrea. „Macht, dass ihr verschwindet."

Die Männer rührten sich nicht von der Stelle. Schockiert lief Andrea in die Diele hinaus. „Hast du das gesehen, Robert?", erkundigte sie sich.

„Na klar."

„Was sind das nur für fragwürdige, schamlose Typen. Warum sagst du nichts dazu?"

„Komm erst einmal mit", bat er seine Frau und führte sie ins Wohnzimmer. „Nun, was sagst du dazu?"

Auf dem Boden lag ein spärlich bekleidetes Mädchen mit aufgestellten Beinen. „Sag mal, Robert, das ist hier ja ein Chaos", tobte Andrea. „Was wollen die alle hier?"

Roberts Stirn hatte sich bereits in Falten gelegt, als er näselte: „Schönstes Fräulein, darf ich wagen, Sie nach dem Grund Ihres Hierseins zu fragen?"

Sie lachte. „Bin weder Fräulein noch schön. Ich bin Sonja Zettelmann, eine Freundin Ihres Sohnemanns."

„Mir scheint, Sie zetteln was an. Packen Sie urplötzlich ihre schönen Beine zusammen und gehen Sie, bevor..."

Andrea zischte: „Eine Frechheit ist das, was Sie sich hier erlauben."

Und Robert schrie: „Was glauben Sie, wo wir nächtigen sollen?"

Sonja ließ erst ihre braunen Augen hin- und herrollen, ehe sie amüsiert entgegnete: „Es gibt gleich um die Ecke ein vornehmes Hotel für vornehme Leute."

Robert schüttelte den Kopf und ging auf Sonja zu.

„Wären Sie nicht ein weibliches Wesen, würde ich Ihnen jetzt den nackten Popo versohlen."

„Oh, tun Sie's doch. Wie komme ich zu dieser Ehre?"

„Und Jochen werde ich untertauchen, um seinem Gehirn das nötige H_2O zuzuführen," feixte Robert.

„Au fein. Da möchte ich dabei sein."

„Gut, da kann ich zwei Köpfe in einem Arbeitsgang waschen."

Andrea war wieder hinausgegangen. Nun stand Stephan im Türrahmen. „Paps, mein Hase ist weg, mein Hase ist weg. Und was will die Frau hier?"

Sonja wandte sich an Stephan: „Kind, wir dachten, wir müssten den vergifteten Hasenbraten portionsweise hinunterschlucken. Dein Hoppelchen hat sich in Jochens Labor als Versuchskaninchen geopfert und Kupfersulfat gesoffen."

Der Junge hielt die Luft an. Dann schrie er: „Du lügst, du lügst, du bist eine... eine ..."

Plötzlich stand Jochen da. „Hallo Mama, Papa,

Steffi. Dass ihr schon zurück seid, überrascht mich sehr."

Robert warf seinem Sohn einen grimmigen Blick zu. „Und was glaubst du, was uns überrascht? Dreimal darfst du raten."

„Ich habe nur ein paar Leutchen eingeladen. Und Steffi, lass dich von Sonja nicht bequatschen. Dein Hoppelchen hüpft munter auf dem Balkon herum. Sonja, bitte, geh."

„Soll ich mich wegzaubern? Und die andern?"

„Die zaubere ich weg. Bitte, geh."

Sie murmelte etwas, das keiner verstand, packte ihre umherliegenden Gegenstände in die Sporttasche, gab Jochen einen Klaps auf den Popo und klebte ihren Kaugummi an die Bodenvase.

Erstaunlich, dass es dem Sohn des Hauses in einer Viertelstunde gelang, die übrigen Gäste hinauszubugsieren.

Danach baute sich Andrea vor ihrem Sohn auf und hob drohend den Finger: „Jochen, ich hätte fast einen Herzinfarkt gekriegt. Diese Männer sind bestimmt schwul oder haben sogar Aids. Nicht zu fassen, dass sie sich einfach auf unsere Betten gelegt haben."

„Die haben kein Aids. Die haben nur ein pflaumenweiches Gemüt. Wir mussten uns über alternative Energiegewinnung unterhalten. In Griechenland haben wir nur herumgestritten."

Robert schüttelte den Kopf. „Lächerlich, in der Wanne und in den Betten wolltet ihr diskutieren? Und mit Kaugummi an der Bodenvase?"

Jochen schwieg. Dann hatte er es eilig, in die Küche zu kommen. Dort entnahm er dem Kühlschrank den für seine Gäste besorgten Wurstaufschnitt, belegte damit

Semmeln, die er seinen Eltern und seinem Bruder servierte. Dazu erhielt jeder ein Glas Orangensaft. Dieser Service musste jetzt unbedingt sein, fand er.

Inzwischen hatte Stephan seinen Hasen vom Balkon hereingeholt und ließ ihn durch die Wohnung hoppeln. Er war glücklich darüber, dass das Tier noch am Leben war und kein Kupfersulfat gesoffen hatte.

Stephan ließ sich nach dem Abendessen gleich ins Bett fallen, und Jochen begann von Solarzellen und Sonnenkollektoren zu sprechen. Robert legte seine Stirn in Falten und rief: „Bei deinem Eifer könntest du Klaus Töpfer, unserem Minister, assistieren. Aber jetzt lass uns bitte in Ruhe. Wir sind müde von der Reise."

„Weißt du, Paps, Strom aus den Solarkraftwerken könnte heute viel wirtschaftlicher sein. Ein Forscher hat es errechnet. Unser Opa könnte an seinem Haus Solarzellen anbringen. Ich möchte mal mit ihm das Münchner Bauzentrum besuchen."

„Jochen, lass den alten Mann in Ruhe. Und wir sind jetzt müde, sehr, sehr müde."

„Alter Mann? Opa ist im Kopf noch jünger als wir alle."

Mit einem Ruck stellte Andrea ihr leeres Glas auf den Tisch zurück. Sie war über ihren Sohn so verärgert, dass sie aus dem Zimmer lief, ohne eine *gute Nacht* zu wünschen. Sie sah zu Stephan hinüber. In den Armen hielt das Kind seinen geliebten Plüschaffen. Darüber musste sie lächeln. Anschließend suchte sie ihr Schlafzimmer auf und bezog ihr Bett frisch, in dem die beiden Männer gelegen hatten. Erschöpft ließ sie sich in die Kissen fallen. Weil jedoch der Ärger wieder in ihr hochstieg, konnte sie vorerst keinen Schlaf finden.

Robert kam herein, um seinen Pyjama aus dem

Schrank zu holen. Andrea hatte ihrem Mann schon lange verboten, hier zu schlafen. Er nächtigte jetzt in Monikas früherem Zimmer, das immer noch nicht aufgeräumt war. Monika war mit ihrem Freund auf Städtetour unterwegs.

„Andrea, lass mich doch heute Nacht bei dir schlafen."

„Nein, heute ganz sicher nicht."

Er fühlte sich gekränkt und dachte: *Wie hart, wie unbeugsam sie doch sein kann.* Zynisch entgegnete er: „Danke für deine übergroße Güte und Freundlichkeit."

Als er wieder in die Diele hinauskam, drang Musik aus Jochens Zimmer an sein Ohr. Er klopfte an die Tür, trat ein und forderte: „Stell bitte dein Gerät etwas leiser."

„Mach ich. Bitte, setz dich mal, Paps, und hör zu. Ein Teil des Zyklus' *Mein Vaterland* von *Smetana*. Hörst du die Moldau fließen und die Quelle sprudeln? Mich beruhigt diese Komposition. Dich nicht?"

Robert rieb sich die müden Augen. „Mich wird momentan nur der Schlaf beruhigen. Gute Nacht."

Jochen blickte enttäuscht. „Schade, Paps, wirklich schade."

Draußen in der Diele klingelte das Telefon. Robert nahm missmutig den Hörer ab. Nachdem er sich mit „hier Teschner" gemeldet hatte, wurde seine Stimme weicher, freundlicher: „Ach, Moni, du bist es. - Du bist also schon vom Urlaub zurück? – Jetzt gerade erst? - Gern kannst du bei uns übernachten. Ich schlafe auf der Couch. - In zwanzig Minuten bin ich bei dir. Warte in der Halle."

Eine halbe Stunde später betrat Robert die Halle des Münchner Hauptbahnhofs. Sofort entdeckte er seine

Tochter, die auf ihrem Koffer saß. Ihr braunes Haar glich dem zerzausten Gefieder eines aus dem Nest gefallenen Vogels. Der gelbe Pulli und die braune Hose sahen so zerknittert aus, als hätte sie schon einige Tage darin geschlafen. Er nahm Monika in die Arme und küsste sie innig. „Monilein, wie schön, dich wieder zu sehen. Aber blass siehst du aus. Ich muss sagen, sehr blass."

„Hm. Kann ich also bei euch übernachten?"

„Klar. Habe ich doch gesagt. Aber was ist mit dir los?"

Sie biss sich schweigend auf die Lippe. Er trug den Koffer, sie die Reisetasche zum Wagen. Heimwärts weinte sie. Der Vater bat sie zu sagen, was sie so bedrücke. Erst schluchzte sie weiter, dann gestand sie, sich mit ihrem Freund gestritten zu haben und er sich daraufhin von ihr getrennt habe.

„Streiten denn alle Leute im Urlaub?", entfuhr es Robert. „Jochen hat sich mit seinen Kollegiaten in Griechenland gestritten, ich mich mit Mama. Ich höre nichts anderes mehr."

„Bernd hat mir vorgeworfen, ich habe kein Interesse an seinen Interessen. Er hat auf der Straße herumgeschrien. Beschämend war das."

„So ein Unsinn. Du musst doch nicht unbedingt an seinen Interessen Interesse haben."

Robert dachte: *Merkwürdig, ich und Monika scheinen nicht dafür prädestiniert zu sein, das Glück der Liebe zu erfahren. Wir beide haben etwas gemeinsam: Das Du des Partners erhält einen zu hohen Stellenwert. Wenn sich Andrea annähernd so verhalten würde wie unsere Tochter, dann würden wir wieder miteinander leben können.*

Während Robert das Auto durch die Stadt steuerte, beruhigte sich Monika immer noch nicht. Dem Vater fiel auf einmal ein, wie dumm es von ihm damals gewesen war, ihr von einem Psychologie-Studium abzuraten. Warum er jetzt darauf kam, wusste er selbst nicht. Er glaubte zu ahnen, dass Monika in ihrem Beruf als Bankangestellte nicht glücklich war.

„Moni, bitte, beruhige dich endlich", bat der Vater.

„Papa, hast du schon einmal Liebeskummer gehabt?"

„Oh, Mädchen. Den hab ich doch ständig mit Mama."

„Tut mir sehr leid, Papa."

„Und mir tut es leid, dass du unglücklich bist. Lass es dir daheim nicht anmerken."

Daheim wurde Monika von Jochen und Andrea herzlich begrüßt. Gleich schlich sie in das Zimmer ihres kleinen Bruders, und sie strich ihm, obwohl er schlief, zärtlich übers Haar. Bei seiner Geburt war sie bereits zwölf Jahre alt gewesen, und sie liebte den Kleinen bis auf den heutigen Tag abgöttisch. Damals hatte sie das Baby mit ihrer Mutter zusammen wickeln und ihm das Fläschchen reichen dürfen. Jetzt war sie wegen der täglichen Auseinandersetzungen ihrer Eltern voller Mitleid mit ihm, weil er derjenige war, der am meisten unter dieser Misere litt. Auch Stephan liebte seine Schwester und war traurig, als sie die Familie verlassen hatte, um in einer eigenen Wohnung zu leben. Er hatte dies nicht verstehen können und war einige Zeit böse auf sie gewesen.

Aber auch seinen große Bruder liebte Stephan sehr.

Im Wohnzimmer stießen sie alle vier mit halbgefüllten Sektkelchen an. „Auf dass sich dieser verkorkste Abend in einen fröhlichen umwandeln lässt", ließ sich Jochen vernehmen, worauf sich Monika erkundigte, wieso der Abend verkorkst sei. Dies jedoch wollte ihr der Bruder erst am nächsten Tag erzählen.

Das Frühstück am nächsten Morgen zog sich lange hin. Jochen berichtete von seiner Griechenlandreise und Monika von ihrer Städtetournee. Sie erzählte: „Wir haben in Düsseldorf die Ausstellung *Kunst im Aufbruch* gesehen. Jochen, hast du schon was von *Beuys* gehört?"

Ja, von deinem Boy schon."

„Ich meine doch den Künstler *Beuys*. Er hat die Kunstform *Multiples* erfunden."

Stephan rief dazwischen. „Ist es die Multiple-Krankheit?"

Monika lachte. „Du meinst *Multiple Sklerose*, MS, aber Multiples ist Kunst, keine Krankheit. Zum Beispiel eine Tonic-Flasche…"

„Moni, lass das, interessiert nicht", äußerte Jochen.

„Du Kunstbanause", urteilte die Schwester. „Es gibt viele Arten von Kunst. Stell dir vor, ich bin mal in einem Londoner Museum versehentlich über rote und schwarze Fliesen spaziert. War auch ein Kunstwerk. Ich habe mich hinterher so geschämt."

Stephan stieß seine Tasse Kakao um und rief: „Moni, warum bist du nicht Fliesenverkäuferin geworden?"

Die Geschwister und der Vater lachten über diesen Scherz. Sogleich fiel Robert ein: „Ich erinnere mich, dass es vor einigen Jahren Streit um eine Kunstausstellung im Lehnbachhaus gegeben hat. In einer anonymen Zuschrift stand*: Der Geisteskranke Beuys muss vergiftet werden.*"

Monika war erschüttert. „Wie dämlich ist denn das. Beuys war nie geisteskrank. Seine Ideen werden nicht verstanden. Nur deshalb sind die Reaktionen so heftig."

Der Vater wollte wissen, wie seiner Tochter die Funkausstellung gefallen habe.

„Langweilig! Ich habe mir lieber die Show *Na siehste* mit Thomas Gottschalk angesehen."

Der Vater begriff nicht, dass Monika kein Interesse an dieser Messe gezeigt hatte, wo diese doch weltweit eine der bedeutendsten auf dem Gebiet der Unterhaltungselektronik war.

„Es sollen dort Neuentwicklungen vorgestellt worden sein. Die Schallplatte wird bald der Vergangenheit angehören und CDs – Compact Disc - aufgrund des neuen digitalen Verfahrens besser und bequemer in der Handhabung sein. Na ja, man merkt, du bist eine Frau."

„Das hat damit nichts zu tun", gab Monika beinahe beleidigt von sich.

Andrea, die inzwischen das Geschirr aufgeräumt hatte, kam wieder hinzu. Sie erkundigte sich bei ihrer Tochter, ob denn Bernd nicht dabei gewesen sei.

Monika würgte, als hätte sie einen großen Brocken verschluckt, ehe sie entgegnete: „Bernd hat sich von mir getrennt. Jetzt möchte ich nie mehr was davon hören."

„Mädchen, hast du ihm Anlass dazu gegeben? Er ist doch so ein netter junger Mann, der gut zu dir gepasst hätte."

Gekränkt erwiderte die Tochter: „Der liebe Junge und die böse Monika, nicht wahr, Mama. Immer suchst du die Schuld bei mir oder beim Papa, niemals bei dir selbst."

Andrea blickte Monika grimmig an. „Wie redest du mit mir? Du behauptest Sachen, die nicht stimmen."

Schweigend zuckte die Tochter mit den Schultern.

Jochen erzählte, sich in Griechenland mit seinen Kollegiaten gestritten zu haben. Er kam noch einmal auf den *verkorksten Abend* zu sprechen. „Weißt du, Moni, gestern wollten wir uns in unserer Wohnung treffen und ein bisschen Versöhnung feiern. Dann sind dummerweise unsere Eltern gekommen."

Andrea schnaubte vor Wut. „Dummerweise, hast du gesagt. Vergisst du, dass wir auch hier daheim sind? Was *du* getan hast, war sehr schlecht überlegt, war nicht in Ordnung. Du hättest uns fragen müssen. Wir sind früher gekommen, weil Papa es nicht mehr ausgehalten hat."

Stephan schluchzte plötzlich: „Ich wäre so gern noch geblieben, aber Papa wollte unbedingt heimfahren. Sie haben mir alles, alles verdorben."

Seine Schwester ging um den Tisch herum, um ihn zu streicheln. „Komm, Steffi. Sei nicht traurig..."

Er schlug mit den Armen um sich und tobte: „Lass mich in Ruhe." Danach erhob er sich und lief in sein Zimmer hinüber. Seine Geschwister fanden ihn tränenüberströmt auf dem Bett liegen. Das Kopfkissen lag auf dem Boden. Monika streichelte tröstend über sein Haar. „Steffi, deine Eltern haben dich sehr lieb."

Der Junge klagte: „Wie können die mich liebhaben, wenn sie mir den Urlaub versauen."

„Das hat nichts mit dir zu tun. Das hat damit zu tun, dass sich unsere Eltern nicht mehr verstehen", erklärte ihm Jochen.

„Nun kann ich nie mehr mit ihnen wegfahren."

„Streng mal deinen Hirnkasten ein bisschen an, dann wirst du feststellen, dass du dafür zweimal im Jahr verreisen kannst, einmal mit Papa, einmal mit Mama."

Steffi lächelte unter Tränen. Er überlegte, ob dies

wirklich gute Aussichten sein würden.

Eine Woche später war Roberts Urlaub zuende, und er musste wieder täglich zur Arbeit gehen. Er litt unter heftigen Kopfschmerzen und schluckte jetzt öfter wieder ein Schmerzmittel. Die Auseinandersetzungen mit der Chefetage, auch der Streit mit Andrea, die ihn immer wieder aufforderte, aus der Wohnung auszuziehen, setzten ihm ziemlich zu. Endlich hatte Monika ihr Zimmer entrümpelt. Jetzt zog er sich gerne am Abend dorthin zurück. Dort geschlafen hatte er ja bereits, weil ihn Andrea aus dem Schlafzimmer verbannt hatte. Er besorgte sich einen Fernseher und eine Stereo-Anlage.

Inzwischen stellte Andrea Überlegungen an, wie sie Robert rascher aus der gemeinsamen Wohnung verbannen könne, aber ihr fiel nichts dazu ein. Auch ihr Urlaub war jetzt zu Ende. Sie arbeitete in der Boutique „*Bei Gisela*". Ihre Chefin war im Laufe der Zeit auch ihre Freundin geworden. Den Umgang mit den Kunden fand Andrea interessant, ebenso auch abwechslungsreich.

Vor ihrer Heirat war sie in Hannover Kindergärtnerin gewesen. Sie hatte sich ständig über Situationen aufgeregt, die man bei Kleinkindern akzeptieren musste. Deshalb hatte ihre Mutter gemeint: „Das ist kein Beruf für dich. Du bist genauso wenig belastbar wie Papa."

Die Tochter hatte ihrer Mutter jedoch beweisen wollen, dass sie für diesen Beruf geeignet war. Eines Tages hatte es einen Vorfall gegeben. Andrea hatte ein Kind geschlagen.

Sogar heute noch hatte sie die Situation vor sich, wie die Mutter dieses Mädchens auf sie zugegangen war und sie beschuldigt hatte, ihrem Kind Gewalt angetan zu haben. Gern hätte sie diese scheußliche Szene für immer aus ihrem Bewusstsein verbannt, aber selbst jetzt noch hatte sie die wütende Frau vor Augen.

Sie hatte damals Robert, der in der Niederlassung einer Münchner Firma in Hannover gearbeitet hatte, bei einer Tanzveranstaltung kennengelernt. Sofort hatten sich die beiden ineinander verliebt. Er hatte nach wenigen Monaten zu ihr gesagt: „Andrea-Mäuschen, ich muss eines Tages wieder nach München zurückkehren. Willst du als meine Frau mitkommen?"

Ihre Augen hatten gestrahlt: „Liebend gern, Robert." Er hatte sie in die Arme genommen und sie leidenschaftlich geküsst. „Jetzt sind wir verlobt", hatte er ihr ins Ohr geflüstert. Nach einer kurzen Pause hatte er gemeint, dass einer seiner Münchner Freunde in seinem Haus einige Zimmer zu vermieten habe. „Wir könnten dort einziehen und uns in Ruhe etwas anderes suchen. Willst du?"

„Was für eine Frage. Natürlich will ich, auch wenn es mir um meinen Vater leid tut. Ich möchte ihn am liebsten gleich mitnehmen. Mit Mutti bin ich nie klar gekommen."

„Dein Vater ist so herzlich, vor allem humorvoll."

„Ja, er ist ein ausgeglichener und fröhlicher Mensch. Ach, könnte ich nur so sein wie er. Immer hat er die Worte von Marie von Ebner-Eschenbach im Kopf. Sie lauten: *Die Gelassenheit ist eine anmutige Form des Selbstbewusstseins*. Aber Vati ist nicht selbstbewusst, obwohl er Schauspieler war."

„Sag mal, wie kommt das nur?"

„Vielleicht ist Mutti daran schuld. Ich weiß es nicht."

„Wenn wir eine Wohnung haben, können uns deine

Eltern öfter besuchen. Dann lernen sie auch einmal die liebenswürdigste Großstadt der Welt kennen. Du wirst sie jetzt auch bald kennenlernen."

Andrea hatte gelacht. „Erst einmal habe ich den liebenswürdigsten Mann der Welt kennengelernt."

„Und ich das liebenswürdigste Mädchen."

Andrea war es damals wie eine Flucht erschienen, als sie nach der Hochzeit von Hannover weggezogen war. Ihr Vater hatte zum Abschied gesagt: „Keine Gewissensbisse. Es ist dein Leben, Mädchen, das du dir als junge, verheiratete Frau mit einem Mann aufbauen willst. Robert kannst du vertrauen. Er ist sympathisch und solide. Er kann froh sein, dich als Ehefrau zu bekommen. Vielleicht möchtet ihr Kinder haben."

„Vati, du kennst mein Versagen im Kindergarten."

„Es ist anders, wenn man eigene Kinder hat. Für sie entwickelt man andere Gefühle und kann auch mehr Verständnis für sie aufbringen."

Andrea hatte zu ihrem Vater aufgeblickt und gemeint:

„Noch habe ich keine."

„Ich bin mir sicher, du wirst eines Tages Nachwuchs haben. Robert wird dies sicher wollen."

„Könnte sein. Ich richte mich nach ihm."

„Musst du. Außerdem bedeuten Kinder Glück in einer Ehe. Auch du bist unser Glück, Andrea. Ohne dich…"

Andrea hatte gelächelt. Sie hatte ihm die Frage gestellt: „Sag mal, Vati, warum ist Mutti so anders als du?"

Der Vater hatte mit den Schultern gezuckt. „Lass ihr dieses Anderssein. Wir sind alle verschieden. Sie hat auch Vorzüge und Qualitäten. Ich komme gut mit ihr aus."

„Manchmal auch nicht, wie?"

„Oh, bitte! In jeder Ehe gibt es Krisen. Wenn man will, kommt man mit etwas gutem Willen aus so einer Krise wieder heraus. Merke dir das. Es ist sehr, sehr wichtig."

„Du und Mutti, ihr solltet uns öfter besuchen, meint Robert. Werdet ihr das tun, wenn wir eine eigene Wohnung haben?"

„Klar werden wir das tun."

Andreas Eltern waren dreimal bei ihrer Tochter und ihrem Schwiegersohn zu Besuch gewesen. Vor fünf Jahren war Andreas Vater verstorben. Für sie war er so etwas wie ein Lebensberater gewesen.

Nur allmählich ließ dieser Schmerz, der einmal so heftig gewesen war, nach.

3. Kapitel

Die milden Septembertage des Jahres 1987 motivierten Robert zum Wandern. Er freute sich sehr darüber, dass ihn Stephan auf seiner Tour begleiten wollte.

Nachdem die beiden mit dem Auto weggefahren waren, verließ auch Andrea die Wohnung. Sie fuhr mit der U-Bahn nach Schwabing zu ihrer Chefin, die sie zu sich gebeten hatte. Warum, ahnte sie nicht einmal.

Mit heftig pochendem Herzen stieg sie die Treppe zur Wohnung hinauf.

Gisela öffnete ihr die Tür. Andrea war über deren modisches Outfit sprachlos. Die vollschlanke Frau trug heute ein zweiteiliges Kleid im Raubkatzendesign. Das Collier an ihrem Hals glänzte in Gold, ebenso der Armreif und die Ohrringe. Ihr bis zu den Schultern herabhängendes schwarzes Haar unterstrich die mondäne Note.

Nach einer kurzen Umarmung erkundigte sich Andrea: „Nun, Gisi, was hast du auf dem Herzen?"

„Abwarten, Tee trinken", war die unbefriedigende Antwort.

Von der Diele aus fiel Andreas Blick ins Wohnzimmer, wo ein Mann an den Sekretär gelehnt stand. In ihm erkannte sie Axel Kranitzky, Giselas Freund, der zum Wochenende öfter von Duisburg nach München geflogen kam. Doch jetzt fragte sie sich, welche Rolle er bei der bevorstehenden Besprechung spielen würde.

Sein fester Händedruck tat ihr beinahe weh. „Ich

grüße Sie, Andrea-Schätzchen", gab er salbungsvoll von sich, worauf sie erwiderte: „Ich Sie auch. Aber Schätzchen sage ich nicht zu Ihnen."

„Das habe ich aber gehofft", erwiderte er augenzwinkernd und fuchtelte vergnügt mit seinen Händen in der Luft herum. Axelchen, so nannte ihn Gisela, verfügte über sprechende Hände. Manchmal geriet bei seinen lebhaften Erzählungen sein ganzer Körper ins Wanken. So auch jetzt, als er begann, von irgendwelchen Museumsbesuchen zu erzählen, die Gisela und Andrea langweilten. Mit einer einzigen Bewegung konnte ihn seine Freundin unterbrechen. Sie bat ungeduldig zu Tisch.

Die exotischen Früchte, kleine Avocado- und Mangostückchen, ließen Andrea das Wasser im Mund zusammenlaufen, aber auch der französische Käse, den sie sich auf eine Scheibe Weißbrot legte. Erst probierte sie den *Vieux Boulogne,* danach den *Tomme de Chevre.* „Gisi, du hast ja ein Feinkostgeschäft geplündert", lachte Andrea.

„Und ich hätte beinahe die Kasse ausgeraubt", bemerkte Axel.

„Aber doch nicht wirklich", antwortete Andrea. „Und jetzt habe ich mal eine Frage: Was wird hier gefeiert?"

Gisela lächelte geheimnisvoll, und Axel sprang auf, weil er sich verschluckt hatte. Danach meinte er: „Andrea-Schätzchen, hoffentlich vertilgen Sie jetzt Gisi nicht gleich, wenn Sie von ihr erfahren, dass..." Er unterbrach sich selbst.

„Was erfahren? Sagt endlich, was los ist. Ich esse keinen Happen mehr, wenn ihr es nicht sagt", zischte Andrea und schob unwillig ihren Teller beiseite, doch

Gisela aß seelenruhig weiter und schwieg. Kranitzky grinste und goss sich in seinen starken Kaffee einen ordentlichen Schuss Cognac. Dann stieß er einen lauten Lacher aus, worauf ihn Andrea fragend anblickte.

„Warum lachen Sie jetzt. Wollen Sie mir nicht sagen, was hier gefeiert wird?"

Axel zuckte mit den Schultern. Beim Probieren der englischen Zitronenkonfitüre, die er sich dick auf das Weißbrot strich, verzog er so sehr das Gesicht, dass Gisela kicherte. Den Aufstrich kratzte er wieder vom Brot herunter und schmierte ihn an den Aschenbecher. Andrea verdrehte schweigend die Augen. Sie dachte: reine Verschwendung.

Als Gisela die Zitrone für den Schwarzen Tee auspresste, entglitt ihr das Fruchtstück und sprang hinüber zum Sekretär auf einen Bogen unbeschriebenen Briefpapiers. Darüber krümmte sich Kranitzky vor Lachen.

Trotz seiner liebenswürdigen Art hielt ihn Andrea für überheblich, ja, für arrogant. Sie fand seine Freundlichkeit nur aufgesetzt. Warum sie jetzt so wütend auf ihn war, dass sie ihm am liebsten den Tee über den Kopf gegossen hätte, wusste sie selbst nicht.

Endlich war Gisela bereit, ihr Geheimnis zu lüften: „Andrea, halte dich fest. Ich muss dir eine Neuigkeit mitteilen. Axelchen und ich wollen heiraten."

Andrea fand das Gürkchen, in das sie gerade hineinbiss, so sauer, dass sie es beinahe ausgespuckt hätte. Nachdem sie sich gefasst hatte, antwortete sie: „Willst du mir damit sagen, dass du von München wegziehen willst?"

„Anders wird es wohl nicht gehen."

Kranitzky beobachtete Andrea genau. „Gisi, deine

Freundin ist realistisch. Aber sie hält nichts vom Gratulieren", murmelte er, worauf Andrea leicht beschämt in ihre Tasse starrte.

Sie hörte Gisela wispern. „Kann ich verstehen, dass ihr das nicht gefällt, wenn ich meinen Laden aufgeben muss. Weißt du, Andrea, ich ziehe zu Axelchen nach Duisburg. Er ist Geschäftsmann. Er kann nicht einfach..."

„So ist es, Andrea-Schätzchen", unterbrach Axel seine Freundin. „Er kann nicht einfach. Seine Elektronik ..."

„München ist, so viel ich weiß, ein gutes Pflaster für Elektronik.– Und sagen Sie nicht dauernd *Andrea-Schätzchen.*"

„Pardon, gnä` Frau. Ich bin Ihnen wohl zu nahe getreten?"

„Nein, das nicht, aber ich bin nicht Ihr Schätzchen. Und das *gnä' Frau ist* auch ein Witz."

Gisela grinste. „Axelchen sagt zu allen ihm sympathisch erscheinenden Frauen *Schätzchen.* Sei stolz darauf, dass er dich so nennt."

Kranitzky nickte und blickte Andrea ernst an. „Sollten Sie nach Duisburg ziehen wollen, hätte ich eine hübsche Wohnung für Sie."

Andrea zeigte sich verwundert. „Wie kommen Sie darauf, dass ich nach Duisburg ziehen will? Meine Familie ist doch hier."

Gisela ereiferte sich: „Das nennst du Familie? Vom Mann entfremdet, zwei Kinder erwachsen, und der Jüngste könnte beim Vater unterkommen."

„Nein, Gisela, du wirst nicht entscheiden, was mit meiner Familie geschehen soll. - Haben Sie Kinder, Axel?"

„Nicht, dass ich wüsste – oder man verheimlicht sie mir."

Gisela lächelte. Sie hatte sich bereits die vierte Tasse eingeschenkt. „Andrea, ich habe eine prima Idee: Du ziehst mit deiner Mutter nach Duisburg. Die Arme…"

„Was heißt hier *die Arme?* Die wäre ich, wenn ich mit ihr zusammensein müsste."

„Wie? Es ist doch deine Mutter."

„Schon, aber ich kann nichts Gutes über sie sagen. Ich weiß, das ist sehr, sehr traurig. Aber ändern kann ich es leider nicht."

„Ich weiß, es gibt solche und solche Mütter. Sag mal, Andrea, bist du abhängig von dem Rest deiner Familie, die wie ein Kartenhaus zusammenfällt?"

Andrea schüttelte den Kopf. „Was soll dieses Gequatsche?"

Axel erhob sich und verkündete, die Damen für kurze Zeit allein zu lassen.

„Andrea, ich muss dir was erklären", begann Gisela, nachdem Axel die Wohnung verlassen hatte. „Axelchen ist ein lieber Mensch, aber von einer Heirat hält er nichts. Bis jetzt glaubte er, seine Wünsche erfüllten sich ohne Gegenleistung."

„Ohne Gegenleistung? Liebt ihr euch etwa nicht?"

„Sex ist bei uns großgeschrieben. Axel ist aktiv. Ich brauche jedoch eine Versorgung für mein Alter."

Andrea biss sich auf die Lippen „Hört sich an, als würdest du den Kaiser von China heiraten und bekommst, wenn er dich verlässt, eine Apanage."

Gisela nagte erst an ihrer Oberlippe, ehe sie erklärte: „Stimmt. Er ist für mich so viel wie ein Kaiser. Wird er vertragsbrüchig, ziehe ich ihn zur Rechenschaft. - Und nun zu dir: Mein Bruder möchte wieder mit dir zusammenkommen."

Andrea warf Gisela einen bösen Blick zu und äußerte, sie verkaufe sich nicht wie ein Pfund Erdbeeren. Sie wolle nichts mehr von Frank wissen. Im Urlaub habe sie ihn kurz gesehen und deshalb Ärger mit Robert bekommen.

Axel stand wieder im Türrahmen. „Interessante Gespräche, wie? Ich verschwinde noch einmal."

„Axelchen, ich danke dir für dein Verständnis", lobte Gisela.

„Keine Ursache. Die beiden Damen sollten sich aussprechen."

Später kehrte Kranitzky mit einer riesigen Einkaufstüte zurück. Er hatte sich eine Hose, ein Hemd und eine Krawatte besorgt. Gisela und Andrea erhielten je eine Schachtel Pralinen.

Andrea fand es an der Zeit, sich zu verabschieden. Dass sie bald keine Beschäftigung mehr haben sollte, erfüllte sie mit großer Sorge. Diese Boutique war soviel wie ihr halbes Leben.

In der U-Bahn sinnierte sie über den bevorstehenden Arbeitsplatzverlust nach. Könnte sie womöglich wieder in den Beruf einer Kindergärtnerin einsteigen? Niemals würde sie die gleichen Fehler wie früher begehen. Durch die Erziehung ihrer eigenen Kinder hatte sie dazugelernt. Oder sollte sie sich für Büroarbeiten umschulen lassen?

Als Andrea gegen Mittag heimkam, lagen Jochen und Monika, die wieder einmal bei ihnen übernachtet hatte, weil sie ein Gespräch mit ihrem Bruder führen wollte, noch in den Betten. Für ihre beiden Kinder richtete sie rasch einen Imbiss her. Sie hatte sich vorgenommen, erst am Abend bei Roberts und Stephans

Rückkehr eine warme Mahlzeit zuzubereiten.

Die Küchentür öffnete sich, Monika erschien barfuß im apfelgrünen Longshirt. Sie fuhr sich über ihre noch verschlafenen Augen und stammelte: „Du bist ja schon zurück, Mama."

Andrea nickte. „Wie du siehst. Ach, ich bin so unglücklich. Gisela heiratet und gibt ihre Boutique auf. Jetzt werde ich arbeitslos."

Monika seufzte. „Ich weiß, eine neue Beschäftigung ist nicht leicht zu finden. Andererseits kannst du froh sein, diese Zicke loszuwerden."

Dass Monika ihre Freundin und Arbeitgeberin verurteilte, verletzte Andrea. Sie blickte ihre Tochter herausfordernd an. „So über sie den Stab zu brechen, obwohl du sie nicht kennst, ist gemein, Moni."

„Entschuldige, ich quatsche nur nach, was Papa sagt."

„Er mag Gisela nicht, aber sie ist meine Freundin."

„Auf die kannst du doch leicht verzichten."

„Nicht auf meine Arbeit in der Boutique. – Moni, eines will ich dir endlich einmal sagen: Es ist falsch, mich immer allein für unsere gescheiterte Ehe verantwortlich zu machen. Papa ist auch kein Unschuldsengel."

Ein böses Wort ergab das andere. Mutter und Tochter bekriegten sich wieder einmal. Andrea musste auch an ihre Mutter denken, mit der sie ebenso im Clinch lag. Ein Verhaltensmuster?

Schließlich erklärte Monika ärgerlich, dass sie heimfahren wolle. Sie wage nicht, Jochen aufzuwecken. Sie bemerkte: „Von mir aus soll er bis zum Abend schlafen. Ich kann nicht mehr warten."

Im Badezimmer erledigte sie noch rasch ihre

Morgentoilette. Hinterher verabschiedete sie sich von ihrer Mutter mit einem flüchtigen Kuss auf die Wange.

Nachdem sie die Wohnung verlassen hatte, stand Jochen im Türrahmen, enttäuscht darüber, dass seine Schwester bereits gegangen war. Andrea meinte: „Sie war heute ungenießbar. Was ist nur in sie gefahren?"

„Sie findet sich mit der Trennung von Bernd nicht ab."

„Aha! Und ich kann mich nicht damit abfinden, meine Stelle zu verlieren", erklärte Andrea. Sie berichtete Jochen, was sich zugetragen hatte und bat ihn, ihr etwas auf dem Computer beizubringen. Der Sohn war jedoch der Ansicht, sie würde den Umgang mit einem PC besser bei einem Volkshochschul-Kurs erlernen. „Mama, du bist doch noch lernfähig."

Sie lachte. „Ich dachte, du sagst, dass Mumien nichts mehr begreifen können."

Er grinste. „Ach, Mams, Mumie sag ich doch nur, um dich ein bisschen im Spaß zu ärgern."

Nachmittags hielt sich niemand mehr in der Wohnung auf. Andrea fuhr mit der U-Bahn in die Innenstadt und sah sich den Film *Momo* an. Die Geschichte handelte von einer sinnbildlichen Darstellung der menschlichen Situation, keine Zeit mehr füreinander zu haben. Graue Männchen als Zeitdiebe machten sich die Angst der Menschen vor dem Tod zunutze.

Als sie nach Hause kam, waren ihre *Gipfelstürmer* bereits zurückgekehrt. Sie hatten schon geduscht. Jochen war auch wieder gekommen.

Stephans Augen glänzten, als er seiner Mutter berichtete: „Schön war's auf dem Rabenkopf. Das nächste Mal solltest du auch mitkommen, Mams."

Sie ließ ihren Sohn in der Diele stehen, weil sie sich in der Küche um die Mahlzeit kümmern musste. Es sollte Kalbsschnitzel mit Kartoffeln und Salat geben. Naserümpfend bemerkte Jochen, er wolle diese *Hormonbrocken* nicht zu sich nehmen. Daraufhin verweigerte auch Stephan das Fleisch. Begeistert redete dieser von den hungrigen Dohlen, die ihm von seinem Knie die Salami abgepickt hatten. Als dann Jochen bemerkte, dass sich in der Wurst Natriumnitrit befinde, erbleichte der kleine Bruder und keuchte: „Sind wir jetzt auch vergiftet?"

Der Vater bat Stephan, nicht auf Jochen zu hören.

„Steffi, du kannst ruhig Fleisch essen. Dein Bruder übertreibt."

Naserümpfend meinte Jochen, man müsse bei der Nahrung sorgfältiger auswählen. Darüber schüttelte Andrea den Kopf und schwieg. Sie zog der Diskussion eine Fernsehsendung vor und wählte die Serie *Lindenstraße,* aber ihr Mann schaltete den Apparat sofort wieder aus. Das brachte sie so sehr in Rage, dass sie den leeren Teller hinabfallen ließ. Ein Familienkrach stand bevor, so, dass alle aufsprangen, ehe sie zu Ende gegessen hatten und dorthin verschwanden, wo sie sich am liebsten aufhielten: in ihren Zimmern.

Eine Woche später entfaltete Robert vor dem Abendessen auf dem Küchentisch den Grundrissplan eines Hauses. Andrea starrte erst auf den Bogen Papier, dann rief sie: „Robert, was soll das sein?"

„Der Plan eines Hauses. Es steht in Freising und hat zwei getrennte Wohnungen. Eine wäre für dich mit Stephan, die andere für mich mit Jochen. Ich möchte dieses Haus mit dir zusammen kaufen. Einverstanden?"

Ehe sie etwas sagen konnte, fügte er euphorisch hinzu: „Du musst dir diesen wunderschönen Garten mit dem Teich ansehen. Auch die Räume im Haus sind optimal."

Sie schnappte nach Luft. „Du erwartest etwa Begeisterung?", stieß sie ärgerlich hervor. „Was denkst du dir dabei? Bald werden wir geschiedene Leute sein. Und du ignorierst das auch noch."

Er senkte den Blick und flüsterte: „*Du* willst dich von mir trennen, nicht *ich* mich von dir. Wie wäre es mit einem Neuanfang in diesem Haus? Von meinen Eltern bekäme ich das Geld, das ich zur Hochzeit erhalten sollte. Wir müssen keine großen Schulden machen."

Andrea fasste sich an den Kopf. „Oh Mann, du kapierst immer noch nicht, dass ich nicht will."

Im nächsten Moment erschien Stephan in der Küche. Er sah von einem zum andern und murmelte: „Streitet ihr wieder?"

Als er keine Antwort erhielt, fiel sein Blick auf das Papier. „Papa, was hast du da?"

„Es ist der Plan eines Hauses. Ich möchte es kaufen, aber deine Mama macht nicht mit."

Der Junge biss sich erst nachdenklich auf die Oberlippe, aber dann drehte er sich wortlos um und lief hinaus.

Nach ihm kam Jochen herein. Der Vater deutete auf den Plan. „Schau doch mal her, Jochen. Dieses Haus hier möchte ich kaufen. Es steht in Freising, aber…"

Andrea unterbrach ihn: „… aber ich mache da nicht mit, wollte dein Papa gerade sagen."

Jochen nickte. „Papa, warum willst du ein Haus

kaufen, wenn ihr euch nicht mehr versteht?"

Roberts Gesicht lief rot an. Er ballte die Fäuste. „Zum Donnerwetter nochmal. Ich hab verstanden, dass ihr alle dagegen seid", tobte er und schleuderte den Plan wütend auf den Boden hinab. Jochen hob ihn wieder auf. „Paps, was soll das? So ein Haus kittet euch nicht wieder zusammen. Schade ist es natürlich schon."

„Vielleicht könnten wir doch, Mama und ich. Ihr seid ja alle..." Er konnte nicht weitersprechen. Seine Kehle war wie zugeschnürt.

Als Monika, die zum Essen eingeladen war, kam, wunderte sie sich darüber, dass ihre Angehörigen nach der Begrüßung stumm vor sich hinblickten. Sie sah sich verwundert in der Runde um. „Ist was passiert, weil ihr so sonderbar schaut? Ist jemand gestorben?"

Robert nickte. „Ja, so ist es."

„Wer?"

„Mein Plan wurde soeben beerdigt. Ich wollte ein Haus kaufen, aber alle sind dagegen."

Monikas Stirn kräuselte sich. „Ein Haus ist eine feine Sache, aber..."

„Na siehst du. Du verstehst mich."

„Nein, tu ich nicht. Mama macht doch sicher nicht mit."

„Erraten", zischte Robert. Er hatte von seiner Tochter eine andere Reaktion erwartet. Zornig rief er: „Ihr habt alle keine Ahnung, wie schön es sich in einem Haus leben lässt. Eine Wohnung ist nichts dagegen. Mama und ich könnten trotzdem getrennt leben. Ach, ihr seid doch alle kurzsichtig."

Mit einem bösen Blick zur Mutter hin rief Monika: „Paps, du musst dich bei unserer Mama beklagen."

„Was heißt das wieder?", rief Andrea ärgerlich.

„Halte du künftig dein vorlautes Mundwerk."

Auch Jochen meinte, seine Schwester solle sich nicht immer den Mund so voll nehmen. Es sei eine Sache zwischen den Eltern. Dann rief er ungehalten: „Können wir endlich zu essen anfangen?"

„Ja, klar, entschuldige", erwiderte die Mutter und gab jedem eine Portion Kartoffelauflauf auf den Teller. Aber keinem wollte das Gericht schmecken, bis auf Stephan: „Mama, lass sie weiterplappern. Mir schmeckt's prima. Koch doch mal öfter so etwas."

„Danke Steffi, dass du mein Essen lobst. Den andern fällt nicht mal auf, dass es gut schmeckt."

Auf einmal schrien sie alle wild durcheinander, bis auf Robert, der sich schweigend entfernte. Es dauerte einige Zeit, bis er zurückkehrte. Er trug einen Koffer in der Hand, den kleinsten, den die Familie besaß. Alle blickten ihn überrascht an. Monika sprang auf, ging auf ihren Vater zu und nahm ihm das Gepäck ab.

„Papa, du wirst doch jetzt nicht verreisen wollen?"

„Ich hab zwei Tage Urlaub genommen, um das Haus mit euch zu besichtigen, aber jetzt brauche ich Zeit für mich selbst", bemerkte er gereizt und holte vom obersten Regal das Buch *Die Flußpiraten des Missisippi* herunter.

Er nahm seiner Tochter den Koffer wieder ab und legte zu der Unterwäsche das in weinrotes Leinen gebundene Buch dazu. Dann strich er Stephan, der jetzt auf ihn zugekommen war, über den blonden Lockenkopf und flüsterte: „Nicht traurig sein, Steffi, ich komm doch bald wieder."

Der Junge blickte seinen Vater aus ängstlichen Augen an und stöhnte: „Paps, warum bleibst du nicht hier?"

Robert zuckte mit den Schultern.

„Kommst du wirklich bald wieder, Paps?"

„Ja. Übermorgen bin ich sicher wieder da. Versprochen!"

Andrea äußerte, dass Robert ein Feigling sei und sich immer, wenn es brenzlig werde, aus dem Staub mache.

Verärgert rief Monika: „Macht nur so weiter. Dann seid ihr euren Steffi los. Ich werde ihn adoptieren."

Jochen rief aufgebracht: „Na sowas! Du kannst doch deinen Bruder nicht adoptieren. Er bleibt hier. Hast du mich verstanden?"

Die Schwester biss sich auf die Lippen, um nachzudenken. Dann schlug sie ihrem Vater vor, er solle für ein paar Tage in ihre Wohnung ziehen, anstatt in der dunklen Nacht zu verschwinden.

„Danke, für deinen Vorschlag, Moni, aber ich muss nun selbst mit mir ins Reine kommen."

Robert nahm seinen Koffer in die Hand und lief damit aus dem Zimmer. Monika folgte ihm. Draußen im Flur klammerte sie sich wie ein Äffchen an ihn, so, wie sie es früher als Kind getan hatte. Der Vater fühlte, dass er jetzt nicht nachgeben durfte, obwohl es ihm nicht leichtfiel, vor allem wegen Stephan, um den er sich am meisten sorgte, und hier draußen machte ihm auch noch seine Tochter den Entschluss so schwer, dass er kurze Zeit überlegte, ob es das Richtige war, zu gehen. Aber er entschied sich doch dafür.

Schon einmal hatte er nachts die Wohnung verlassen. Es war, als er erfahren hatte, dass ihn Andrea mit Frank betrogen hatte. Damals hatte er sich ein Hotelzimmer genommen und war nach zwei Tagen zurückgekehrt. Das zweite Mal in dieser Ehe ergriff er jetzt die Flucht. Er spürte, dass alle traurig waren, selbst Andrea, weil sie sich um Stephan sorgte.

„Moni, laß mich los", bat der Vater. „Du führst dich auf wie ein Kleinkind. Gib mir sofort den Autoschlüssel wieder."

Robert befreite sich aus der Umklammerung und ließ sich den Schlüssel aushändigen. Zur Versöhnung bereit, strich er seiner Tochter über die Haare. „Mädchen, du bist wie ich, wenn du liebst. Ich hab gedacht, ich könnte mit Mama rechnen, wenn ich ein Haus kaufe. Was war ich nur für ein Narr, dass ich glauben konnte, sie geht auf meinen Vorschlag ein. – Wenn ich zurückkomme, reden wir beide miteinander. Vielleicht bei dir?"

Sie nickte. „Gern, Papa, das ist wirklich notwendig."

Er küsste sie auf die Wange, und sie fragte: „Was hast du jetzt vor? Gehst du in ein Hotel?"

Er schwieg und öffnete stattdessen die Wohnzimmertür, um allen ein „auf Wiedersehen" zuzurufen. Auf einmal tat ihm Stephan besonders leid, weil er ahnte, wie sehr er von ihm vermisst wurde.

Monika begleitete Robert bis zum Aufzug. Als sie in die Wohnung zurückkehrte, hörte sie ihre Mutter klagen: „Fahnenflucht ist Feigheit. Steffi, sorge dich nicht. Papa kommt bestimmt bald wieder."

„Nein, tut er nicht", fauchte der Sohn wütend. „Du bist ja froh, dass er fortgegangen ist."

Stephan, seinen neun Jahren weit voraus, hatte längst begriffen, dass sie seinen Vater loswerden wollte. Dies tat ihm furchtbar weh. Einerseits liebte er seine Mutter, andererseits war er momentan böse auf sie. Er hörte jetzt Monika klagen: „Mama, du bist schuld, dass er in die Nacht hinausgeht. Armer Papa!"

„Na, hör mal, es war doch allein seine dämliche Idee

mit dem Hauskauf", brauste die Mutter auf. Dann fügte sie hinzu: „Sind denn hier alle verrückt geworden? Das ist ja ein Irrenhaus."

„Und weil es so ein Irrenhaus ist", erwiderte Monika, „werde ich Steffi diesen Abend mit zu mir nehmen. Ich bringe ihn euch morgen wieder zurück. Bist du damit einverstanden, Steffi?"

Stephan hob den Kopf und wischte sich über die nassen Augen. „Ja, Moni. Ich schlaf heute Nacht bei dir", stammelte er.

„Dann los. Pack deinen Schlafanzug ein, auch deinen Affen. Sonst hast du keinen Schlafgefährten. Wir fahren sofort."

Andrea schüttelte verständnislos den Kopf, aber sie schwieg. Auch Jochen sagte nichts dazu, worüber sich seine Schwester wunderte.

Nun verließen die Geschwister die Wohnung und stiegen unten auf dem Parkplatz in das Auto. Stephan nahm auf dem Rücksitz Platz. Sie fuhren Richtung Frankfurter Ring. Das Kind fragte ängstlich: „Meinst du, dass Papa bald wieder zurückkommt?"

„Natürlich. Er lässt dich doch nicht im Stich."

„Moni, halt bitte mal an. Siehst du das Haus mit den roten Herzchen und dem roten Licht? Schauen wir mal hinein?"

„Wozu? Ich fahr weiter. Ist doch nicht interessant für uns."

„Doch, ist es schon. Mensch, halt doch endlich mal an."

„Ach was! Es ist ein Haus für Erwachsene, ein Freudenhaus." Oh, jetzt hatte Sie sich verplappert. Sie hätte niemals *Freudenhaus* sagen dürfen.

„Was sind das für Freuden, Moni?"

„Es treffen sich Männer und Frauen. Dabei wird geredet."
„Und das sollen die Freuden sein?"
„Ja."
„Und was noch?"
„Ach, nichts weiter. Lass mich weiterfahren."
„Du willst es nur nicht sagen. Ich bin doch nicht doof."
„Deine Mutter kann dir das besser erklären."
„Sag mal, Moni, bist du so dumm oder tust du nur so?"
„Sei nicht so frech und hör endlich auf zu plappern."
Stephan war beleidigt. Er schwieg, bis sie in Monikas Wohnung angekommen waren. Nachdem seine Schwester das Bett im Gästezimmer gerichtet hatte, konnte er sich hinlegen. Als dann auch noch sein Affe neben ihm lag und ihm Monika einen schmatzenden Kuss auf die Wange gedrückt hatte, war seine Welt vorläufig wieder in Ordnung.

Robert fuhr zunächst ziellos Richtung Innenstadt zum Bahnhof. Plötzlich kam ihm der Gedanke, nach Weilheim zu seinen Eltern zu fahren. Er fuhr die Arnulfstraße hinauf zum Mittleren Ring, dann weiter zur Garmischer Autobahn. Bei Starnberg fuhr er auf der B 2 weiter. Fortwährend ging ihm die Szene von daheim durch den Kopf. Mit dem Hauskauf hatte er gehofft, das vermeintlich Unabwendbare aufhalten zu können. Welch ein Trugschluss!

Gegen 21 Uhr kam er in Weilheim bei der Einfahrt zum Anwesen seiner Eltern an. Aus dem Badezimmerfenster sah er Licht schimmern. Nachdem er zweimal geläutet hatte, hörte er Schritte. Die Tür wurde geöffnet, sein Vater stand im Türrahmen. Erstaunen lag in seinem Blick. „Robby, duu? Wo kommst du so spät her?", ließ er sich verwundert, aber auch leicht vorwurfsvoll, vernehmen.

Der Sohn umarmte seinen Vater und flüsterte: „Tut mir leid, euch jetzt noch zu stören. Schläft Mama schon?"

„Nein. Ich sag ihr Bescheid. Geh einstweilen in die Stubn. Geh langsam, ganz vorsichtig, wie ein Storch im Salat."

Robert grinste. „Was soll das, Papa? Habt ihr etwa Glasscherben im Zimmer?" Er warf einen raschen Blick hinein und entdeckte zu seiner Verwunderung zwei mit Plastiksteinen erbaute Miniaturgebäude. Vorsichtig betrat er den Raum.

„Aufpassen", rief ihm der Vater nach. „Da stehen *Der Schiefe Turm von Pisa* und das *Münchner Rathaus. Charles und Diana...*"

Robert musste laut lachen. Zwei Püppchen saßen vor dem Miniaturgebäude. Der Vater erklärte: „Du weißt doch, die waren kürzlich da, die zwei."

„Und für wen baust du diese Gebäude auf?"

„Evi und Tamara sind da. Kinder brauchen diese Welt."

Die beiden Mädchen waren die Töchter von Roberts Schwester Mona und deren Mann Ottmar.

„Papa, ich denke, dass du selber diese Miniaturwelt dringender brauchst als die beiden Kinder", glaubte Robert.

Ein Kopf tauchte im Türrahmen auf. Es war die Mutter, die ihren Sohn herzlich begrüßte. Dabei musste *Der Schiefe Turm von Pisa* fallen. „Ach, der war eh schon schief", erklärte sie lachend, aber ihr Ehemann reagierte ärgerlich. „Mit einem Schlag macht die Frau alles kaputt", stöhnte er, worauf Robert bemerkte, dass seine Eltern immer noch liebenswerte Streithähne seien.

„Tut mir leid, dass ich um diese Zeit noch störe", entschuldigte sich Robert, worauf seine Mutter den Kopf schüttelte. „Du störst nicht mal um Mitternacht. Aber warum bist du gekommen?"

Ehe sie sich alle drei auf die Couch setzten, schob Sigrid die Puppen ihrer Enkelinnen enger zusammen. Jetzt erst antwortete Robert: „Es hat Streit in der Familie gegeben. Ich will ein Haus kaufen, aber alle sind sie dagegen."

Fritz sah seinen Sohn überrascht an. „Ein Haus willst du kaufen? Und mit Andrea ist nicht alles wieder in Ordnung?"

„In diesem Haus gibt es zwei getrennte Wohnungen. Da könnte doch jeder für sich leben."

Die Mutter meinte verwundert: „Was willst du mit einem Haus, wenn der Haussegen schief hängt? Glaub nicht, dass wir uns Scheuklappen zugelegt haben und nicht wissen, was los ist. Steffi erzählt uns alles am Telefon. Manchmal weint er sogar."

Robert riss überrascht die Augen auf und fasste sich an die Brust. „Was? Er weint am Telefon?"

„Mann, bist du wirklich so ahnungslos?", brummte der Vater.

Sigrid wischte sich über die Augen. „War Andrea nicht einmal die Frau für's Leben?"

Mit einem Schulterzucken erklärte Robert, sie hätten alle beide Fehler gemacht. „Aber ich liebe sie immer noch", gestand er.

Fritz erhob sich, um Wein aus dem Keller zu holen,

aber er tat es dann doch nicht. Als Sigrid die Gläser auf den Tisch stellen wollte, wäre sie beinahe über das *Münchner Rathaus* gestolpert.

Ihr Mann frotzelte: „Mein Weib hat nicht mal Achtung vor dem Münchner Rathaus."

Sie entgegnete: „Hast du Achtung davor? Du schimpfst doch dauernd über die Herrn da drinnen, dass sie alles falsch machen."

Fritz lächelte. „Aber jetzt sind der Charles und die Diana dagewesen und haben ihnen die Köpf' wieder grad' aufgesetzt."

Robert lachte. Er bemerkte, dass es mit ihnen so lustig wie früher sei und er gern öfter kommen würde.

„Du könntest für immer bei uns bleiben. Die Dachkammer ist frei", erwiderte Sigrid und tippte ihrem Sohn zärtlich auf die Schulter.

„Wie? Ich könnte mit Steffi zu euch ziehen?"

Sigrid schüttelte energisch dem Kopf. „Ohne Steffi. Ein Kind gehört zu seiner Mutter. Robby, hast du mich verstanden?"

„Das war wirklich sehr klar ausgedrückt, Mama."

Fritz betrachtete seinen Sohn nachdenklich. Dann meinte er: „Vielleicht klingt das etwas altmodisch, dass man für seine Liebe kämpft. Warum gibst du so schnell auf?"

„Weil ich ohne Erfolg kämpfe."

„Kommt, gehen wir ins Bett und reden morgen weiter. Und den Wein trinken wir auch morgen", schlug Sigrid vor. Sie erhoben sich in diesem Moment alle drei.

Am Morgen erwachte Robert durch ein schnarrendes Geräusch. Ein Luftballon flog ihm direkt in's Gesicht und blieb auf seiner Nase liegen. Nachdem er sich erhoben hatte, krochen seine beiden Nichten aus ihrem

Versteck hervor. Er gab ihnen die Hand und klagte: „Begrüßt man mit so viel Lärm und Getöse seinen Onkel?"

„So begrüßt man einen Gast, der unsere Puppen in den Schrank sperrt", erwiderte Tamara.

„Ich doch nicht", wehrte sich Robert. „Vielleicht hat das eure Oma oder euer Opa getan."

„Der Turm ist auch kaputt. Wir müssen ihn neu bauen."

„Und wenn schon. Ich bin ohne Schuld."

Ärgerlich ließ er die beiden stehen und suchte das Bad zur Morgentoilette auf. Hinterher setzte er sich zu seinem Vater und zu den beiden Mädchen an den Tisch. Sigrid erschien mit einer Tüte Hörnchen und Semmeln. Nachdem die beiden Kinder den letzten Bissen verspeist hatten, liefen sie in den Hof hinaus.

Fritz klopfte seinem Sohn auf die Schulter. „Überleg's dir mit der Dachkammer. Mama und ich meinen es ernst. Wir könnten oben ausbauen."

„Jochen hat eine andere Idee. Er möchte euer Haus auf Solarenergie umzustellen. Papa, vergessen wir den Ausbau."

Fritz rieb sich nachdenklich das Kinn. „Mir ist wichtiger, du ziehst zu uns als dass ich mein Haus auf Solarenergie umstelle. Beides zu machen, kostet zu viel Geld."

„Wollt ihr mich wirklich aufnehmen? Wo übernachten dann Evi und Tamara, wenn sie zu Besuch kommen?"

Sigrid lächelte. „Raum ist in der kleinsten Hütte, mein Sohn."

Am Nachmittag fuhr Robert leicht optimistisch nach München zurück. Er hatte das herrliche Empfinden, bei seinen Eltern aufgetankt zu haben. Die Idee mit dem Hauskauf hielt er jetzt auch für unsinnig. Wahrscheinlich würde er sich zu einem Umzug nach Weilheim entschließen.

Robert hielt seine Eltern für starke, sympathische Persönlichkeiten. Seine Schwester hielt er allerdings für egoistisch und überheblich. Dennoch nahm er sich vor, sich mit ihr zu versöhnen.

Bald kam eine Gelegenheit, die die Zusammenkunft der Geschwister erforderte: die Vorbereitungen zu Vaters siebzigsten Geburtstag. Robert suchte deshalb Mona in Starnberg auf. Ottmar, ihr Mann, war als Generalvertreter auf Geschäftsreise.

Robert hatte heute wieder das Gefühl, dass seine Schwester Äußerlichkeiten zu wichtig nahm. Sie redete von ihren kostbaren Teppichen, die sie leider wegen ihrer Hausstauballergie verkaufen müsse. Darüber zeigte sie sich unglücklich.

Die Geschwister berieten über ein Geschenk für den Vater.

„Einen Anzug. Er hat keinen passablen", schlug Mona vor.

Robert glaubte, der Vater würde lieber leger gehen und freue sich eher über ein Ölgemälde. Da sie geteilter Meinung waren, beschlossen sie, dass jeder selbst etwas für ihn aussuchen solle.

„Papa ist dünn geworden", äußerte Mona besorgt. „Sie schweigen sich über seine Krankheit aus."

„Krankheit? Wenn Papa krank wäre, würde er es uns sagen."

Die Schwester wiegte ihren Kopf hin und her. „Du verheimlichst ihnen doch auch deinen Kummer."

„Sie wissen längst von meinen Schwierigkeiten mit

Andrea. – Frag mal Mama, was sie von deiner Vermutung hält, dass Papa krank ist."

Jetzt erst wurde Robert bewusst, dass er seiner Schwester nicht einmal die Sorge um den Vater zugetraut hatte.

Dass sie sich diesmal nicht im Streit trennten, werteten beide vorerst als Erfolg.

4. Kapitel

Robert entschied sich schnell für einen Umzug nach Weilheim. Darüber konnte sich Andrea freuen, aber Stephan klagte:
„Dann bist du fort, Papa. Was soll ich ohne dich machen?"
„Wir könnten einander ja abwechselnd besuchen."
„Aber recht oft, Paps."
Robert erfuhr, dass bei seinen Eltern die Handwerker bereits ein- und ausgingen. Er packte schon Gegenstände für den Umzug ein, auch seine Sammelmappe mit den Gemälden aus seiner Gymnasialzeit. Eines seiner Bilder, ein Schiff auf Meereswellen, hing bei Andrea im Schlafzimmer. Er überließ es ihr als Andenken an eine Zeit, als sie beide gemeinsam von der großen weiten Welt geträumt hatten.

Von der großen weiten Welt träumte auch Stephan. Der Vater hoffte, mit ihm einmal einen Flug nach New York buchen zu können, aber vorerst musste gespart werden, denn aus *einem* Haushalt zwei werden zu lassen, kostete viel Geld.

Broschüren, Zeitungsausschnitte und anderen Krimskram packte Robert auch ein. Ein Freund hatte einmal zu ihm gesagt: *„Die Menschheit besteht aus zwei Gruppen, aus den Sammlern und aus den Aufräumern. Dazwischen gibt es nichts."*

Robert, ein notorischer Sammler, wurde zum Aufräumer. Wegen der Fotos stritt er mit Andrea. Er nahm während ihrer Abwesenheit die schönsten Bilder aus noch glücklichen Tagen aus dem Album. Auf der letzten Seite war ein Bild eingeklebt, das nicht dazu passte. Es zeigte Andrea mit Frank Leroux. Er nahm das Foto heraus und zerriss es.

Im Dachgeschoss bei seinen Eltern gab es bald eine Dusche und eine Toilette. In Kürze sollte eine Mini-Küchenzeile eingebaut werden. Da Fritz einen Installateur zum Freund hatte, ging alles erstaunlich rasch und zu seiner Zufriedenheit über die Bühne.

Eines Abends hielt sich Robert allein in der Münchner Wohnung auf. Andrea war mit Gisela ausgegangen, Steffi übernachtete bei Oliver und Theo, und Jochen war in die Disco gegangen. Robert bekam auf einmal Lust, Musik zu hören. Jochen, sein musikbegeisterter Sohn, hatte einmal zu ihm gesagt: „Papa, warum spielt in deinem und in Mamas Leben Musik überhaupt keine Rolle? Musik ist doch das Wunderbarste, das es gibt. Habt ihr kein bisschen Sinn für Romantik?"

Daran dachte Robert, als er eine Kassette einlegte. Es war Jaques Offenbachs *Orpheus in der Unterwelt*. Obwohl die Familie eine große Auswahl an Kassetten mit klassischer Musik und modernen Schlagern besaß, wurden diese beinahe nie von Andrea und Robert angehört.

Das Öffnen der Wohnungstür ließ Robert, der plötzlich eingeschlafen war, erschrecken. Noch etwas dösig, setzte er sich auf und stellte fest, dass Jochen gekommen war.

„Wie war's in der Disco?", erkundigte er sich schlaftrunken. „Hast du viel getanzt?"

„Hab ich. Ich musste so lachen, als ein Grufti nach Disco-Rhythmen Walzer getanzt hat. Köstlich, sag ich dir."

Roberts Stirn kräuselte sich. „Jetzt erklärst du mir mal den Begriff *Grufti*", bat er leicht ärgerlich.

„Wir Jungen nennen Menschen in deinem Alter so."

„Oh, liebenswürdig, mich mit siebenundvierzig Jahren in die Grube befördern zu wollen. Was sind dann Siebzigjährige?"

„Mumien."

„Du behauptest, ein Romantiker zu sein, mein Sohn? Das bist du bei weitem nicht. Setz dich mal zu mir. Ich möchte dich was fragen."

Abweisend schüttelte Jochen den Kopf. „Jetzt doch nicht, Paps. Morgen ist auch noch Zeit. Bin sehr, sehr müde."

Robert dachte: *Hätte sich mein Sohn nicht ein paar Minuten Zeit für mich nehmen können? Eltern müssen immer für ihre Kinder da sein, egal, ob es passt oder nicht. Umgekehrt bekommt man selten etwas zurück.*

Entäuscht schlurfte Robert in Monikas ehemaliges Zimmer hinüber, um sich dort zur Ruhe zu begeben. Er dachte traurigen Herzens an Stephan, von dem er sich jetzt trennen musste. Er wusste, wie dringend er von seinem Jüngsten gebraucht wurde. Aber was sollte er tun? In dieser Wohnung wollte er nicht weiterleben, weil Andrea so gehässig zu ihm war. Sie wollte ihn mit aller Macht vertreiben.

Zur späten Stunde hörte er sie heimkommen. Rücksichtslos knallte sie die Schlafzimmertür zu, als hätte sie es darauf abgesehen, ihn damit zu ärgern. Es war bereits halb zwei Uhr.

Am nächsten Morgen frühstückte die Familie gemeinsam. Stephan war von Olivers und Theos Vater zurückgebracht worden.

„Paps, du wolltest mich gestern was fragen", fiel

Jochen ein, worauf der Vater meinte: „Hat sich schon wieder erledigt."

„Wirklich? Tut mir leid. Ich war gestern furchtbar schlecht gelaunt. - Hast du auch die gute Nachricht gehört, dass Mittelstreckenraketen verschrottet werden sollen?"

„Ja, hat sich schon herumgesprochen." Auch Robert freute sich darüber, dass abgerüstet wurde. Letztes Jahr beim Gipfel in Reykjavik war es zu einer Annäherung der Supermächte gekommen. Die Zeitungen und Nachrichten hatten verkündet, dass *US-Präsident Ronald Reagan und Parteichef Michail Gorbatschow ein Abkommen über die Verschrottung atomarer Mittelstreckenraketen unterzeichnet hatten.*

„Es müsste noch mehr getan werden", äußerte Jochen nachdenklich. „Aber eine Welt ohne Krieg wird es nie geben." Er klopfte dabei sein halbweiches Ei mit dem Löffel auf und streute Salz darüber.

Stephan erkundigte sich interessiert: „Gibt es schon wieder Krieg?"

„Ach, Steffi, Krieg gibt's ständig", erklärte ihm sein Bruder. „Seit 1984 den Golfkrieg. In Afghanistan, Mittelamerika und ..."

„Hört auf, hört auf", rief Andrea ärgerlich, „ich kann es nicht mehr hören."

Jochen erwiderte: „Mama, willst du nicht wissen, was in der Welt los ist?"

„Das schon, aber du verhältst dich unmöglich, Jochen. Immer dieses Gerede."

Stephan, der unterm Tisch mit den Beinen schlenkerte, nahm seinen Bruder in Schutz: „Jochen hat kein Gerede. Was er sagt, ist wahr. Er will sogar nach Wackersdorf gehen."

Nun war es passiert. Er hatte es nicht verraten wollen. Jochen war verblüfft. Robert verdrehte die Augen und Andrea grinste: „Von mir aus kann er hingehen, wo der Pfeffer wächst", bemerkte sie und fügte leise hinzu: „Wenn er verhaftet werden will, soll er nur hingehen."

„Mama, das stimmt doch nicht, dass man verhaftet wird", wehrte sich Jochen.

Dass der Bayerische Verwaltungsgerichtshof über einen einstweiligen Baustopp verfügt hatte, aber die Umweltschützer einen endgültigen forderten, wusste Jochen bereits aus der Zeitung. Er wollte zusammen mit Kollegiaten nach Wackersdorf fahren.

Fünf Tage später demonstrierte er mit ihnen gegen den Weiterbau der Wiederaufbereitungsanlage. Die ganze Gruppe übernachtete im Heu. Sonja hatte man vorübergehend festgenommen, aber bald wieder freigelassen.

Später erklärte Jochen seinen Eltern und seinem Bruder, dass die Wiederaufbereitungsanlagen die Umwelt mit beinahe tausend mal mehr Radioaktivität als ein Atomkraftwerk belasten würden.

Giselas schmale Finger mit den violett lackierten Nägeln griffen an die linke Wange. Sie klagte über Zahnschmerzen, aber als ihr Andrea riet, einen Zahnarzt aufzusuchen, meinte sie: „So schlimm ist es auch wieder nicht. Ich spüle mit Schnaps."

„Mit Schnaps? Um Himmels Willen. Du verjagst doch mit deiner Fahne die ganze Kundschaft."

„Ich schließe ja ohnehin mein Geschäft. Auf ein paar Kunden kommt es nicht mehr an. - Übrigens, du hast mir noch nicht gesagt, ob es mit dem Textverarbeitungskurs bei der Volkshochschule klappt."

Andrea rümpfte die Nase. „Klappt nicht. Ich überlege mir etwas anderes."

„Du könntest bei Carla in das Wollgeschäft einsteigen."

Carla strickte und häkelte für die Boutique Pullover, Röcke, Kostüme und Kleider.

Verlegen spielte Andrea mit ihrer Gürtelschlaufe und erwiderte kleinlaut, dass sie Carla unsympathisch finde.

„Sie ist eine tolle Frau. Sie hat ihre Mutter gepflegt, ihretwegen auf einen Mann verzichtet."

„Trotzdem mag ich sie nicht."

Verständnislos schüttelte Gisela den Kopf. Sie entnahm ihrer Kasse zwei Fünfzigmarkscheine, die sie Andrea überreichte.

„Hier, zu deinem vierundvierzigsten Wiegenfest. Such dir was Schönes aus und zwar jetzt gleich. Zurzeit ist es ruhig."

Andrea starrte Gisela an. „So viel Geld kann ich nicht nehmen. Ein Schein genügt doch." Gisela bestand darauf, dass ihre Angestellte das Geschenk annahm. Mit einer Umarmung bedankte sich Andrea dafür. Hinterher schlüpfte sie im Nebenraum in ihren dunkelblauen Trenchcoat, um sich zum Kaufhaus zu begeben. Aber als sie in den Laden zurückkam, waren ihre Augen auf die Kundin gerichtet, die soeben hereingekommen war. Es war die überspannte, egozentrische Ellen Kerstin Vondra-Nagelau.

Gisela ergriff aufgeregt Andreas Arm, und sie flüsterte: „Dalli, dalli, wirf dich rasch in Schale. Das Dunkelblaue bitte."

Schnell wie der Blitz stürmte Andrea wieder nach

hinten, zerrte Mantel und Wollkleid herunter, und schlüpfte in das dunkelblaue Kleid, aber der Reißverschluss klemmte, sodass sie von dem Vorwärts- und Rückwärtsgezerre ins Schwitzen geriet. Sie riss das Kleid wieder herunter und warf es entnervt auf den Stuhl. Stattdessen zog sie einen extravaganten schwarzen Zipfelrock an, der nach ihrer Meinung jedoch zu sehr zipfelte, um gefallen zu können, weshalb sie ihn auch wieder ablegte. Nun wählte sie einen engen, eleganten Samtrock aus, dazu eine gelbe Chiffonbluse. Im Spiegel stellte sie zufrieden fest, dass sie vollendet gekleidet war. Rasch bürstete sie noch ihr zerzaustes Haar und schritt stolz wie eine Spanierin in die *Höhle des Löwen.* Die Kundin war bereits in ein mandarin-schwarzes Ensemble geschlüpft, und die Chefin urteilte bereits: „Mandarin steht Ihnen vorzüglich. Aber jetzt übergebe ich das Kommando Frau Teschner." Die Kundin nahm kein Blatt vor den Mund: „Gut so! Frau Teschner hat den noch besseren Geschmack."

Gisela gefror das Lächeln im Gesicht, und sie zog sich diskret zurück. Andrea erkundigte sich bei Frau Vondra-Nagelau, wie ihr dieses zweiteilige Kleid gefalle.

„Sehen Sie selbst. Wie eine aus der Gosse, die sich als Gräfin auftakelt", war die verblüffende Antwort.

Lachend drehte sich Andrea zur Seite. „Stimmt nicht! Sie sehen entzückend aus."

Die Kundin zog das Kleid wieder aus. Daraufhin präsentierte ihr Andrea ein weißes Kleid mit schwarzen Tauben.

„Nicht doch", rief Frau Vondra-Nagelau entsetzt. „Mir gerinnt das Blut in den Adern. Hängen Sie diesen

Strampelanzug weg."

„Strampelanzug?" Andrea wunderte sich über diese Bezeichnung. Sie hängte das Ensemble wieder an die Stange. Daraufhin zeigte sie der Kundin einen schwarzen Rock. „Er hat eine super Saumweite von drei Metern. Und was sagen Sie zu diesem schicken Satinband? Mit diesem Rock können Sie auf Parties gehen."

Die Kundin schüttelte den Kopf. „Lassen Sie diese Spielchen, Frau Teschner. Meine Jugend fiel dem Krieg zum Opfer, meine Unschuld einem seriösen Herrn."

Andrea verbiss sich das Lachen. „Sie könnten verschiedene Blusen dazu tragen, zum Beispiel eine festliche schwarze für's Theater oder zu einer Beerdigung. Und hier…"

„Hören Sie auf. Nicht einmal zu meiner eigenen Beerdigung, diese schwarze Bluse, wenn ich bitten darf", unterbrach die Kundin Andrea.

„Darf ich Ihnen eine Hose zeigen?"

Frau Vondra-Nagelau kicherte. „Aha, zum Reiten? Wo bleiben die Reitstiefel?"

„Wie? Diese Hose ist doch viel zu festlich zum Reiten."

„Die Reitstiefel sind nur für Sie gedacht, weil Sie sich bei mir ständig vergaloppieren."

Andrea kratzte sich am Kopf. Geduld war nicht ihre Stärke. Leidenschaftlich gerne hätte sie der Kundin einen Tritt in den Hintern verpasst, aber sie musste sich beherrschen. Es fiel ihr plötzlich ein, dass jemand zu ihr gesagt hatte: *Geduld ist gezähmte Leidenschaft.*

Inzwischen hatte Frau Vondra-Nagelau ein graues Kleid entdeckt. „Dies hier ist beruhigend im Gegensatz zu dieser aufgeregten Rabenschar. Was sagen Sie dazu,

Frau Teschner?"

„Ihnen soll es gefallen, nicht mir."

„Macht mich zu einer grauen Maus. Ob mich da mein Mäuserich noch finden wird?"

Auf diesen Spaß ging die Angestellte ein. „Sie gehen doch nie verloren, nicht einmal in einem Mausefell."

Die Kundin musterte die Verkäuferin von Kopf bis Fuß, worauf sie tadelte: „Warum sagen Sie nie die Wahrheit, sondern immer nur, was mir gefällt?"

Entrüstet entgegnete Andrea: „Ich bin nur vorsichtig mit dem, was ich sage. Wenn ich erkläre, das Kleid steht Ihnen nicht, wollen Sie das Gegenteil hören. Finde ich es gut, werden Sie misstrauisch. Urteilen Sie doch selbst."

„Keinen Mausepelz also, Frau Teschner?"

Andrea zuckte mit den Schultern. „Mit Ihrer klasse Figur könnten Sie auch etwas Auffälligeres tragen."

„Na, na, na. Sie wissen wohl nicht, wie alt ich bin?"

„Nein. Ich sehe es Ihnen nicht an. Was möchten Sie nun?"

„Was ich möchte? In diesem Moment ein Glas Sekt."

Andrea begab sich in den Aufenthaltsraum und kehrte bald mit einem gefüllten Sektkelch zurück, aber es befand sich zur Bestürzung Frau Vondra-Nagelaus nur Wasser darin. „Tut mir so leid", entschuldigte sich Andrea, „der Sekt ist uns ausgegangen. Aber wenn Sie großen Durst haben, nehmen Sie inzwischen mit Gänsewein vorlieb. Ich besorge aber noch rasch Sekt. Vorher sage ich Frau Leroux Bescheid."

Frau Vondra-Nagelau hob die Hände und brummte:

„Bleiben Sie. Das nächste Mal trinke ich dafür zwei Gläschen Champagner."

Andrea verzog schweigend das Gesicht.

Die Kundin hatte wirklich Durst und trank das Glas in einem Zug leer. Hinterher fiel ihr Blick auf ein enges grünes Kleid, das sie unbedingt anprobieren wollte. Frau Vondra-Naelau suchte damit die Kabine auf und zog es an. Als sie sich damit vorstellte, spreizte sie die Hände von sich, als hätte sie Schlamm an ihrem Körper.

„Das Kleid steht Ihnen zwar gut, aber ihr Busen füllt das Oberteil nicht aus. Wir könnten Schaumstoff..."

Die Kundin rief entsetzt: „Na hören Sie mal. Ich schäume schon vor Schaumstoff. Mein Mann wird ebenfalls schäumen, wenn er darunter blickt." Frau Vondra-Nagelau sah plötzlich auf ihre Armbanduhr und stellte fest: „Du meine Güte, mein Friseurtermin! Ich komme morgen wieder. Zu meiner neuen Frisur finde ich garantiert ein passendes Kleid."

Die Kundin zog in der Kabine wieder ihr eigenes Kleid an. Als sie herauskam, säuselte sie mit einem verschmitzten Lächeln: „Finden Sie nicht auch, dass mir dieses am allerbesten steht?", worauf Andrea rasch in eine andere Richtung blickte und hartnäckig schwieg. Sie dachte: *Dieser Frau ist heute wieder einmal eine ihrer besten Vorstellungen gelungen. Für mich war es allerdings ein Drama.*

Nachdem die Kundin gegangen war, sprang Gisela aus ihrem Versteck hervor und rief: „Andrea, ich überreiche dir die goldene Nadel der Diplomatie, aber keine für deine Verkaufskunst. Spätestens bei dem grauen Kleid hättest du einhaken sollen."

Müde fuhr sich Andrea über die Augen. Ärgerlich brummte sie: „Niemals dachte die Vondra-Nagelau daran, etwas zu kaufen. Wir müssen ihren Besuch als eine humoristische Einlage betrachten. Heute allerdings war es eher ein Trauerspiel."

Gisela blickte auf ihre zarten Hände. „*Ich* hätte ihr garantiert etwas verkauft. Meine Methode durchschaut kein Kunde."

Verletzt eilte Andrea ins Nebenzimmer, um in ihre eigenen Klamotten zu schlüpfen. Nichts verkauft, herumgestanden und sich den Mund fransig geredet, hinterher auch noch die unberechtigte Kritik ihrer Chefin einstecken müssen, keine Anerkennung, nur Enttäuschung. So passierte es ab und zu einmal. Die meisten Kunden jedoch waren von einer freundlichen, angenehmen Art und strapazierten nicht ihre Nerven.

Zehn Minuten später bestieg Andrea die U-Bahn und fuhr zum Marienplatz, um sich in einem Kaufhaus etwas für Giselas Geldgeschenk auszusuchen. Doch plötzlich verging ihr die Lust dazu. Auch machte ihr Giselas harsche, unberechtigte Kritik schlechte Laune. Sie hatte nur noch das Bedürfnis, heim zu fahren.

In ihrem Wohnblock benutzte sie nicht den Aufzug, sondern stieg die Treppe hinauf. Der Arzt hatte ihr zu mehr Bewegung geraten. Im vierten Stock lehnte sie sich vor Müdigkeit am Geländer an und stieg erst einige Minuten später in die sechste Etage hinauf.

An diesem Abend wartete sie mit Stephan auf Jochen, der schon die zweite Nacht weggeblieben war. Auch Andreas Telefonanrufe brachten sie nicht weiter. Stephan meinte: „Mama, er kommt schon wieder, wenn er Sehnsucht nach uns hat."

„Das ist ja der Punkt. Er hat keine Sehnsucht nach

uns."

„Dann soll er doch bleiben, wo der Pfeffer wächst."

„Steffi, das ist nicht nett von dir. Sonst hältst du doch große Stücke von deinem Bruder."

„Ja. Und ist es nett, dass er uns nicht sagt, wo er ist?"

Am dritten Abend kam Jochen wieder nach Hause. Er berichtete, dass er in Landshut gewesen sei, und er beklagte sich darüber, immer Rechenschaft über sein Fortbleiben abgeben zu müssen. Mit Tobias habe er ungestört über Umweltprobleme geredet. Sie hatten auch über den Skandal der Hanauer Nuklearfabrik *Transnuklear,* der der Bundesumweltminister Klaus Töpfer die Genehmigung für den Transport radioaktiver Abfälle entzogen hatte, gesprochen.

„Mich lässt das kalt", äußerte Andrea.

Sonja kam am nächsten Abend vorbei, in erster Linie, um Jochen für die Partei *Die Grünen* zu gewinnen. Sie trug eine grüne Bluse und einen grünen Rock. Jochen grinste. „Sag mal, hast du dich meinetwegen in grüne Farbe getaucht, damit sich dir meine Glupscher und meine Lauscher zuwenden?"

Sie verzog keine Miene, und sie informierte Jochen darüber, dass *Transnuklear* die Fässer mit dem radioaktiven Abfall falsch deklariert habe und der Verdacht bestehe, dass die Firma gegen Bestimmungen des Atomsperrvertrages von 1970 verstoßen habe.

Jochen erwiderte, dass er dies bereits wisse und setzte Sonja kurzerhand vor die Tür, weil sie nicht mehr zu reden aufhörte. Am nächsten Tag beschwerte sie sich telefonisch. Er entschuldigte sich und meinte, dass er nicht die Nerven habe, zuzuhören, wenn sie ohne Punkt und Komma rede.

Andrea hatte die Familie für einen Freitag zu Kaffee und Kuchen eingeladen, weil es immer wieder strittige Punkte gab, die geklärt werden mussten. Sie befürchtete, Robert, der für diese Besprechung unentbehrlich war, käme womöglich nicht, da er sich darüber aufgeregt hatte, dass sie nicht zur Geburtstagsfeier seines Vaters erschienen war.

Andrea täuschte sich. Robert kam pünktlich. Bei der Begrüßung wollte er sie auf die Wange küssen, aber sie wehrte ihn mit der Hand ab. Von ihm duldete sie keine Zärtlichkeiten mehr. Robert hielt ihre Abwehrhaltung für gefühllos. Er hatte sie doch nur auf nette Weise begrüßen wollen.

Gleich rückte Robert mit dem Vorschlag heraus, dass Jochen und Monika öfter die Großeltern in Weilheim besuchen könnten. Seine Eltern beklagten sich bereits darüber, dass keiner außer Stephan zu ihnen käme.

Darüber, dass Stephan immer von den schönen Stunden beim Vater und bei den Großeltern schwärmte, als gäbe es nur dort die heile Welt, bei der Mutter hingegen die zerbrochene, zeigte sich Andrea ärgerlich. Sie sprach sich heute einmal mit Robert darüber aus. Dies führte zwischen ihnen zu heftigen Meinungsverschiedenheiten. Daraufhin äußerte Monika, dass das Zusammensein mit ihren Eltern immer in eine Missstimmung ausarte und sie nicht mehr bleiben wolle. Sie sprang auf, um zu gehen.

Dies brachte den Vater in Rage. „Du bleibst, Moni. Wir müssen uns offen mit unseren Problemen auseinandersetzen. Dennoch verläuft alles so friedlich wie es nur geht."

„Friedlich, nennst du das also?"

„Meinst du, bei anderen geht immer alles glatt? Man sieht nur nicht hinter die Fassade. Und bitte keine Schuldzuweisungen mehr. Mama und ich haben zu gleichen Teilen die Eheprobleme verursacht."

Die Tochter dachte anders darüber. Sie setzte sich wieder. Auch sie hatte etwas vorzutragen. Sie äußerte, dass ihr Stephan leid tue, weil er büßen müsse, was die Eltern verbockt hätten.

In diesem Punkt gab ihr Robert recht. Auch Andrea nickte dazu. Sie nahm sich vor, Stephan zu verwöhnen. Stattdessen war es manchmal sogar umgekehrt.

Als sie nämlich an einem Nachmittag von ihrer Arbeit heimkehrte, führte ihr Jüngster sie in die Küche. „Mama, ich hab Kräutersuppe gemacht. Die magst du doch, nicht wahr?"

Andreas Augen strahlten. „Ja, sehr gerne mag ich die. Die Überraschung ist dir wirklich gelungen." Es war etwas Neues, dass sich Stephan mit Kochen beschäftigte. Als Pizza-Bäcker hatte er sich bereits hervorgetan.

Sie setzten sich an den Tisch, und während sie aßen, berichtete Stephan, dass ein Mann dagewesen sei, der ihm ein Gesundheitsbuch aufschwatzen wollte. Er habe ihm die Tür vor der Nase zugeschlagen.

Andrea lachte. „Das hast du wirklich getan? Gut gemacht. Man sieht keinem an der Nasenspitze an, was er für ein Mensch ist. Wer weiß, was passiert wäre, wenn du ihn hereingelassen hättest."

„Das habe ich mir auch gedacht", erwiderte er und senkte plötzlich den Kopf. Verwundert blickte ihn die Mutter an. „Was ist auf einmal mit dir los, Steffi? Gerade warst du noch gut aufgelegt."

„Ich hab mit Papa gesprochen."

„Na und? Ist doch gut so, dass ihr miteinander redet."

Jetzt kämpfte der Junge mit sich selbst. „Ich hab…"

Die Mutter wurde ungeduldig. „Jetzt sagt mir endlich, was du mit Papa gesprochen hast."

„Ich hab versprochen…, dass ich zu ihm ziehe."

Alle Farbe wich aus dem Gesicht seiner Mutter. Ihr erschien es wie ein Albtraum, was sie soeben erfahren hatte. „Steffi, sag, dass das nicht wahr ist", stöhnte sie. „Das ist doch sicher nur so eine Schnapsidee von dir. Du wirst doch nicht von deiner Mutter wegziehen wollen?"

Schweigend zuckte der Junge mit den Schultern und aß seine Suppe weiter. Andrea hatte vor Schrecken den Löffel weggelegt. Ihr war der Appetit vergangen. „Sag schon endlich, ob es wahr ist, dass du nach Weilheim ziehen willst?", erkundigte sie sich von Neuem.

Er stöhnte. „Darf ich das nicht, Mama? Papa ist damit einverstanden."

Sie blickte Stephan nachdenklich an. „Gefällt es dir bei mir nicht mehr?"

„Ich will beim Papa und bei meinen Großeltern sein."

„Warum?"

Stephan antwortete nicht darauf, und Andrea überlegte jetzt, ob sie in der Erziehung etwas falsch gemacht hatte. Sie empfand es als kränkend, dass ihr Jüngster nicht mehr bei ihr leben wollte. Wie betäubt erhob sie sich und verließ das Zimmer. Stephan lief ihr nach und rief mitfühlend:

„Mams, bist du jetzt traurig?"

„Ja, Steffi. Hast du es nicht gut genug bei mir?"

„Doch, aber ich möchte auch mal beim Papa sein."

Der Junge war ratlos. Wie sollte er seine Mutter trösten? Er hatte nun mal den Wunsch, zu seinem Vater zu ziehen. Warum verstand sie das nicht? Ihm kam auf einmal seine Schwester in den Sinn. Sie wollte er um Hilfe bitten, aber als er anrief, meldete sie sich nicht. Später erreichte er sie. Als dann plötzlich Monika vor der Tür stand, wunderte sich Andrea. „Was willst du heute hier?", rief sie unfreundlich, worauf Monika die Arme in die Hüften stemmte und klagte: „Mutti, was ist das für ein Empfang? Bin ich etwa ein Ungeheuer, das du verscheuchen willst? Lass mich eintreten. Steffi hat mich angerufen, weil er nicht mehr weiter weiß. Er hat gesagt, dass du ihn nicht zum Papa ziehen lässt."

„Komm herein, aber es stimmt nicht, was du sagst." In der Diele küssten sie einander flüchtig auf die Wange.

„Lass mich mit Steffi reden."

Wie gerufen, erschien der Junge in der Diele. Er und Monika zogen sich in sein Zimmer zurück. Die beiden kamen auf die Idee, den Vater herzubitten. Sie erreichten ihn telefonisch noch im Büro. In einer halben Stunde war er da.

Sie setzten sich alle vier ins Wohnzimmer und sprachen sich aus. Es kam dabei zu einem heftigen Streit, weil Andrea behauptete, Robert habe Stephan dazu verleitet, zu ihm zu ziehen, was nicht der Tatsache entsprach.

Später stolperte Jochen gutgelaunt herein, doch als er die Missstimmung wahrnahm, erschrak er. „Gibt's hier wieder einmal Familienzirkus? Was ist los?"

„Setz dich zu uns", bat die Mutter mit besorgter Miene. „Euer Vater hat Steffi dazu überredet, nach Weilheim zu ziehen."

Erregt sprang Robert auf. „Wenn du das noch einmal behauptest, gehe ich."

Erst rieb sich der Junge die Augen. Dann murmelte er: „Papa hat mich nicht überredet. Ich will es doch selber."

Nervös trommelte Jochen auf dem Tisch herum. Er konnte beide verstehen, seine Mutter und seinen kleinen Bruder. Äußern wollte er sich jedoch nicht dazu, weil dies seiner Meinung nach zu nichts führen würde.

„Mama, erlaubst du nun, dass ich zum Papa ziehe?", erkundigte sich Stephan vorsichtig, worauf die Mutter ein paar Augenblicke auf ihren Schoß hinabstarrte, weil sie von mannigfaltigen Gefühlen überrollt wurde. „Gut, Steffi, weil es dein Wunsch ist", erklärte sie nach einer Weile. „Ich kann dich ja auch nicht festbinden."

„Bin ja auch kein Hund", kicherte Stephan. Eine unermessliche Erleichterung kam über ihn. Er hörte seine Mutter noch sagen:

„Versprich mir, dass du mich oft besuchst."

Er nickte. „Ja. So oft du willst, Mama."

„Gut, die Sache ist beschlossen", resümierte Robert und bedankte sich bei Andrea dafür, dass sie nachgegeben hatte. Jochen war es mulmig zumute. Er dachte immerzu daran, dass auch er seine Mutter bald verlassen wolle, um zu seiner Freundin Margitt zu ziehen. Aber momentan wagte er nicht, Andrea mit dieser Hiobsbotschaft zu schockieren. Sie hatte bereits genug daran zu knabbern, dass Stephan wegziehen wollte.

Das Weihnachtsfest verbrachte Andrea mit Stephan bei ihrer Mutter in Walsrode. Da sich Therese geweigert hatte, nach München zu kommen, erfüllte ihr die

Tochter diesen Wunsch.

Monika verlebte harmonische und fröhliche Festtage mit ihrem Vater bei den Großeltern in Weilheim.

Als Bundeskanzler Helmut Kohl seine Neujahrsansprache hielt, bat der Großvater um Ruhe. Ein Schwerpunkt von Kohls Rede war die wirtschaftliche Lage der Bundesrepublik. Es gehe aufwärts, meinte er, Preise, Einkommen und Renten würden im kommenden Jahr deutlich steigen. Sorge bereite jedoch die hohe Arbeitslosigkeit. Aber er sagte auch: „... *Friede beginnt in den Herzen der Menschen. Wo die Menschen sich um Frieden bemühen, wo sie Gedanken des Friedens im Herzen tragen, dort wollen sie zueinander kommen, wollen einander begegnen. Darum ist es so wichtig, dass sich die Grenzen zwischen Ost und West immer weiter öffnen...*"

Es fand eine deutsch-deutsche Begegnung zwischen dem Staatsoberhaupt der DDR, Erich Honnecker, und Bundeskanzler Helmut Kohl bei einem Staatsbankett in Bonn statt.

Jochen verbrachte den Heiligen Abend und die Tage danach alleine, da Margitt mit ihren Eltern und ihrem Bruder feierte. Zum Jahreswechsel verreiste sie mit ihrer Familie.

Als Jochen frühstückte, entdeckte er in der Zeitung einen interessanten Leserbrief, eine Stellungnahme zu dem aufsehenserregenden Bericht *"Ersatzmütter für Tiefkühlwaisen."* Er war kein Gegner des Fortschritts, teilte aber dennoch die Meinung der Briefverfasserin, die schrieb: „Welch eine Eiseskälte- auch und gerade symbolisch - am Lebensbeginn eines Menschen..."

Jochen erschauerte bei dem Gedanken, dass menschliches Leben im Reagenzglas beginnen könne.

Seines Erachtens wurden hier menschliche Grenzen überschritten. Er hatte das Gefühl, dass sich manche Wissenschaftler so verhielten, als glaubten sie, Gott zu sein.

Dies alles und noch viel mehr ging Jochen in diesen Tagen durch den Kopf. Er spürte, dass es auch Vorteile hatte, einmal allein zu sein. Dabei fühlte er sich keineswegs einsam. Um über sein weiteres Leben nachzudenken, benötigte er dringend Ruhe. Da er den Zivlidienst anstrebte, ließ er sich nach den Feiertagen vom Pastor seiner Gemeinde bescheinigen, aus religiösen Gründen keine Schießbefehle ausführen zu können.

Er wurde später als Wehrdienstverweigerer ankernannt und als Zivildienstleistender eingesetzt.

5. Kapitel

Als der Zug in den Münchner Hauptbahnhof einfuhr, stießen Andrea und Stephan gleichzeitig einen tiefen Seufzer aus, weil sie sich wie befreit fühlten, nachdem sie den Besuch bei der Mutter und Großmutter hinter sich gebracht hatten. Therese hatte sich nach Andreas Meinung ungehörig benommen. Aus Protest hatte die Tochter alle Weihnachtsgeschenke verweigert, worüber sich Stephan geärgert hatte. Jetzt gab er sich immer noch missgestimmt.

Therese hatte Andrea gegenüber geklagt, wie sie zulassen könne, dass Stephan zum Vater ziehen werde.

Entrüstet hatte der Junge dazwischen gerufen: „Oma, davon verstehst du nichts."

„Andrea, dein Steffi ist schlecht erzogen", hatte die Großmutter geschimpft. „Außerdem bist du inkonsequent."

„Weil ich dem Kind erlaube, bei seinem Vater zu leben? Er soll selbst bestimmen, bei wem er wohnen will. Kann er was dafür, dass wir uns scheiden lassen?"

„Andrea, du redest von Selbstbestimmung?"

„Lassen wir das. Und wie ist meine Erziehung verlaufen?"

„Dein Vater hat dich verzogen. Deshalb bist du so geworden."

„Er hat mich nicht verzogen, er hat mich sehr geliebt."

„Willst du damit sagen, ich habe dich nicht geliebt?"

„Anders als er. Er hat mich wundervoll verstanden."

Ärgerlich hatte Therese den Kopf geschüttelt. „Du

warst ein Papa-Kind, wie dein Steffi."

Stephan, der daneben gestanden hatte, hatte ärgerlich den Kopf geschüttelt.

„Stimmt nicht. Ich mag Papa und Mama gleich gern."

Mit säuerlicher Miene hatte Therese das Zimmer verlassen. Erst später war sie wieder hereingekommen. Dann hatte Andrea zu ihr gesagt: „Mutti, hör mal, was ich dir sagen will: Am besten, wir reden nicht mehr über die Vergangenheit. Die Kluft zwischen uns wird sonst immer tiefer."

„Du hast recht. Und ändern können wir nichts mehr", hatte Therese entgegnet und war sofort damit einverstanden gewesen, dass nie mehr darüber gesprochen wurde.

Andrea erschienen immer wieder die Bilder ihrer Kindheit von Neuem: Wie ihr der Vater tröstend über die Haare gestrichen hatte, obgleich ihre Leistungen in der Schule alles andere als Meisterleistungen gewesen waren. Wenn sie niedergeschlagen war, hatte er sie mit den Worten *„Das nächste Mal gelingt es dir sicher besser, mein Mädchen"* aufgemuntert.

Über Vaters Bett hatte folgender Spruch gehangen: *Humor ist die Fähigkeit, im Leben mit Gegenwind zu segeln.*

Jakob Franke hatte gegen den Wind, gegen seine Herzerkrankung, angekämpft. Dennoch war er viel zu früh aus dem Leben gerissen worden. Er war an einem Infarkt verstorben, und das war mitten auf der Theaterbühne geschehen. Er hatte eine Laienspielgruppe geleitet und war Schauspieler aus Leidenschaft gewesen.

Therese Franke, die in ihrem Selbstbewusstsein

beinahe zur Überheblichkeit neigte, hatte in ihrem Leben schon manchem Menschen eine seelische Verletzung zugefügt. Sie war voller Gegensätze und konnte auch, wenn ihr jemand besonders sympathisch war, die Freundlichkeit in Person sein. Andrea jedoch war in dieser unterschiedlichen Erziehung - vom Vater die gütige, von der Mutter die strenge, manchmal etwas ungerechte - hin- und hergerissen worden. Sie glaubte, als Tochter nie geliebt worden zu sein. Zumindest hatte Therese ihr diese Liebe nie gezeigt. Heute, wenn sie darüber nachdachte, kam sie zu dem Schluss, dass die Zuneigung ihrer Mutter damals auf egoistischen Wurzeln beruht hatte.

Soeben verließen Andrea und Stephan den Zug. Sie trug den großen Koffer, er seine kleine Sporttasche und noch dazu eine Reisetasche.

Plötzlich war der Junge in der Menschenmenge verschwunden. Die Mutter wühlte sich durch das Gedränge hindurch, aber sie konnte ihren Sohn nicht entdecken, auch nicht am Ende des Bahnsteigs. Und dann, in der Bahnhofshalle entdeckte sie ihn an einer Würstchenbude. Sie schlich sich an, klopfte ihm von hinten auf die Schulter und rief: „Steffi, du kannst doch nicht einfach wegrennen. Es ist reiner Zufall, dass ich dich hier antreffe."

Stephan war im Ausreden erfinden gut. „Mama, ich hab gedacht, du bist hinter mir und siehst, wo ich hingehe."

„Du wolltest mich schockieren, weil ich Omas Weihnachtsgeschenke nicht angenommen habe. Stimmt's?"

Stephan gab es zu.

„Junge, verstehst du nicht, dass ich ein Zeichen setzen wollte, damit Oma begreift, dass sie so nicht mit uns umgehen kann?"

Stephan zuckte nur mit den Schultern. Er biss bereits genüsslich in ein Würstchen. Sein Verschwinden tat ihm bereits wieder leid. Versöhnlich bot er ihr an, das Würstchen zu probieren. Nachdem Andrea kräftig hineingebissen hatte, sagte sie: „Danke, schmeckt wirklich prima. Und jetzt komm bitte. Wir wollen heimfahren."

Eine halbe Stunde später kamen sie in der Wohnung an. Rasch öffnete Andrea in der Küche eine Dose mit Gemüseeintopf, den sie rasch erwärmte. Aber weder ihr noch ihrem Sohn schmeckte diese Konservenmahlzeit.

Danach dachte Stephan bereits daran, Bücher für seinen Umzug einzupacken, aber Andrea war der Meinung, er trage ihr damit die Ruhe hinaus. Er solle doch bis morgen warten.

Dann, am darauffolgenden Samstag, nahm er Abschied von seiner Mutter. Sie hielt ihn lange im Arm und küsste ihn auf beide Wangen. Er spürte ihre Traurigkeit bis in die Fingerspitzen hinein. Jochen und Monika waren nicht anwesend. Ihr kleiner Bruder verübelte ihnen das sehr. Besonders das Verhalten seiner Schwester konnte er nicht verstehen, wo sie einander immer so gut verstanden hatten.

Monika kam deshalb nicht, weil sie befürchtete, dass die Emotionen ihrer Mutter beim Abschied von ihrem Jüngsten ausufern könnten.

Die Großeltern in Weilheim empfingen ihren Enkel in Hochstimmung. Stephan bekam das ehemalige Bügelzimmer zugewiesen. Möbel dafür hatten sie bereits am Vortag bestellt. Vorerst musste der Enkel mit einer Liege, einem alten Schrank, mit zwei Korbstühlen und einem Gartentischchen vorlieb nehmen.

Nachdem die Weihnachtsferien zu Ende waren, besuchte Stephan die vierte Klasse der Weilheimer Ammerschule. In den ersten Tagen hatte er das Gefühl, er gehöre nicht hierher, und er hatte wieder Sehnsucht nach seiner alten Schule, vor allem aber nach seiner Mutter. Glücklicherweise gewann er rasch Freunde, sowohl in der Schule als auch in der Nachbarschaft. Der um zwei Jahre ältere Oskar, mit dem er sich vom ersten Tag an prächtig verstand, wohnte nur zwei Häuser weiter.

Der Lehrstoff in der Ammerschule war etwa der gleiche wie an der Münchner Situlischule. Die Mathe-Aufgaben bereiteten Stephan Probleme. Robert, der seinen Sohn für intelligent hielt, konnte nicht verstehen, warum dieser die Texte so schwer begriff.

„Lies die Aufgaben genau durch, dann wird dir auch der Lösungsweg einfallen. Du musst dich darauf konzentrieren."

Stephan unterdrückte ein Gähnen. Er war in letzter Zeit oft müde. „Paps, dieses multiplizieren, addieren, dividieren und subtrahieren geht mir auf den Geist. Ich möchte nicht…"

„Es geht nicht ums Mögen, es geht ums Müssen. Willst du nun aufs Gymnasium gehen oder nicht?"

„Muss ich das wirklich?"

„Wer sagt denn, dass du gehen musst?"

„Opa und auch Mama sagen das."

„Es ist deine Entscheidung. Für dich als intelligenten Jungen wäre der Besuch des Gymnasiums schon angebracht."

Die Lehrerin äußerte beim vereinbarten Gesprächstermin, dass Stephan oft geistig abwesend sei und fragte den Vater, woran das liegen könne.

„Ich weiß es auch nicht", antwortete Robert, obwohl er vermutete, dass Stephan seine Mutter herbeisehne.

„In Mathe ist er schwach, aber er kann fantasievolle Geschichten erzählen. Alle Schüler hören ihm wie gebannt zu. Arbeiten Sie mit ihm, wenn er auf's Gymnasium gehen soll. Dafür geeignet ist er mit Sicherheit."

„Danke für die Unterredung. Ich werde mich mit ihm intensiver beschäftigen."

Sie lächelte, als er davonging.

Heute kochte Jochen das Mittagessen für sich und für seine Mutter. Es gab ein Reisgericht mit Gemüse und Kräutern, aber Andrea hätte gerne Fleisch dazu gegessen. Jochen erklärte ihr, dass es sich ohne Fleisch gesünder lebe. Über diese Einstellung schüttelte seine Mutter nur den Kopf.

Nach dem Essen spülten sie zusammen ab, und als sie sich hinterher auf die Couch setzten, eröffnete Jochen seiner Mutter, dass er beabsichtige, demnächst auch von ihr wegzuziehen und dass er bald heiraten wolle.

Die Mutter zeigte sich erst einmal perplex. „Du willst mich auch verlassen, Jochen? Das stimmt mich traurig", klagte sie. Gleich brachte sie noch den Einwand, dass er für eine dauerhafte Bindung noch viel zu jung sei. Außerdem habe er weder einen Beruf noch Geld.

„Soll ich auf mein Glück verzichten? Die Kosten für die Hochzeit übernehmen Margitts Eltern."

„Es ist nicht allein mit den Kosten für die Hochzeit getan."

„Mein Schwiegervater hofft, dass ich nach meinem Studium in seiner Kanzlei arbeite, wozu ich mich bereiterklärt habe. Deshalb kommen sie uns auch finanziell entgegen."

Andrea blickte überrascht. „Sind ja völlig neue Töne von dir. Wolltest du nicht Umwelttechnologie studieren?"

„Ich finde eine andere Möglichkeit, mich dennoch für die Umwelt einzusetzen."

„Was ist, wenn es mit Margitt auseinandergehen sollte?"

Jochen warf seiner Mutter einen vorwurfsvollen Blick zu. „Es muss doch nicht immer alles schief gehen. Ich vertraue darauf, dass unsere Liebe für immer hält."

„Das habe ich auch getan, darauf vertraut."

„Mama, Margitt und die Kanzlei sind meine Zukunft."

Erst schwieg Andrea, doch dann stöhnte sie: „Jochen, meine Zukunft ist das Alleinsein. Das betrübt mich."

„Kinder müssen einmal ihren eigenen Weg gehen können. Sie müssen sich doch abnabeln dürfen."

„Abnabeln, sagst du? Steffi ist vor wenigen Tagen zehn Jahre alt geworden. Dich und Monika lass ich ja los. Aber Steffi gibt mir das Gefühl, ich sei eine Rabenmutter. Warum ist er gegangen?"

Erst zuckte Jochen mit den Schultern, aber gleich darauf kam es ihm leise über die Lippen: „Er fühlt sich auch zu seinem Vater hingezogen. Warum sollte er nicht zu ihm ziehen? Er kann nichts dafür, dass ihr in eurer Ehe nicht klarkommt."

„Damit hast du recht."

„Mama, beginn was Neues in deinem Leben. Bald wird dir alles wieder erträglicher werden. Glaubst du nicht auch?"

„Klar, das muss ich ohnehin. Ich werde arbeitslos." Sie blickte zu Boden und Jochen sah in ihren Augen Tränen schimmern. Er fühlte Mitleid mit ihr und umarmte sie. Über seine Zärtlichkeit war sie gerührt. Er versprach ihr genau wie Stephan, sie nach seinem Auszug so oft wie möglich zu besuchen.

Nachdem Jochen nicht mehr bei ihr wohnte, litt Andrea unter Depressionen. Es war nicht nur das Alleinsein, das ihr so zusetzte, es kam noch die hartnäckige Forderung ihrer Mutter hinzu, die verlangte, dass ihre Tochter unbedingt nach Walsrode ziehen solle.

„Mutti, ich bleibe in München. Mein Angebot lautet: Komm du hierher. Ich suche dir eine kleine gemütliche Wohnung."

„Ich liebe diese Stadt nicht."

„Ich bin doch diejenige, mit der du zurecht kommen musst."

Die Mutter klagte: „Andrea, du empfindest keine Liebe für mich."

„Und du, Mutti? Was hast du je für mich empfunden?"

Thereses Brust hob und senkte sich. Schließlich schleuderte sie wütend den Hörer auf die Gabel.

Am nächsten Tag rief sie nochmals ihre Tochter an. Deshalb kam Andrea die ganze Nacht nicht zur Ruhe. Ihr Herz pochte zu schnell, der Blutdruck stieg, außerdem hatte sie noch Kopfschmerzen, sodass sie der Arzt am nächsten Tag krank schrieb. Gisela wurde darüber ärgerlich. „Reiß dich zusammen und komm her.

Übrigens, Pessimisten sterben früher als Optimisten. Merke dir das gut."

„Was hat das damit zu tun? Ich bin wirklich krank und darf mich keinesfalls aufregen, sagt der Arzt. Wenn du willst, kannst du mir kündigen. Ich muss mir ohnehin was Neues suchen, wenn du deine Boutique schließen wirst."

Momentan schwieg Gisela, doch bald flüsterte sie ins Telefon: „Du musst dir nichts suchen. Meine Boutique bleibt."

„Wie bitte? Gisela, du sprichst auf einmal so leise. Habe ich richtig gehört, dass du deine Boutique behalten willst?"

„Ja, so ist es. Ich rede nicht gerne am Telefon darüber. Wann kommst du wieder?"

„Sobald es mir besser geht."

„Wenn du da bist, erzähle ich dir alles. Vielleicht verreise ich auch ein paar Tage. Carla wird dir gerne zur Seite stehen."

Als Andrea am übernächsten Tag wieder kam, schenkte ihr die Chefin ein Gläschen mit Globuli. „Für deine Depressionen. Ich vermute, dass du welche hast. Mir hilft dieses homöopathische Mittel immer."

„Fragt sich für was. Du hast ja keine Depressionen."

„Dafür sehr, sehr große Probleme."

In Giselas Augen flackerte etwas auf, womöglich war es Angst. Sie erzählte, sich von Axel Kranitzky trennen zu wollen. Er habe sich einer Steuerhinterziehung und einer Fahrerflucht schuldig gemacht. Er sei jetzt immer schlecht gelaunt und habe sich sehr verändert. Ihr gegenüber sei er unfreundlich geworden.

Überrascht erkundigte sich Andrea: „Woher weißt du

von seinen Delikten? So wie ich ihn kenne, hat er es dir sicher nicht auf die Nase gebunden."

„Ich habe gefühlt, dass etwas nicht mehr mit ihm stimmt. So konnte ich es aus ihm herauspressen. Er appellierte an mein Verständnis und meinte, ich solle ihn besuchen, vor allem, wenn er in Haft sei. Er wolle weiterhin mit mir in Verbindung bleiben und mich später heiraten."

„Tut mir leid für dich, Gisela", gab Andrea zu verstehen.

Die Chefin schlug so heftig auf den Tisch, dass die Glasvase mit den Blumen umkippte und zerbrach. „Dieser verdammte Idiot", tobte sie. „Er hat sich selbst und vor allem mir das Leben vermasselt. Ich kann es immer noch nicht fassen. – Andrea, du hast jetzt deinen Job wieder."

„Ach Gisi, glaube mir, unter anderen Umständen hätte ich ihn lieber wieder gehabt. Ich leide mit dir."

„Lass dein Mitleid. Verreisen werde ich doch nicht."

Sie redeten an diesem Vormittag noch lange miteinander, bis eine Kundin die Boutique betrat. Gisela bat Andrea, die junge dunkelhaarige Frau, die sich nach einem Rock umsah, zu bedienen. Ein enger Jersey-Rock, cognacfarben, in knieumspielender Länge, dazu eine Bluse, gefiel der Kundin so gut, dass sie beides zusammen anprobierte. Sie stellte sich vor den Spiegel, toupierte sich das Haar zurecht und lächelte ihr Gegenbild fröhlich an. Sogleich erwartete sie die Stellungnahme der Verkäuferin. „Fantastisch steht Ihnen das", rief Andrea begeistert. „Vor allem wirken Sie sehr elegant darin."

Die Kundin nickte zufrieden und ließ sich die Kleidung einpacken. Andrea freute sich über diesen

Verkauf und bedankte sich dafür.

An einem Samstag wurde Andrea von ihrer Tochter zum ersten Mal zum Essen eingeladen, was sie sehr froh machte. Sie glaubte, dass sich jetzt endlich eine Versöhnung anbahnen würde.

Monika kochte ein fernöstliches Gericht. Das Rezept dafür hatte sie ihrem Freund, Teng Weng, abgeguckt. Sie bereitete Putenbrust mit Ananas, Cashewnüssen, verschiedenen Gemüsen und Gewürzen, unter anderem mit Curry, Ingwer und Zitronengras, zu. Dazu gab es Reis.

Monika befürchtete, ihr Freund, der sich zurzeit auf Heimaturlaub am Gelben Fluss befand, käme womöglich nicht mehr zurück. Sie holte aus einer Schublade ein Foto von ihm, das sie ihrer Mutter zeigte. Andrea betrachtete es lange. Dann bemerkte sie: „Er wirkt sympathisch und hat ein süßes Lächeln."

Monika dachte in diesem Augenblick an Tengs Worte. Neben den Raffinessen der fernöstlichen Küche hatte er sie Besonnenheit gelehrt: „Luhig bleiben, nichts übel…"

„Du meinst *ruhig bleiben, nichts überstürzen?*"

„So! Liebe und Freunsaft sind beste Wurzen…"

„Du meinst: Liebe und Freundschaft sind die besten Gewürze?"

„So, Monila, zu allen Speisen", hatte er geantwortet.

Die Mutter stellte in Frage, ob Monikas Beziehung zu einem Chinesen wegen der unterschiedlichen Kulturen überhaupt eine Zukunft habe.

„Warum nicht", erwiderte die Tochter etwas gereizt. „Wir sind uns in so vielem einig beziehungsweise ähnlich. Aber ich habe Angst, dass er nicht mehr den

Weg nach Deutschland zurück findet."

Wochen später besuchte Monika das chinesische Restaurant, in dem Teng bis zu seiner Heimreise gearbeitet hatte. Bei der Bedienung erkundigte sie sich vorsichtig nach ihm. Die junge Dame, deren asiatische Schönheit Monika auffiel, schüttelte nur den Kopf und blieb ihr die Antwort schuldig.

Monika erzählte ihrer Mutter am Telefon von dem Besuch im Restaurant, und sie klagte, keine Auskunft darüber erhalten zu haben, ob und wann Teng zurückkehre.

Auch Andrea klagte und zwar über ihren schlechten Gesundheitszustand. Sie berichtete von ihren scheußlichen Depressionen und von dem hohen Blutdruck, den sie bekommen habe, weil ihre Mutter ständig mit unmöglichen Forderungen an sie herantrete.

„Mama, du musst an dich denken. Du hast ein Anrecht auf ein eigenes Leben. Oma tut mir zwar leid, aber du kannst ihr doch nicht helfen", erwiderte Monika.

Was sie sagte, klang sehr vernünftig und konnte ihre Mutter etwas beruhigen. Auch Gisela redete Andrea zu, obgleich sie selbst Kummer hatte. Sie hatte sich vorgenommen, Carla, die bis jetzt Strickkleidung hergestellt hatte, für den Verkauf zu gewinnen. Außerdem dachte sie daran, den Laden in nächster Zeit zu renovieren.

Da die Chefin an diesem Vormittag für zwei Stunden außer Haus gehen wollte, überließ sie Andrea den Verkauf.

Zwei Damen betraten den Laden. In der Blondine erkannte Andrea die Schauspielerin Ingeborg-Eva Robbies. An einem Arm trug die junge Dame fünf goldene Reifen, an ihrer rechten Hand drei Ringe, einer davon mit einem Blautopas. Ein goldenes Collier schmückte ihren Hals, und ihre zierlichen Füßchen steckten in goldenen hochhackigen Stoffschühchen. Um die beiden Fußgelenke herum hatte sie glitzernde Kettchen gelegt. Sie konnte sich nur in kleinen Schritten fortbewegen. Andrea kam es vor, als hätte die Schauspielerin den Schmuckladen an der Ecke aufgekauft.

Die ältere Kundin, womöglich die Mutter, die schon leicht ergraut war, entschied sich zu Andreas Überraschung für das von Frau Vondra-Nagelau so verpönte Ensemble mit den schwarzen Tauben, und sie freute sich riesig über dieses *Schnäppchen*. Gestern erst hatte Gisela den Preis herabgesetzt.

Die Schauspielerin konnte sich für die leuchtenden Dessous aus Glanzsatin begeistern. Sie hielt die Reizwäsche an ihren Körper und flüsterte mit einem süffisanten Lächeln: „Er wird Augen machen, mein Süßer." Zu den beiden Hemdchen und Höschen erstand sie auch noch zwei Büstenhalter.

Die ältere Damen verabschiedete sich nach ihrem Einkauf mit einem sonnigen Lächeln, und Ingeborg-Eva kicherte auf einmal wie ein Schulmädchen.

Andrea erklärte den beiden, dass es ihr Spaß gemacht habe, sie zu bedienen.

Bald kehrte Gisela betroffen zurück. Sie hatte von einer Telefonzelle aus mit Axel telefoniert. Er habe gesagt, so erzählte sie, dass er schon bald in Haft käme, und er wünsche, dass sie ihn besuche. Sie jedoch habe ihm erklärt, dass sie mit ihm nichts mehr zu tun haben wolle.

Jetzt sank sie völlig aufgelöst in sich zusammen und

ließ sich in den Sessel fallen, wobei sie die Beine weit von sich streckte. Dabei stöhnte sie: „Er soll die Suppe selbst auslöffeln, die er sich eingebrockt hat. Ich will ihn nie wieder sehen."

Andrea nickte. „Ja, die Liebe wird zu einer heiklen Sache, wenn ein Partner oder eine Partnerin die Schwächen des andern nicht mehr ertragen kann", bemerkte sie und ließ sich auch ihre eigene Situation durch den Kopf gehen.

„Du sagst *Schwächen*, Andrea? Das kannst du von deinem Robert sagen, aber Axel ist kriminell geworden. Das ist doch ein himmelweiter Unterschied."

„Stimmt!"

„Der Schock hält immer noch an. Manchmal werde ich sogar nachts wach und halte mir die Situation vor Augen."

Über diesen Vorfall sprach Andrea wenige Tage später mit ihrer Tochter, die überraschend zu Besuch kam. Andrea wunderte sich darüber, dass sie in letzter Zeit mit ihr Kontakt suchte. Monika hatte das Bedürfnis, einmal über die gescheiterte Beziehung ihrer Eltern zu sprechen. „Mama, weißt du, dass dich Papa immer noch liebt? Es ist unfair, ihn einfach abzuschieben."

Verärgert erwiderte Andrea. „*Abschieben*, sagst du? Nein, unsere Zeit ist abgelaufen. So möchte ich sagen. Zu einer Ehe gehören zwei Menschen, die sich lieben und nicht zwei Menschen, die einander aus dem Weg gehen..."

Schon wieder begannen Mutter und Tochter zu streiten. Als dann Andrea erwähnte, fürchterlich depressiv geworden zu sein, hatte es Monika eilig, die Mutter zu verlassen.

„Ich muss gehen. Meine Freundin wartet."

„Wieso das? Du bist doch erst gerade gekommen. Darf ich nicht einmal über meinen Kummer reden?"

„Ein andermal, Mama."

Monika ließ sich nicht aufhalten. Sie drückte ihrer Mutter einen flüchtigen Kuss auf die Wange und dann war sie draußen.

Es dauerte einige Zeit, bis sich Andrea wieder gefasst hatte. Sie hatte angenommen, dass Monika erst vor kurzem mit ihr Frieden geschlossen hatte und dieses schnelle Davongehen passte bei weitem nicht dazu. Oder war es verwerflich, dass eine Mutter mit ihrer Tochter über ihren Gesundheitszustand redete?

Andrea fiel plötzlich ein, Jochen anzurufen, weil er kürzlich so viel Verständnis für sie aufgebracht hatte.

„Mama, ich komme am besten vorbei", rief er ins Telefon und ließ sich bereits einen Tag später bei ihr sehen.

Sie weinte, als er vor ihr stand. Über ihren schlechten Gesundheitszustand gab er sich entsetzt.

„Jochen, wie gut, dass du gekommen bist. Ich fühle mich so miserabel. Mit keinem kann ich reden."

„Mit mir kannst du es", erwiderte er und umarmte sie.

Sie bat ihn, Kuchen aus der Konditorei zu holen. Dann brühte sie Kaffee auf, und sie setzten sich ins Wohnzimmer und unterhielten sich bei Kaffee und Kuchen.

„Jeder will etwas von mir", erzählte sie. „Deine Großeltern und Steffi möchten, dass ich nach Weilheim ziehe. Meine Mutter will, dass ich zu ihr nach Walsrode komme, um sie zu versorgen. Ich weiß nicht mehr ein noch aus."

„Du kannst nicht alle Wünsche der andern erfüllen.

Du kannst nur das tun, was du für richtig hältst. Alles andere ginge über deine Kräfte", entgegnete Jochen leise.

„Siehst du, Jochen. Du verstehst mich. Ich bin dir dafür sehr dankbar."

Als er später in der Küche eine Packung Beruhigungsmittel entdeckte, bekam er es mit der Angst zu tun. „Hat dir das der Arzt verschrieben?", erkundigte er sich kritisch. Andrea konnte seine Gedanken lesen. „Klar! Und denkst du etwa, ich schlucke sie alle auf einmal? Ich hänge noch sehr am Leben, das kannst du mir glauben. Was mich mitgenommen hat, ist, dass Steffi von mir weggegangen ist. Bin ich denn eine Rabenmutter, dass er so etwas getan hat?"

Jochen erwiderte: „Nein, das bist du bestimmt nicht. Du hast ihn mit Liebe umsorgt, aber warum darf er nicht auch einmal beim Vater leben? Er hat doch das Recht dazu."

„Braucht man dazu ein Recht?", war ihre Gegenfrage.

„Sicher nicht. Ich weiß nicht, was ich sonst noch dazu sagen soll. Lassen wir dieses Thema. Wir haben genug darüber geredet."

„Gut, du hast mir schon sehr geholfen. Danke! Ich bin jetzt etwas ruhiger geworden."

Beim Verabschieden lagen sie einander in den Armen. Jochen versprach, sie bald wieder einmal zu besuchen.

Am nächsten Tag kam Post von Therese. Sogleich stieg Andreas Blutdruck wieder. Die Mutter beschuldigte ihre Tochter, ihr das Leben zu zerstören, weil sie ihr nicht helfen wolle. Wörtlich schrieb sie: „Eine Tochter ist dazu da, der Mutter im Alter zu helfen und wenn sie das nicht tut, hat sie den Sinn des Lebens nicht verstanden."

Was für eine harte Anklage, dachte Andrea, und schüttelte immerzu den Kopf. Sie überlegte: *Sind denn alle Mütter so egoistisch und denken nur an sich selbst?*

An einem Vormittag rief Andrea bei Therese an. „Mutti, bitte, komm nach München. Hier kann ich dir helfen. Oder du nimmst dir in Walsrode eine Hilfe."

„Nach Bayern werde ich niemals kommen. Und eine Hilfe will ich auch nicht nehmen, weil ich mich nicht vor fremden Menschen nackt ausziehen möchte."

Die Tochter rief verzweifelt in die Muschel: „Soll ich etwa mein Leben hier aufgeben? Weißt du was, ich lege jetzt auf. Ich habe das Gefühl, dass unser Gespräch gleich eskalieren wird."

Andrea warf den Hörer auf die Gabel. Sie glaubte, all diesen Schwierigkeiten nicht mehr gewachsen zu sein. Jetzt kam auch noch eine weitere Unannehmlichkeit hinzu: Die Waschmaschine streikte. Sie musste einen Handwerker bestellen. Und dann fiel ihr noch ein Trinkglas mit Saft aus der Hand. Der Teppich war beschmutzt, und sie versuchte, ihn mit Wasser zu reinigen.

Am liebsten wäre sie jetzt aus dem Fenster gesprungen, so schlecht fühlte sie sich. War ihr Leben überhaupt noch lebenswert?

Zwei Tage später erkundigte sich Jochen wieder nach ihrem Befinden.

„Leider geht es mir noch nicht besser."

„Dann rufe ich Papa an."

„Nein, tu das nicht. Ich will ihn nicht sehen", rief sie.

Eine halbe Stunde später standen Jochen und Robert

mit einem ihm gut bekannten Arzt vor der Tür. Der Mediziner stellte zu hohen Blutdruck und starkes Herzklopfen fest. Außerdem fragte er die Patientin: „Frau Teschner, sehen Sie mal. Wie viele Finger sind das?" Er zeigte ihr seine rechte Hand, wobei der Daumen eingezogen war.

„Wie bitte? Das kann doch nicht Ihr Ernst sein. Sie haben keine Idiotin vor sich. Ich sehe vier Finger."

„Verzeihen Sie, aber das musste ich prüfen. Es könnte ja sein, dass…"

Sie unterbrach ihn ärgerlich. „Nichts könnte sein. Ich bin völlig normal. Ich habe Stress gehabt, und meine Probleme türmen sich zu einem Berg. Deshalb bin ich krank geworden."

Der Arzt zuckte mit den Schultern. „Ich verschreibe Ihnen ein beruhigendes und ein blutdrucksenkendes Medikament. Jetzt gebe ich Ihnen eine Spritze. Einverstanden?"

„Ja, einverstanden." Sie weinte plötzlich und Doktor Messert schlug eine Einweisung in eine Nervenklinik vor.

Energisch schüttelte Robert den Kopf. „Das sollten Sie nicht tun. Ich sehe jeden Tag nach ihr. Außerdem haben wir zwei erwachsene Kinder, die hier in München leben und sich auch kümmern können." Jochen, der daneben stand, nickte.

Draußen in der Diele behauptete der Mediziner, Andrea sei suizidgefährdet.

„Nein, ist sie nicht", widersprach Robert. „Sie muss sich nur erst damit abfinden, dass unsere beiden Söhne ausgezogen sind."

„Es ist Ihre Entscheidung und die Ihrer Frau, ob sie in eine Klinik eingewiesen werden soll."

„Ich habe soeben entschieden, dass sie hier bleibt."

Nachdem der Mediziner gegangen war, bedankte sich Andrea bei Robert dafür, dass es ihm gelungen war, sie vor einer Klinikeinweisung zu bewahren.

Zum nächsten Wochenende hielt sich die vollständige Familie bei Andrea auf, um ihr beizustehen. Sie fand es rührend, wie sehr sich alle um sie kümmerten. Jochen bereitete Grünkernauflauf zu, was bei allen Familienmitgliedern, bis auf Andrea, Begeisterung hervorrief. Sie sagte: „Tut mir leid, Jochen, du hast dich so bemüht, aber ich bin leider kein Körnerfresser wie ihr alle."

„Und ich keine fleischfressende Pflanze", erwiderte der Sohn. Der Arzt, der am Montag abermals zusammen mit Robert erschien, gab sich mit dem Zustand der Patientin nicht zufrieden. Er erklärte, dass er keine Verantwortung mehr übernehme. „Der eine vergiftet sich, der andere schneidet sich die Pulsadern auf. Wissen *Sie*, was in Ihrer Frau vor sich geht?"

Robert erklärte dem Arzt noch einmal, dass sich seine Frau erst mit der neuen Situation abfinden müsse. „Damit Sie es wissen: Ich bin nicht freiwillig von ihr gegangen. Sie wollte es so haben."

Nachdem der Mediziner die Wohnung verlassen hatte, erkundigte sich Andrea bei Robert, warum er das alles für sie tue.

Er lächelte sie an und murmelte: „Vielleicht deshalb, weil ich… weil ich mir Sorgen um dich mache."

Er hätte sagen wollen: *Weil ich dich immer noch liebe.* Wenn er ihr dies erklärt hätte, würde sie, wie er glaubte, wahrscheinlich annehmen, dass er als Belohnung erwarte, wieder zu ihr ziehen zu dürfen. Aber darauf spekulierte er in dieser Situation nicht.

In der nächsten Zeit ging es Andrea besser. Sie arbeitete auch schon wieder. Stephan wollte seine Mutter besuchen, aber als er hörte, dass Jochen nach Weilheim kommen wolle, hatte er den Wunsch, auch dabei zu sein.

Freudig schlossen Opa und Oma ihren älteren Enkel in die Arme. Mit seinem Großvater redete er sofort über Umweltschutz.

„Opi, lass dir doch Solarzellen aufs Dach machen."

Der Großvater lächelte. „Mein lieber Jochen, uns fehlt das Geld dazu. Der Dachausbau für deinen Vater war wichtiger für uns. Verstehst du?" Jochen fuhr sich über die Augen. In letzter Zeit hatte er so ein seltsames Brennen darin. Ob er sich überangestrengt hatte? „Mir leuchtet das ein, Opi", murmelte er. „Ich wollte dir nur sagen, dass das *Fraunhofer Institut* zurzeit preiswert Solarzellen aus Silizium-Platten herstellt. Aber ohne Moos ist auch beim Umweltschutz nichts los."

Fritz wiederholte amüsiert: „Ja, ohne Moos ist nichts los." Er grinste, als er meinte: „Wir werden uns noch wundern: Eines Tages werden wir uns den Popo noch elektrisch abputzen können. Wäre der Mensch anspruchsloser, müsste man keine Atomreaktoren haben. Stimmt`s, Jochen?"

„Du hast vollkommen recht."

„Und bei der Steinkohle könnte man die Abgase reduzieren."

„Welch ein guter Vorschlag! Du bist ja ein weiser Opa."

„Mehr ein weißer als ein weiser Opa. Glaubst du, Sigrid und ich leben hinterm Mond?"

„Schön wäre es allerdings, auf dem Mond zu leben, wo es Frieden gibt im Gegensatz zur Erde."

Fritz schüttelte den Kopf „Wenn sich die Menschheit dort oben einnisten könnte, gäb es dort auch Mord und Krieg, aber niemals Frieden."

„Weil wir gerade vom Frieden reden", murmelte Jochen, „Opa, weißt du, dass die Sowjets ihre Mittelstreckenraketen von Bischofswerda bei Dresden und von der CSSR abziehen wollen?"

„Nein, weiß ich nicht, aber über diese Nachricht freue ich mich auch."

Zum Kaffee erschienen auch Robert und Stephan. Hinterher unternahmen sie alle fünf einen Spaziergang durch Weilheims Straßen. „Ich liebe diese kleinstädtische Beschaulichkeit", erklärte Jochen, worauf der Großvater meinte: „Warum lebst du dann in der Großstadt München?"

„Weil ich dort geboren wurde. Außerdem will ich dort studieren."

Sie schlenderten am Gymnasium vorüber. Robert rief: „Bald wird hier auch Stephans Köpfchen rauchen."

Jochen tippte seinem Bruder auf die Schulter und murmelte:

„Kleiner Bruder, hör mal, du musst nicht unbedingt in diese Lernfabrik gehen. Tu es nur, wenn es dir Spaß macht."

Robert schüttelte ärgerlich den Kopf. „Lass das. Das Lernen ist doch kein Spaß. Man muss es ernsthaft tun wollen."

„Ich versuch's einfach mal", gab Stephan lässig von sich, worauf der Vater sein Gesicht verzog und brummte: „Wenn du es *nur einfach mal versuchst*, fliegst du *zweifach* wieder hinaus."

Stephan grinste über Papas Bemerkung.

Jochen machte darauf aufmerksam, dass er gleich

wieder nach München zurückfahren müsse. Er wurde von seinem Vater und seinem Bruder zum Bahnhof begleitet. Der Zug, der aus Mittenwald kam, hatte eine Viertelstunde Verspätung. Die drei konnten diese Zeit noch zu einem Gespräch nutzen.

Robert verriet Jochen, dass er daran denke, mit Stephan in eine eigene Wohnung umzuziehen. „Die Enge tut uns nicht gut. Wahrscheinlich verletze ich meine Eltern mit unserem Auszug", worauf Jochen der Ansicht war, dass man manchmal ohne Absicht geliebte Menschen verletzen würde, aber keine andere Entscheidung treffen könne.

Robert stöhnte. „Weißt du, sie haben so viel für uns getan, zum Beispiel den Dachboden ausgebaut. Jetzt gebe ich ihnen so quasi einen Fußtritt dafür."

„Stimmt nicht. Sie können den Ausbau anderweitig nutzen."

„Du hast recht. Zum Beispiel, wenn Besuch kommt."

Eine Woche später kam Andrea zu Besuch. Lange schon hatte sie es ihren Schwiegereltern versprochen. Robert und Stephan hielten sich noch bei Bergfreunden im Allgäu auf, aber sie wollten am nächsten Tag wieder zurückkommen.

Andrea hatte einen Blumenstrauß und eine Geschenkdose mit grünem Tee mitgebracht. Nachdem Sigrid ihn aufgebrüht und probiert hatte, urteilte sie: „Schlechter als schwarzer Tee schmeckt er auch nicht."

Dagegen verzog Fritz beim ersten Schluck das Gesicht und stellte fest: „Schmeckt wie Kraut und Rüben durcheinander."

Sie lachten alle drei und befanden sich in bester Stimmung, bis die Schwiegermutter Andrea wieder den

Vorschlag unterbreitete, nach Weilheim zu ziehen. „Du und Robert, ihr könntet trotzdem getrennt leben. Mir tut der Bua so leid."

Andrea reagierte ungehalten, weil man sie bereits einige Male mit diesem Vorschlag konfrontiert hatte. „*Er* ist weggezogen, nicht ich", gab sie in energischem Ton von sich."

„Er braucht dich aber trotzdem", behauptete Fritz.

Darauf gab sie keine Antwort.

Am nächsten Tag waren Stephan und Robert wieder von ihrer Reise zurückgekehrt. Stolz zeigte der Junge seiner Mutter das *Baumhäusl* von innen. Von außen hatte sie es bereits begutachtet. Von dieser Holzkonstruktion gab sich Andrea begeistert. Erst setzte sie sich auf das schmale Bänkchen und stützte ihre Arme auf dem Tischchen ab, dann blickte sie aus einem der beiden kleinen Fensterchen, die mit karierten Vorhängen geschmückt waren. „Wie süß und modern. Sogar elektrisches Licht gibt es hier."

Steffi erklärte: „Und eine Steckdose gibt es auch, wenn man sich das Haar föhnen will. Wasser gibt es nur, wenn es regnet. Da stelle ich nämlich einen Eimer vor die Tür. Und weißt du, Mams, Opa macht das alles soo perfekt."

Andrea lächelte. „Das sehe ich auch so."

Eine Stunde später, als Andrea wieder im Zug saß, wurde ihr bewusst, wie gut sich ihr jüngster Sohn in Weilheim eingelebt hatte.

Am nächsten Tag kam Oskar zu Stephan und brachte sein Mathebuch mit. Er grinste, als er sagte: „Eigentlich sollten diese Mathebücher mal erwachsen werden, damit sie ihre Probleme selber lösen können. Dann müssten wir uns nicht dauernd mit ihnen herumschlagen."

Stephan, der belustigt auf dem Boden herumtrampelte, sodass sein Freund befürchtete, die Holzbretter würden gleich durchbrechen, meinte, Oskar solle diesen Witz einmal seinem Mathelehrer erzählen.

„Niemals! Ich will doch keine sechs ins Zeugnis kriegen."

Zwischen den beiden Jungen herrschte eine wunderbare Freundschaft, aber es gab auch ab und zu einmal Streit. Oskar wollte nicht glauben, dass die Buche bereits hundert Jahre alt sei, wie Stephans Großvater behauptete.

„Höchstens fünfzig Jahr'", glaubte Oskar.

Ärgerlich entgegnete Stephan. „Stimmt nicht. Mein Opa weiß es besser, denn sein Vater, mein Uropa, hat sie gepflanzt."

„Dann soll dein Opa die falsche Meinung für sich behalten."

„Verschwinde, lass dich nicht wieder blicken", rief Stephan wütend, aber Oskar war zwei Tage später wieder da, und es war alles so wie vorher. Die beiden Jungen protestierten gegen die rote Farbe, mit der Fritz das *Baumhäusl* streichen wollte. Als der Großvater mit dem Farbkübel anrückte, gaben ihm die beiden Jungen einen Stoß, damit er das „grässliche rote Stierblut" ausschütten solle, aber Fritz hielt den Eimer so fest, als ahnte er bereits, was die beiden Kinder im Schild führten.

Am nächsten Tag war nicht nur das *Baumhäusl,* sondern waren auch die Zweige mit dieser leuchtenden Farbe gestrichen. Der Großvater schrie: „Das ist Frevel. Mein schöner Baum ist dahin. Wer das gemacht hat, dem sollte ich die Ohren rot anstreichen."

Der Enkel spielte den Scheinheiligen. „Opa, wie kannst du so was Böses von uns denken?"

„Schau dich im Spiegel an. Dein Gesicht glüht vor Lügenhaftigkeit. Für vier Wochen ist das *Baumhäusl* gesperrt."

Die beiden beachteten dieses Verbot nicht. Im Gegenteil: Oskar brachte eine englische Fahne mit. „Die kommt jetzt hinauf. Ist sie nicht gigantisch? Sie passt genau zu der roten Farbe."

„Müssen wir deshalb immer englisch speaken?"

„Nein, sonst müssten wir gigantisch schweigen."

Als Fritz einmal um Mitternacht erwachte und er draußen ein Geräusch vernahm, blickte er aus dem Fenster und sah Licht aus dem Baumhaus schimmern. Da Stephans Bett leer war, wusste er, wo sich sein Enkel aufhielt. Er trat in den Hof hinaus und brüllte:

„Steffi, komm runter, sonst schlag ich dich grün und blau."

Es dauerte ein paar Augenblicke, bis sein Enkel rief: „Erst wenn du versprichst, dass ich ein Sommerfest machen und Melanie, die Zwillinge und Oskar dazu einladen darf."

„Rotzkerl, frecher. Das ist Erpressung. Dann bleib doch oben."

Stephan schrie zurück: „Bitte, Opi, du musst es mir versprechen. Du bist doch der beste Opa der Welt."

„So? Auf einmal? Gut, die Feier ist genehmigt."

Der Junge sprang vom letzten Ast hinab. Es kam noch jemand hinter ihm hergesprungen. Es war Oskar. Fritz tobte: „Schleich dich, Bua. Lass dich nie mehr dablicken."

Doch Oskar kam bereits am nächsten Tag wieder. Er

fragte Stephan, ob er schon an Melanie geschrieben habe.

„Morgen tu ich's ganz sicher."

Stephan schrieb: „*Liebe Melanie. Schreibe mir, wann ihr in Kärnten seid. Mein Papa und ich kommen auch hin. Aber erst gibt es bei uns in den Pfingstferien ein Sommerfest, zu dem ich dich einlade. Von meinem Baumhäusl habe ich dir ja schon berichtet und von Oskar auch. Bring eine Hose zum Kraxln mit. Oder willst du wie eine alte Frau die Leiter hinaufsteigen? – Es grüßt Dich Steffi"*

Eine Woche später kam die Antwort: „*Lieber Steffi, wir sind ab 15. August für zwei Wochen in Kärnten. Zu deinem Fest kann ich nicht kommen. Ich bin Pfingsten bei meiner Grandma in England eingeladen. Ihr Frühstück ist immer große Klasse. Einmal hat sie mir in den Tee Rum getan, worauf meine Mama beinahe explodiert wäre. Ich komme gerne ein andermal. Schreibe mir, ob es mit dem 15. August in Kärnten klappen wird. – Arrivederci! Deine Melanie."*

Stephan schrieb zurück: „*Schade, dass du nicht zu unserem Fest kommen kannst. Mein Opa hätte sich so gefreut. Stell dir vor: Neulich ist er vom Baum geflogen wie ein Vogel aus dem Nest. Das Klettern ist doch nichts mehr für einen alten Mann mit alten Knochen. Im Kopf ist er mit seinen siebzig Jahren noch jünger als er ist, aber leider sind seine Beine älter als er ist. Mein Papa hat beschlossen, dass wir am 17. August nach Kärnten kommen. Goodbye! Dein Steffi aus Weilheim."*

6. Kapitel

Bereits am Morgen fühlte sich Andrea an ihrem freien Tag nicht wohl. Dennoch hatte sie sich vorgenommen, Einkäufe zu tätigen.

Im Kaufhaus überkam sie plötzlich eine Schwäche, und sie hielt sich an einem Wühltisch mit Unterwäsche fest. In ihren Ohren begann es zu rauschen, und mit ihren Augen sah sie nur noch Umrisse. Was war das?

Eine ältere Verkäuferin mit silbergrauem Haar kam auf sie zu.

„Meine Dame, geht es Ihnen nicht gut?"

„Mir ist so übel. Vielleicht ist mein Blutdruck zu hoch."

„Oder zu niedrig. Gehen Sie doch zur Apotheke hinunter und lassen Sie ihn messen. Aber setzen Sie sich erst einmal hin, damit Sie nicht umkippen."

Andrea schwankte zu dem Sessel bei den Umkleidekabinen und ließ sich darauf nieder. Sie atmete immer wieder tief ein und aus und spürte allmählich, dass ihre Kräfte wieder zurückkehrten. Noch einmal kam die freundliche Dame zu ihr. „Und? Geht es jetzt besser?"

„Ja. Schon etwas. Sie sind so aufmerksam, wie ich es noch nie in einem Geschäft erlebt habe. Danke!"

„Das ist doch selbstverständlich. Also dann, gute Besserung."

Andrea hatte sich bereits erhoben. Ihr war die Feude am Einkaufen vergangen. Wenige Minuten später fuhr sie mit dem Fahrstuhl ins Untergeschoss hinab. Dort betrat sie die Apotheke und ließ sich den Blutdruck messen. 200/110. Das fand sie erschreckend. Plötzlich fiel ihr ein, dass sie heute Morgen beim Frühstücken ihre Tabletten nicht eingenommen hatte.

„Gehen Sie unbedingt zum Arzt", riet ihr der Apotheker. Sie nickte zwar, fuhr aber dann nach Hause. Sie brühte sich gleich einen Beruhigungstee auf, aß noch eine halbe Semmel dazu und nahm ihr Medikament ein. Bald merkte sie, dass sie ruhiger wurde. Erst später maß sie ihren Blutdruck, der sich wieder im normalen Bereich befand. Sie atmete erst auf, dachte aber gleich wieder an den Brief und an das Telefongespräch ihrer Mutter. Immer wieder von Neuem wurde sie mit der Forderung tyrannisiert, nach Walsrode zu ziehen, auch wenn sie jedesmal „nein" sagte. Sie litt ohnehin unter Bluthochdruck und Depressionen, selbst wenn sie sich allmählich daran gewöhnte, dass Jochen und Stephan nicht mehr bei ihr in der Wohnung lebten. Seit Neuestem hatte sie sich für eine Psychotherapie entschieden, wie ihr der Arzt dringend geraten hatte. Leider ließ ein Termin noch auf sich warten. Ihr war klar, dass auch viele Andere professionelle Hilfe in Anspruch nehmen mussten, weil die heutige Zeit die Menschen mehr herausforderte als früher, und die persönlichen Probleme in der Gesellschaft immens zunahmen.

Das Durchblättern eines psychologischen Buches verwirrte sie, da sie versuchte, sich bei einem der vier Typen einzureihen, die in einer tiefenpsychologischen Studie beschrieben wurden. Gehörte sie zu den depressiven, den hysterischen, den schizoiden oder den zwanghaften Persönlichkeiten? Sie vermutete, dass sie von jedem etwas an sich hatte. Dass Sigmund Freud herausgefunden hatte, wie wichtig die Kindheit für die menschliche Entwicklung sei, davon hatte sie schon gehört. Deshalb ließ sie diese Jahre wie einen Film vor ihrem geistigen Auge ablaufen. Wegen der konträren Erziehungsmethoden ihrer Eltern war ihre Kindheit voller Konflikte gewesen: Ihr Vater war liebevoll und gütig, womöglich etwas zu nachsichtig mit ihr, gewesen. Ihre Mutter hatte sie viel zu streng erzogen; mitunter war sie auch nicht immer gerecht zu ihrer Tochter gewesen. Noch heute, so fand Andrea, war die Beziehung zu Therese sehr kompliziert. Zurzeit ging sie davon aus, dass sich dies nicht so leicht ändern würde.

In der Boutique war einiges erneuert worden. Gisela hatte die Wände neu streichen lassen und sich einen Fußboden zugelegt, der einem Holzboden ähnelte, aber keiner war. Der alte war zu sehr abgenutzt worden. Die Türen und Fenster hatten einen neuen Anstrich erhalten, und im Aufenthaltsraum standen jetzt neue Möbel. Eine Woche lang war deshalb der Laden geschlossen worden. Auch Carla war jetzt mit im Verkauf tätig. Andrea hatte ihre Meinung über sie völlig geändert. Sie fand ihre Kollegin sympathisch und sehr nett.

Die Chefin nahm sich jetzt öfter etwas vor. Fragte man sie, was sie unternommen habe, erzählte sie, von einem Kaufhaus in das andere gegangen zu sein. „Hat großen Spaß gemacht. Öfter war ich auch in einem Museum. Kann ich was dafür, dass es in München so viele davon gibt? Nun ja, ihr kommt ja fantastisch gut ohne mich aus, das heißt, ihr könntet etwas mehr verkaufen."

Die beiden Angestellten ärgerten sich über diesen Hinweis. Zynisch erwiderte Andrea: „Kann ja nicht gut laufen, das Geschäft, wenn unsere Frau Chefin nicht ihren Charme spielen lässt und spazieren geht."

An einem Sonntag wurde Andrea von Carla zu sich nach Hause eingeladen. Die Gastgeberin erzählte vieles aus ihrem früheren Leben, auch, dass sie mit ihrer Mutter beim Ungarn-Aufstand 1956 in den Westen geflohen war. Sie war damals zwanzig Jahre alt gewesen.

In Carlas Dreizimmerwohnung standen die antiken Möbel eng zusammengedrängt. Aus der Terrine, die auf dem runden Esstisch stand, dampfte bereits das *Gulasch.* Ein verlockender Duft stieg Andrea in die Nase. Am liebsten hätte sie gleich zugegriffen, aber erst wurde sie durch die Wohnung geführt.

Die mit einem barocken Rahmen versehenen Bilder mit Personen aus dem Leben der Gastgeberin konnten Andrea sehr beeindrucken. Zu der kostbaren Porzellanfigur auf der Kommode bemerkte Carla lachend, dass sie das gebrochene Bein wieder angeklebt habe, weil eine Tänzerin mit nur einem Bein wertlos sei.

Beim Begehen des Schlafzimmers entdeckte der Gast die auf dem Doppelbett ausgebreiteten Strickwaren, die noch in der Boutique verkauft werden sollten.

Carla deutete auf ein Gemälde. „Hier stehe ich als kleines Mädchen neben meiner Mamuschka. Und als ich Siebzehn war, wurde ich von ihrem Bruder, der zeitweise in einem Stahlwerk im Norden Ungarns gearbeitet hat, nackt gemalt. Als er das Bild verkaufen wollte, hat es meine Mutter rasch mit einem Messer aufgeschlitzt. Mein Onkel hat daraufhin einen Wutausbruch bekommen und sie geschlagen. Nach dem Verlassen des Stahlwerks trat der Bruder meiner Mutter mit einem dressierten Bären auf Jahrmärkten auf. Mit meiner Mutter spielte er oft Geige. Leider bin ich nicht so musikalisch geworden. Das hier ist das schönste Andenken." Carla zeigte auf die Geige in der Ecke. Sie hatte sie mit künstlichen Blumen geschmückt.

Jetzt erst verspeisten die beiden Frauen das warmgestellte scharfe, sehr schmackhafte Mahl. Dazu kredenzte die Gastgeberin ein Gläschen Rotwein.

Die Zweiundfünfzigjährige erzählte einige Episoden aus dem Leben ihrer vor fünf Jahren verstorbenen Mutter, die sie in diesen Räumen gepflegt hatte. Je länger Andrea in diese Atmosphäre eintauchte, umso mehr konnte sie sich für Carla begeistern. Wie hatte sie sie einmal ablehnen können? Jetzt waren sie Kolleginnen, die sich völlig aufeinander verlassen konnten.

Carla erzählte noch einmal Ergreifendes aus ihrem Leben in der Heimat, auch, dass ihre Vorfahren einst von Spanien nach Ungarn gekommen waren.

„Waren sie Zigeuner?", erkundigte sich Andrea mit ihrer vagen Vorstellung von der ungarischen Bevölkerung.

„Sinti und Roma. Ursprünglich stammten sie aus Indien. Sie wanderten im 15. Jahrhundert nach Ungarn, Rumänien oder Spanien aus. 1956 gab es einen Volksaufstand in meiner Heimat. Unser Land wollte Freiheit, was die Russen nicht zugelassen hatten. Ich bin dankbar dafür, dass ich eine Deutsche geworden bin, obwohl ich auch meine Heimat liebe. Wir Deutschen scheinen nicht einmal zu wissen, wie gut wir es in diesem Land haben. Täglich richte ich ein Dankgebet zum Himmel."

Andrea überlegte, wie gut sie von ihrer Kollegin Dankbarkeit lernen könne. Carla war der Meinung, dass die meisten Menschen das Gute und Angenehme als selbstverständlich hinnehmen würden. Andrea fielen dazu Vaters Worte ein, die auch zu Carlas Einstellung passten. Er hatte gesagt: „*Danke täglich deinem Schöpfer für das, was er dir schenkt. Um das, was du nicht besitzt, es aber haben möchtest, kannst du zwar bitten, aber er wird dir nur das gewähren, was deinem Wohle dient.*"

Andrea hatte sich damals dagegen gewehrt, als ihr Vater sie religiös erziehen wollte. Er hatte sie nicht dazu gezwungen.

Carla blickte sie jetzt seltsam an. „Du bist nachdenklich, nicht wahr, Andrea?", stellte sie fest.

„Ich denke an meinen Vater. Genau wie er hast du eine eigene Sicht auf die Welt. Du bist auch ein besonderer Mensch, habe ich festgestellt."

Carlas Augen leuchteten. „Meinst du das ehrlich?"

„Na klar! Früher habe ich dich leider verkannt. Verzeih mir."

„Es gibt nichts zu verzeihen. Ich habe dich gleich gemocht. Ich frage mich, wovon die Sympathie zu einem anderen Menschen abhängt."

„Möchte ich auch gerne wissen. Carla, darf ich dich was fragen? Fühlst du dich einsam, weil du alleine bist?"

Die Kollegin dachte nach. „Einsam bin ich nie. Ich habe einen guten Umgang mit mir selbst und mit Gott gefunden."

Andrea senkte den Kopf und flüsterte: „Mein Vati wollte mir damals seinen Glauben näherbringen, aber ich konnte ihn schon als Kind nicht annehmen, weil ich damals schon daran gezweifelt habe, dass Gott existiert. Ich denke, die Menschen machen sich nur etwas vor, weil es sich leichter lebt, wenn man die Hoffnung hat, dass es nach dem Tod weitergeht."

„Oh ja, es gibt einen Gott, Andrea. Nach dem Tod ist nicht alles aus. Ich weiß dies mit Sicherheit. Vielleicht ist bei dir die Zeit noch nicht dafür gekommen, dass du unseren Schöpfer annehmen kannst. Für mich ist der Glaube an Gott die wunderbarste Erfahrung meines Lebens."

Andrea zuckte nur mit den Schultern. Sie war froh, dass Carla das Gespräch beendete. Während die beiden Frauen die Teller zusammenstellten, hing jede ihren eigenen Gedanken nach. Plötzlich fiel der Gastgeberin die Terrine aus der Hand, die in viele Scherben zerbrach. Andrea half beim Aufheben und Einsammeln. Sie wisperte: „Schade um dieses kostbare Service." Doch Carla meinte, hier sei nur Geschirr zerbrochen, weitaus tragischer sei es jedoch, wenn ein Mensch am Leben zerbreche.

Ehe Andrea ging, bedankte sie sich bei Carla für die gute Bewirtung und für die herzliche Art.

In nächster Zeit ergab es sich, dass die beiden oft zusammen arbeiten mussten. Nebenbei stellte Carla Strickwaren her und war damit oft überfordert. Gisela dagegen machte sich das Leben angenehm. Andrea flüsterte Carla zu: „Sie ist auf einmal so umtriebig. Ob die Enttäuschung mit Axel daran schuld ist?"

Einmal bemerkte die Chefin: „Gut, dass wir jetzt ein Trio sind. Das bekommt mir und meinem Geschäft bestens." Sie rauchte und trank wieder viel Alkohol. Ihre Devise: „Es kommt nicht darauf an, *wie alt* man wird, sondern *wie* man *alt* wird."

Carla erwiderte: „Aber man altert rascher, wenn man qualmt und zu viel trinkt."

„Bitte, was soll das? Rede du nur klug. Du musst nicht diesen heftigen Schmerz ertragen, den mir Axel zugefügt hat." Sie zog aus der Schublade eine Schachtel Pralinen. „Hier, bedient euch, damit ihr auch etwas von meinem Luxus mitbekommt."

Andrea schüttelte den Kopf. „Wenn ich es dir nachmache, gehe ich wie du wie ein Hefekloß auseinander."

Gisela fand, dass dies eine ziemlich boshafte Bemerkung war. Sie fühlte sich verletzt und rief: „Wie ein Hefekloß fühle ich mich längst nicht. Es kann nicht jeder so zaundürr sein wie du."

Da Giselas Kleider zu eng wurden, warf sie sie in den Container. Carla rief aufgebracht: „Diese Sachen könntest du armen Menschen schenken. Ich kenne eine Frau, die würde alles mit Kusshand nehmen."

Erst stellte sich die Chefin stur, bis Carla ihr eine Standpauke hielt und ihr erklärte, dass gut betuchte Menschen verpflichtet seien, an minderbemittelte zu denken. Diese Moral sei für ein verantwortungsbewusstes Leben notwendig.

„Deshalb gebe ich die Sachen in den Container", sagte Gisela.

„Du willst sie loswerden und gibst sie nicht bewusst her."

„Meine liebe Carla, sag mir bitte, wo da der Unterschied ist."

„Ich glaube, du hast nie erfahren, was Armut ist."

„Und wie sehr ich das erfahren habe! Wir waren arm, weil mein Vater uns verlassen hat. Er ist nach Frankreich zurückgekehrt. Um mich hat er sich überhaupt nicht gekümmert. Das hat wehgetan, sag ich dir."

„Und aus dieser Armut hast du keine Lehre gezogen?"

„Sollte ich etwa? Uns hat auch keiner geholfen. Carla, lass mich. Du bist eine Moralpredigerin und eine Nervensäge."

Die Angestellte grinste. „Man kann sie gar nicht durchsägen, deine Nerven. Sie sind so fest wie Drahtseile. Und erlaubst du, dass ich deine Klamotten an arme Menschen weitergebe?"

Gisela ballte die Fäuste. „Lass mich! Verschenke sie, an wen du willst. Wenn ich dich nicht dringend brauchen würde, hätte ich dich schon längst hinausgeschmissen."

Über diese Bemerkung konnte Carla sogar lachen. Sie dachte, es sei nicht immer ernst gemeint, was ihre Chefin im Laufe des Tages von sich gebe. Trotz allem Gezänk waren die beiden gute Freundinnen, die sich auch einmal die Wahrheit an den Kopf werfen konnten, ohne gleich beleidigt zu sein.

Robert traf seine ehemalige Sekretärin Marika Rössert wieder, die der Firmenchef von Kniefalter AG damals entlassen wollte. Aber die Angestellte war freiwillig gegangen, obgleich sich Robert als ihr direkter Vorgesetzter und der Betriebsrat für sie eingesetzt hatten.

Als er Marika durch Zufall in einem Münchner Lebensmittelmarkt wieder begegnete, erzählte sie, dass sie mit ihrer neuen Arbeitsstelle zwar nicht völlig zufrieden sei, aber dennoch bleiben wolle. Sie freue sich jetzt, ihren ehemaligen Chef wieder zu treffen.

Robert lud sie zu einem Abendessen ein. Sie starrte ihn daraufhin an, als könne sie es nicht glauben.

„Danke, sehr nett von Ihnen. Ich freue mich darauf."

Als sie einander gegenüber saßen, erzählte Robert, sich von seiner Frau getrennt zu haben und nicht mehr in München zu leben. Er fahre jetzt täglich von Weilheim nach München und zurück.

„Tut mir leid", erklärte sie. „Sie wissen ja, dass ich auch von meinem Mann getrennt lebe. Er steht nicht zu seinem Kind."

„Unverständlich", brummte Robert. Marika gefiel ihm. Ihr schüchternes Lächeln und der friedvolle Blick verzauberten ihn. All dies hatte er in den letzten Jahren bei Andrea nicht mehr erfahren und deshalb sehr vermisst.

Robert traf sich auch ein zweites Mal mit seiner ehemaligen Angestellten. Nach und nach wurde es Gewohnheit, dass die beiden einmal pro Woche zusammenkamen, und er immer erst nach diesem Treffen nach Weilheim zurückfuhr. Sie boten einander das *Du* an. Daheim wartete jedesmal Stephan auf seinen Vater und fragte ihn, warum er so spät heimkomme. Robert tat dies stets mit einem Achselzucken ab.

Sie berichtete von ihrem behinderten Sohn, dass er auf einem Auge fast blind und sein rechtes Bein kürzer als sein linkes sei. Bei beiden Füßen waren Zehen zusammengewachsen. Außerdem war er geistig behindert. „Er wird wohl nie normal gehen und sprechen können", war Marikas Meinung.

Wie war es zu dieser Behinderungen gekommen? Marika vermutete, es kam daher, dass sie in der Schwangerschaft wegen des Unfalltodes ihrer Eltern und ihrer Schwester einen Schock erlitten habe. Als sie dies aussprach, senkte Robert den Blick. Er dachte an seine eigenen gesunden Kinder und empfand tiefes Mitleid mit ihr. Jetzt erhoffte er sich von ihr eine Erwiderung seiner Zuneigung, aber es war noch viel mehr, was er sich von ihr wünschte.

7. Kapitel

In diesem Jahr, es war 1988, fiel Ostern auf den ersten April. Andrea hatte beschlossen, zu diesem Feiertag ihre Mutter aufzusuchen. Aber vier Tage vor Reiseantritt erfuhr sie, dass Therese einen Schlaganfall erlitten hatte. Sybilla Mönkemann, die Freundin ihrer Mutter, hatte sie angerufen.

Wie ein Blitz aus heiterem Himmel traf Andrea diese Nachricht. Sie ängstigte sich auf einmal vor einer Begegnung mit ihrer Mutter, da sie nicht wusste, welchen Schaden der Schlaganfall bei ihr angerichtet hatte.

Sie bat Stephan, er möge sie begleiten. Als er sich weigerte, wurde sie energisch: „Du musst mitkommen. Du brauchst keine Angst zu haben. Oma ist krank und verhält sich bestimmt anders als zu Weihnachten."

„Ach Mama", kam es zurück, „du hast doch selber Angst."

„Stimmt! Wenn du mitkommst, kriegst du eine Belohnung." Pädagogisch war ihr Verhalten nicht nachahmenswert, aber sie wusste sich nicht anders zu helfen.

Ein Ausdruck des Erstaunens huschte über Stephans schmales Gesicht. „Eine Belohnung? Welche?"

„Was könntest du dir vorstellen?"

„Einen Rundflug über die Alpen. Der Johannes macht das."

„Steffi, du greifst nach den Sternen."

Der Junge machte einen Schmollmund. „Ich hätte mir auch eine Weltreise wünschen können."

„Hast du noch so einen genialen Einfall? Wir

machen in den großen Ferien auch wieder eine Reise, aber nicht um die ganze Welt."

Jochen hatte es abgelehnt, seine Mutter zu begleiten. Er hatte angegeben, auf sein Abitur lernen zu müssssen und am Ostermontag am Ostermarsch der Friedensbewegung teilnehmen zu wollen.

Monika war ebenfalls nicht dazu bereit gewesen. Andrea ärgerte sich darüber, dass keiner ihrer Kinder diese Großmutter mochte, vielleicht deshalb, weil sie selbst als Tochter auch keine Begeisterung für ihre Mutter zeigte und sie sie öfter im Beisein ihrer Kinder kritisierte? Verwunderlich war es also nicht, dass es zwischen den Enkelkindern und ihrer Großmutter keine Nähe gab.

Andrea fühlte sich jetzt, wo ihre Mutter einen Schlaganfall erlitten hatte, voll für sie verantwortlich, doch bedauerte sie, keine Liebe, sondern nur Mitleid, für sie zu empfinden.

Am Karsamstag nahm Andrea Stephan, der von Weilheim angereist kam, am Münchner Hauptbahnhof in Empfang. Eine Stunde später fuhren sie mit dem Zug über Hannover nach Walsrode. Bei Sybilla Mönkemann holten sie den Schlüssel für Thereses Wohnung ab, und am nächsten Tag um die Mittagszeit erschienen sie im Krankenhaus auf der Intensivstation. Bevor sie Thereses Zimmer betraten, konnten sie mit dem Arzt ein paar aufklärende Worte sprechen.

Zögernd ging Andrea auf das Bett ihrer Mutter zu. Ihr Herz klopfte zum Zerspringen. Stephan war schon wieder dabei umzukehren, aber sie hielt ihn fest und zog ihn mit hin zum Bett. Andrea lächelte ihre Mutter an, als sie sie begrüßte, aber es kam weder ein Lächeln noch irgendein Laut zurück. Das Gesicht der Kranken sah verzerrt aus. Andrea fasste nach der rechten Hand Phereses, die linke lag unter der Decke vergraben. „Mutti, wie geht es dir?", flüsterte sie, worauf die Kranke ihre Tochter mit einem kurzen Blick streifte, aber weiter keine Reaktion zeigte. Andrea brachte jetzt die bange Frage über ihre Lippen: „Mutti, erkennst du mich noch?"

Therese nickte und lallte unverständliche Worte.

Andrea, sehr besorgt um ihre Mutter, fragte, ob sie Schmerzen habe, worauf die Patientin nickte und die Augen schloss.

Vom Arzt hatte Andrea vorhin erfahren, dass die linke Gehirnhälte und das Sprachzentrum ihrer Mutter vom Schlaganfall geschädigt worden waren. Das linke Bein und der linke Arm waren leicht gelähmt, und die linke Hand war zu einer Faust zusammengeballt, die schwer zu öffnen war.

Was nun? Therese schien eingeschlafen zu sein, aber nein, jetzt öffnete sie die Augen schon wieder und starrte ins Leere.

„Mutti, sollen wir wieder gehen? Du bist müde, nicht wahr?"

Therese nickte, aber Andrea stand mit Stephan noch eine Weile hilflos da und starrte sie schweigend an.

Dem Jungen erschienen diese zehn Minuten am Krankenbett seiner Oma wie eine halbe Ewigkeit. Er stieß ständig seine Mutter an, die ihm zuflüsterte, dass er durchhalten müsse. Seine Oma brauche unbedingt auch sein Mitgefühl.

Ein unruhiges Flackern lag jetzt in den Augen der Patientin. Die Krankenschwester, die bereits unbemerkt seit wenigen Minuten im Hintergrund stand, flüsterte: „Verschieben Sie doch Ihren Besuch auf später. Frau

Franke ist müde und unruhig."

Andrea und Stephan entschlossen sich zu einem Spaziergang. Nach ihrer Rückkehr wirkte die Kranke etwas munterer als vorher. Auf ihren Lippen erschien sogar ein kurzes Lächeln. Schon schoss Andrea die Frage durch den Kopf, was mit ihrer Mutter nach dem Krankenhausaufenthalt beziehungsweise nach der Reha geschehen solle. Der Arzt hatte ihr vorhin erklärt, dass es kein Zurück mehr in ihre Wohnung gebe. Sie würde ein Pflegefall sein.

Andrea besuchte ihre Mutter jetzt täglich. Sie gab Stephan die Erlaubnis, in Omas Wohnung zu bleiben, weil sie wusste, welche Überwindung es dem Jungen kostete, an Thereses Krankenbett zu treten. Außerdem nützte sein Besuch wenig, da sich seine Großmutter ihm nicht zuwenden wollte.

Einige Tage später redete Andrea wieder mit dem behandelnden Arzt. Mitten in dieses Gespräch hinein platzte ein Notfall. Doch ein paar Stunden später konnte sie sich noch einmal mit ihm über die Krankheit ihrer Mutter unterhalten.

Es wurden für sie Tage voller Sorge und Resignation. Sie war so verzweifelt, dass sie an einem Tag eine Zigarette nach der andern rauchte und sich mit Rotwein volllaufen ließ.

Kopfschüttelnd schlürfte Stephan seine Limonade und rief: „Mams, du bist ja eine Säuferin und eine Raucherin geworden."

„Ach, Steffi. Wie soll ich das sonst ertragen können?"

„Dann fahren wir am besten heim. Dann bist du alles los."

„Sie ist doch meine Mutter. Wenn *ich* jetzt anstelle

deiner Oma hier liegen würde, würdest du mich dann im Stich lassen?"

„Nein, dich doch nicht, Mams."

„Na also. Aber jetzt ist deine Oma dran."

Am nächsten Tag bekam Andrea Probleme mit ihrem Kreislauf. Dennoch schleppte sie sich zum Krankenhaus. Es fiel ihr schwer, ihrer Mutter, die heute ausnahmsweise einmal einen muntereren Eindruck machte, erklären zu müssen, dass sie nicht in die Wohnung zurückkehren könne. Andrea schlug vor, sie in einem Münchner Altenheim unterzubringen, worauf Therese so heftig den Kopf schüttelte, dass ihre Tochter Angst bekam.

Bald rief Gisela an, der Andrea die Walsroder Nummer durchgegeben hatte, und bat Andrea, so rasch wie möglich wieder zurückzukehren. Carla sei erkrankt, und sie brauche dringend ihre Angestellte für den Verkauf.

Stephan klagte am Abend: „Meine Ferien sind zu Ende, und ich habe nichts davon gehabt."

„Wir fahren morgen zurück. Einverstanden?"

Stephan atmete erleichtert auf und freute sich auf die Heimfahrt.

Andrea setzte sich kurz vor der Abreise wieder mit Sybilla Mönkemann in Verbindung. „Lassen Sie sie hier in Walsrode. Sie würden sich in München doch nicht um sie kümmern, es sei denn, Sie nehmen sie in Ihre Wohnung. Ich weiß, dass Sie das nicht tun werden."

„Stimmt, aber was geht Sie das an?"

„Ich frage mich, was Sie sich erlauben. Sie wollen Ihre Mutter aus der gewohnten Umgebung herausnehmen."

„Es war doch der Schlaganfall, der sie

herausgerissen hat. Sie kann nicht mehr in die Wohnung zurück."

„Therese ist der wichtigste Mensch in meinem Leben."

„Mag sein. Und was ist mit meinem Leben?"

Frau Mönkemann blickte böse. „In Ihrem Leben ist sie doch nur Luft, völlig überflüssig. Machen Sie mir nichts vor."

„Ich will Ihnen auch gar nichts vormachen. Klar, wir haben nicht das beste Verhältnis zueinander. Trotzdem will ich mich um sie kümmern. Sie ist schließlich meine Mutter. Ich melde mich in zwei Wochen wieder bei Ihnen."

„Worum ich bitten darf", zischte Frau Mönkemann.

Wie froh war Stephan, wieder daheim bei seinem Vater zu sein. Andrea hatte ihn am Münchner Hauptbahnhof in den Zug nach Weilheim einsteigen lassen. Robert hatte Bescheid gewusst.

Am übernächsten Tag arbeitete Andrea schon wieder. Gegen Abend machte sie sich mit Monika auf den Weg, um eine Heim-Unterkunft für ihre Mutter zu suchen. Erst einen Tag später waren sie damit erfolgreich. Therese sollte erst in Reha, anschließend in Kurzzeitpflege gehen, bis sie nach München gebracht werden konnte.

Verwundert fragte Gisela: „Warum nimmst du deine Mutter nicht auf? Carla hat es damals getan."

„Carla hat sich gut mit ihrer Mutter verstanden, ich aber nicht mit meiner. Das habe ich dir doch schon mal erklärt. Außerdem will ich weiter bei dir arbeiten und muss mir eine kleinere Wohnung suchen. Für die große reicht das Geld nicht mehr."

„Die Rente deiner Mutter könntest du dafür hernehmen. Ich hätte dir eine besondere Arbeitszeit eingeräumt. Nun ja, du bestimmst über dein Leben und über das deiner Mutter."

„Das tu ich, solange ich noch über meinen Verstand verfüge", erwiderte Andrea aufgebracht, woraufhin Gisela meinte: „Ich bin dir also zu nahe getreten. Entschuldige!"

„Ich weiß, du hast es gut gemeint, Gisi, aber das, was du denkst, ist nicht machbar."

Eine Woche später lösten Andrea, Monika und Robert Thereses Wohnung in Walsrode auf. Stephan war bei seinen Großeltern in Weilheim geblieben.

Andrea glaubte, das Herz müsse ihr bluten, als sie Gegenstände in den Container werfen musste, die sie nicht im Auto mitnehmen konnte, sonst hätten sie alle drei keinen Platz mehr darin gefunden. Einige Sachen, darunter Nippes, schenkte sie der Nachbarin, die auch die Möbel gerne annahm.

Beim Ausräumen des Nachtkästchens entdeckte Andrea den Ehering ihres Vaters und einige Halsketten ihrer Mutter. Sie steckte den Schmuck in ihre Handtasche. Außerdem hatte sie im Kleiderschrank ein Album gefunden, in dem Fotos von der Hochzeit ihrer Eltern eingeklebt waren.

Ein Maler wurde bestellt, der den ehemaligen Zustand der Wände wieder herstellen sollte.

In München musste sich Andrea um die Zimmereinrichtung im Altenheim kümmern, wobei ihr Robert half. Hinterher meinte er, genügend für Therese, die ihn nie akzeptiert hatte, getan zu haben, und er lief so rasch davon, dass sich Andrea nicht einmal bei ihm bedanken konnte. Als sie dies telefonisch nachholte, erklärte er, er habe das alles für sie getan, nicht für ihre Mutter. Er wolle sich jetzt kurz fassen, da er gleich an den Ammersee fahre, um das herrliche Frühlingswetter zu genießen.

Vorher brachte er Stephan noch zum Weilheimer Bahnhof, da der Junge darauf bestand, zu seiner Mutter zu fahren. Auf den Ausflug lege er keinen Wert, äußerte er. Dies fand der Vater schade. Er hätte gerne seinen Sohn dabei gehabt. „Dann zieh doch wieder zu ihr, wenn du ständig zu ihr fahren musst", hatte er ärgerlich gerufen.

„Aber Papa, ich muss nicht, ich will zur Mama fahren."

„Gut, entschuldige, Steffi. War nicht bös gemeint."

Robert nahm sich vor, darüber nie wieder eine negative Bemerkung fallen zu lassen.

Er beobachtete mit Freude am See die Lachmöven mit ihren schwarzen Schöpfen, und er machte Fotos von ihnen, was ihm nicht gut gelingen wollte. Überrascht entdeckte er auch ein Pärchen Flussseeschwalben, die mit elegantem Flug über das Wasser glitten und nach Beute Ausschau hielten. Die beiden hatten hellrote Schnäbel mit einer schwarzen Spitze, rote kurze Beinchen und spitze Schwänze, die ihn an Spieße erinnerten.

Robert liebte nicht nur die Berge, er liebte auch die Umgebung der naheliegenden Seenlandschaft, die auch viel zu bieten hatte.

Bei seiner Rückkehr zum väterlichen Grundstück stand sein Vater bei den Rhododendronbüschen, die in rosarot und violett blühten. „Schau mal, Robby, wie schön", ließ sich Fritz vernehmen, als sein Sohn näherkam. Zerstreut nickte Robert, weil er daran dachte, mit seinem Vater über den von ihm geplanten Auszug zu sprechen. „Papa, bitte, hör mir mal zu..." Doch der Vater reagierte nicht darauf und schwärmte weiter. Robert suchte nach seiner Mutter, aber sie war nicht im Haus. So musste das Gespräch wieder ins Wasser fallen.

Während er in seiner Mansarde eine Tasse schwarzen Tee trank, las er im *Weilheimer Tagblatt,* dass Geld für Naziopfer aus dem Wiedergutmachungsfond unterschlagen worden war. Dies war mit gefälschten Überweisungsformularen geschehen.

Über diese Betrügerei war Robert so entsetzt, dass er einen leisen Fluch aussstieß und die Zeitung ärgerlich auf die Eckbank warf. Jetzt dachte er darüber nach, was er morgen, am Sonntag, unternehmen wolle.

Er besuchte den Gottesdienst in Sankt Pölten, spazierte zum *Gögerl,* einer Anhöhe am Waldesrand, hinauf, um im Restaurant ein Mittagessen einzunehmen. Auf Umwegen kehrte er wieder heim und legte sich ein Stündchen schlafen. Gegen Abend holte er Stephan vom Bahnhof ab. Daheim klagte der Junge: „Paps, ich hab noch keine Hausaufgaben gemacht. Wir waren im Kino."

Robert kam in Rage: „Willst du jetzt am Abend noch lernen? Obwohl deine Mama möchte, dass du auf's Gymnasium gehst, kümmert sie sich nicht um deine Arbeiten."

„Papa, ich bin schuld. Ich hatte keine Lust dazu"

„Wenigstens gibst du es zu. Also, fangen wir gleich an."

„Paps, ich vermisse Mama so sehr", klagte Stephan.

„Wie, du kommst doch gerade von ihr. Dann kannst

du gleich wieder umkehren. Seltsam, bist du bei mir, möchtest du zu ihr und bist du bei ihr, möchtest du zu mir. Was für ein Spiel."

„Das ist kein Spiel, Papa", erwiderte Stephan ungehalten. „Es ist deshalb, weil ihr auseinandergegangen seid."

Robert nickte. „Entschuldige, Steffi, ich verstehe dich", erwiderte er kleinlaut. Es tat ihm furchtbar leid, dass sein Jüngster so unter dieser Trennung litt.

„Steffi, wieder konnte ich nicht mit Oma und Opa über unseren Auszug reden. Opa hört mir nicht zu."

Der Junge lachte. „Sie haben schlechte Ohren. Zum einen geht's hinein, zum andern hinaus."

„Steffi, rede nicht so abfällig von deinen Großeltern."

„Es ist aber so."

An einem Montag konnte Robert endlich seinen Eltern erklären, dass er und Stephan nicht mehr bei ihnen wohnen wollten. Sofort spürte er ihre Enttäuschung. Sigrid sprach so leise, dass es Robert gerade noch verstehen konnte. „Gell, ich red dir zu viel rein? Mütter glauben, ihre Kinder werden nie erwachsen."

„Mama, das ist es doch nicht. Wir haben zu wenig Platz."

Resigniert bemerkte der Vater: „Im Weg wollen wir euch nicht stehen." Seine Worte hatten einen sehr bitteren Klang.

„Aber Papa, das tut ihr doch nicht. Nur euer Haus ist zu klein. In unserer neuen Wohnung hat jeder ein großes Zimmer und wir sind auch nicht weit von euch weg."

„Hm, ja", machte Sigrid. „Aber ihr seid immer herzlich willkommen. – Ihr habt also schon eine

Wohnung gefunden?"

„Ich musste schnell zusagen, sonst wäre sie weg gewesen."

Das Telefon klingelte. Fritz nahm den Hörer ab. Er hörte Jochens Stimme. „Hallo, Opa, ich will euch sagen, dass ich mein Abi bestanden hab. Mit 1,4. In Biologie habe ich alle Punkte erreicht."

Was für eine wunderbare Nachricht! „Jochen, du bist ein Genie. Herzlichen Glückwunsch." Fritz ließ Robert ans Telefon kommen. „Das ist ja großartig, Jochen", freute sich der Vater über die gute Neuigkeit. „Ich wünsche dir alles Glück dieser Erde."

Mit seinen Eltern, mit Margitt, Stephan und Monika feierte Jochen zum nächsten Wochende seinen Erfolg. Noch im Sommer begann er den Zivildienst. Sein Plan war, Rechtswissenschaften zu studieren und nicht, wie ursprünglich geplant, Umwelttechnologie, da ihm sein zukünftiger Schwiegervater die Mitarbeit in seiner Praxis angeboten hatte. „Ich soll auch eines Tages sein Nachfolger werden", klärte er seine Eltern auf.

Mit Carsten, Margitts Bruder, der zwar auch Jura studieren wollte, aber wegen seines Drogenkonsums nicht dazu fähig war, stand Bert Steppentreu, der Vater, auf Kriegsfuß.

„Und wenn es mit Margitt auseinandergehen sollte? Was dann?", wollte Andrea wissen, worauf Jochen ärgerlich zischte: „Mama, muss man immer an das Schlimmste denken?"

„Ich habe auch nicht an das Schlimmste gedacht", erwiderte Andrea. „Und es ist doch eingetroffen", fügte sie leise hinzu.

Religionslehrer Mangau kam auf Jochen zu, um ihn zu bitten, die Umweltgruppe der Evangelischen Kirche, den *Friedenskreis,* zu übernehmen. Er selbst wollte München verlassen. Schon zweimal hatte er Jochen gefragt, aber dieser war sich darüber noch nicht schlüssig gewesen. Die beiden kamen im Gemeindesaal zusammen. Mangau sprach auch vom Baumsterben und von der Luftverschmutzung: „Schon 1855 hatte Häuptling Seattle vor dem Kongress der USA gesagt: *Die Luft ist kostbar für den roten Mann, denn alle Dinge teilen denselben Atem, das Tier, der Baum, der Mensch. Der weiße Mann scheint die Luft, die er atmet, nicht zu bemerken. Wie ein Mann, der stirbt, ist er abgestumpft gegen den Gestank."*

„Indianer sind weise Leute", bemerkte Jochen.

„Herr Teschner, überlegen Sie bitte bald, ob Sie die Gruppe übernehmen wollen. Sie sind idealistisch, Sie kriegen es hin."

„Eine Frage: Von woher könnte ich Fachleute kriegen?"

Herr Mangau lächelte. „Weiß ich nicht. Vielleicht schickt uns unser Herrgott welche. Es ist ja seine Schöpfung, die wir bewahren sollen und auch wollen."

Über diese Anschauung musste Jochen schmunzeln. Er erzählte Margitt davon, die bei ihrem Vater in der Praxis gewesen war und jetzt die *Süddeutsche Zeitung* vom Vortag gebracht hatte. Ihr Vater bezog täglich drei verschiedene Zeitungen, die er und seine Sekretärin meistens aus Zeitmangel nur durchblättern konnten.

Als Jochen das Blatt in die Hand nahm, fiel sein Blick gleich auf den Artikel über das Gipfeltreffen zwischen dem US-Präsidenten Ronald Reagan und dem sowjetischen Parteichef Michail Gorbatschow in Moskau. Bei dieser Zusammenkunft war eine Abrüstungsvereinbarung über die Zerstörung der

Mittelstreckenraketen in Kraft gesetzt worden.

Im Sommer 1988 kam Therese Franke nach einer Rehabilitation und einer Kurzzeitpflege in die Pflegestation eines Münchner Altenheims. Die neue Heimbewohnerin verweigerte aus Protest das Essen und musste künstlich ernährt werden. Sie ertrug nur schwer, so weit von Sybilla und von ihrem Heimatort entfernt zu leben. Auch war sie beleidigt, weil ihre Tochter sie ins Heim gebracht hatte. Andrea litt darunter, dass ihre Mutter so unglücklich war. Durch Thereses zwei Tage später stattfindende Geburtstagsfeier kam sie wieder auf positive Gedanken. Sie brachte ihrer Mutter einen Blumenstrauß und einen selbst gebackenen Kuchen mit. Für die Pflegekräfte gab es Pralinen. Später kam auch Monika mit Blumen und einer Thermoskanne Kaffee hinzu. Zu dritt feierten sie in bester Stimmung.

Jochen gratulierte einen Tag später. Er sah seine Oma jetzt erst zum zweiten Mal. Sie gab sich teilnahmslos und wehrte sich gegen seine Umarmung. Traurig ging er heim und erhoffte sich für das nächste Mal eine bessere Situation. Zwei Wochen später empfing sie ihn sogar mit einem Lächeln. „Schön, - dass – du – da – bist", stammelte sie und ließ sich in die Arme nehmen. Er erwiderte erstaunt. „Oma, ich freue mich auch, dich zu sehen."

Auch Stephan besuchte sie ab und zu mit seiner Mutter. Dennoch blieb die Beziehung der beiden Enkel zu ihrer Großmutter eher kühl.

Margitt fragte Jochen, ob er mit ihr in Urlaub fahre. Er erwiderte, dass er kein Geld dafür habe. Sie erklärte ihm, dass ihre Eltern die Kosten übernehmen würden.

„Gitti, was glaubst du, wie ich mich als Mann fühle, wenn ich mir alles bezahlen lass?"

„Hör mal, wir vertauschen nicht die Rollen. Du bleibst der Mann, ich die Frau. Bitte, erfülle mir diesen Wunsch."

Jochen sagte nach langem Zögern zu. Er war jetzt Zivildienstleistender, und er konnte für diesen Urlaub seinen Dienst mit einem Kollegen tauschen.

An die Nordsee wollte das junge Paar nicht fahren, weil die Medien von einer Algenpest berichtet hatten. Unzählige Robben waren ihr zum Opfer gefallen. Aber an der Adria war es auch nicht besser. Zufällig hörte Margitt ihren Onkel von der dänischen Insel Bornholm schwärmen. So beschlossen sie, dorthin zu fahren. Doch zwei Tage vorher suchte Jochen noch den Friedenskreis auf, den er demnächst übernehmen wollte. Herr Mangau gab sich Mühe, ihm eine optimale Vorbereitung auf seine künftige Aufgabe zu bieten.

Zwei Tage danach fuhren Margitt und Jochen im Kleinwagen Richtung Ostsee. Bei Sassnitz ließen sie sich mit der Fähre auf die Insel Bornholm übersetzen.

Sie fanden die Landschaft mit den klippenreichen Steilküsten und den Heidelandschaften sehr interessant. Beinahe jeden Tag badeten sie im Swimmingpool des Hotels. Beim Genuss von Heringen, die paarweise an einer Stange im Erlenrauch geräuchert worden waren, wobei das Feuer nur schwelen, nicht brennen durfte, plante das Paar seine Zukunft.

Das schlichte, saubere Hotel verfügte über Baderäume, in denen es weder eine Duschabtrennung noch eine Duschwanne gab. Das Wasser lief in einen ebenerdigen Abfluss.

Eines Abends saßen sie träumend auf den Klippen

und betrachteten staunend das Schauspiel des Sonnenuntergangs. Das Firmament leuchtete in Rottönen. Begeistert rief Margitt:

„So etwas Schönes habe ich noch nie gesehen."

„Ich auch nicht. Und das erlebe ich mit dir, meiner Allerliebsten."

Sie lächelte. „Hast du noch eine Liebste, wenn ich die Allerliebe bin?"

Er zuckte geheimnisvoll lächelnd mit den Schultern. „Gitti, so könnte ich mir unsere Hochzeitsreise vorstellen, wenn wir Geld hätten."

„Haben wir ja von meinen Eltern. Meine Mutter hat geerbt und mein Vater verdient gut. Wohin mit dem ganzen Geld? Wir müssen es nur annehmen. Sie haben nur eine einzige Tochter."

Er sah sie vorwurfsvoll an. „Und was ist mit ihrem Sohn?"

Sie machte einen Schmollmund. „Keine Sorge. Er kommt auch nicht zu kurz. Das kannst du mir glauben."

„Entschuldige! Gitti, glaubst du, dass es mir leicht fällt, Almosen anzunehmen?"

Sie blickte ihn böse an. „Es sind doch keine Almosen. Du versaust mir wirklich den ganzen Urlaub."

Jochen seufzte. „Wenn nur das liebe Geld nicht wäre, wäre alles in Butter, mein Mädchen."

„Es ist alles in Butter, mein Jüngling", lachte sie.

Diese vierzehn Tage vergingen viel zu schnell. Daheim trauerte das junge Paar dieser schönen Zeit nach.

Gleich nach dem Urlaub musste sich Jochen in seiner Funktion als Zivildienstleistender um eine neunzigjährige blinde Frau kümmern. Er war dazu verpflichtet, ihr das Abendessen zu richten und ab und zu mit ihr spazieren zu gehen. Einmal stand bei ihrer Rückkehr der Nachbar an der Tür und äußerte: „Junger Mann, wenn es keine Zivis gäbe, würde das soziale Netz zusammenbrechen. Sagen Sie mir doch mal, warum junge Deutsche überhaupt schießen lernen müssen?"

Jochen erwiderte nachdenklich: „Wahrscheinlich, um mögliche Feinde abzuschrecken. Aber ich bin nicht berechtigt, Ihnen eine Antwort zu liefern, weil ich mich weigere, ein Gewehr in die Hand zu nehmen. Fragen Sie am besten einen Soldaten."

„Ich finde es gut, dass Sie den Mut zum Verweigern haben. Alle Männer, nicht nur in unserem Land, müssten verweigern, Soldaten zu werden. Dann könnte es keinen Krieg mehr geben."

„Dann würden sie uns womöglich wieder dazu zwingen, Soldaten zu werden", war Jochen der Meinung.

„Könnte sein", meinte der Nachbar.

„Damals im Krieg wäre man als Kriegsdienstverweigerer erschossen worden", beendete Jochen das Gespräch.

Heute suchte Andrea wieder ihre Mutter im Altenheim auf. Sie traf sie schlafend im Rollstuhl an. Sie rüttelte sie wach, um ihr ein paar Löffel von dem Essen einzuflößen, das schon beinahe kalt geworden war.

Später kam die Physiotherapeutin. Dieser jungen Frau gelang es mühelos, Thereses linke Faust zu öffnen. Sie sagte: „Wissen Sie, Frau Franke, jede Stunde ist ein Erfölgchen. Die kleinen Schritte sind's, die uns vorwärtsbringen, die großen überfordern uns meistens. Sie werden sehen, es geht voran."

Andrea zweifelte daran, dass ihre Mutter diese aufmunternden Worte verstanden hatte. Sie blieb heute etwas länger als sonst, obwohl Therese auf einmal eingeschlafen war. Inzwischen unterhielt sie sich mit den anderen Heimbewohnern. Die Stationsschwester kam hinzu und sagte: „Wecken Sie Ihre Mutter auf. Sonst ist sie heute Nacht wieder so unruhig."

Als Therese die Augen aufschlug, sah sie sich suchend um.

„Wo bin ich?", fragte sie ihre Tochter.

„Im Altenheim bist du."

„Ich – will – mit – dir – heimgehen", verlangte sie.

„Mutti, das geht nicht. So leid es mir tut."

Andrea hatte es plötzlich eilig, das Altenheim zu verlassen. Nach einer Umarmung und einem Kuss auf die Wange ging sie davon.

Heimwärts versuchte sie, den Gedanken an ihre Mutter zu verscheuchen. Sie wollte über sich selbst nachdenken. Sie fand ihr Leben zurzeit freudlos. An manchen Tagen fühlte sie sich wie ausgebrannt, so leer. Für nichts konnte sie sich begeistern, nicht einmal für ein spannendes Buch, das sie sicher früher *verschlungen* hätte. Zum Glück bereitete ihr der Verkauf in der Boutique nach wie vor Freude. Nächste Woche würde sie mit der Gruppentherapie beginnen. Ob es ihr danach gelang, ihr Leben in andere Bahnen zu lenken?

Als ihr die Einladung zur Geburtstagsfeier ihrer Schwiegermutter einfiel, hob sich ihre Stimmung. Sie war davon überzeugt, dass es ein fröhliches Fest mit der Familie werden würde. Aber was sollte sie Sigrid schenken? Vielleicht eine schöne Vase mit einem bunten Blumenstrauß? Dazu noch eine Schachtel Pralinen? Ihre Schwiegermutter aß gerne Süßes.

Robert besorgte für sie in der Buchhandlung Stöppel einen Lyrikband von *Christian Buck,* einem Weilheimer Dichter mit dem Titel *Gelebte Augenblicke.* Er glaubte, damit den Geschmack seiner feinsinnigen Mutter zu treffen. Kurz las er ein paar Zeilen daraus: „*Nur in gelebten Augenblicken berührt sich deine Zeit mit der Ewigkeit. Alles Vergangene, Leid oder Glück, änderst du nimmer; holst nichts zurück...* "

Als Andrea am Samstag nach Weilheim kam, wurde sie von Stephan mit einem überschwänglichen Kuss empfangen. Der Junge jauchzte: „Mams, wir haben jetzt eine wunderschöne Wohnung. Und ich habe ein großes Zimmer für mich allein."

Stephan zeigte ihr alle Räume in der neuen Wohnung. Er bot ihr an, die Nacht in seinem Bett zu schlafen. Er selbst wollte sich mit der Wohnzimmercouch begnügen oder neben seinem Papa nächtigen.

Andrea entdeckte das Foto an der Wand, auf dem sie in Großformat zu sehen war. „Von wem hast du das, Steffi?"

„Vom Papa. Und der hat es von der Moni. Sie denkt sich immer schöne Sachen aus."

„Stimmt. Sie hat tolle Ideen und viel Fantasie."

„Mama, du fehlst mir. Schön wäre es, wenn du gleich um die Ecke wohnen könntest." Flehend blickte er seine Mutter an, doch sie wandte rasch ihr Gesicht von ihm ab.

Robert kam heim. Er wollte Andrea umarmen, aber seit einiger Zeit wehrte sie ab. „Andrea, wie findest du unsere Wohnung?"

„Schön und geräumig. Steffi freut sich über sein Zimmer."

„Setzen wir uns noch oder wollen wir schon gehen?"

„Gehen wir gleich los", schlug Andrea vor. Sie machten sich auf den Weg zu seinen Eltern. Sigrid hatte ein warmes Essen vorbereitet.

Nach der Mahlzeit war Stephan plötzlich verschwunden. Robert suchte ihn, aber auch im Baumhaus war er nicht. Später stellte sich heraus, dass er zu seinem Freund Oskar gegangen war. Erst gegen Abend kam er zurück. Der Vater wurde wütend: „Was sind das für Manieren? Deine Mama ist da und du gehst einfach davon?"

Stephan entschuldigte sich bei seiner Mutter. Andrea meinte jedoch: „Robert, lass ihn. Er soll meinetwegen nicht seine Freiheit einbüßen. Wir tun's auch nicht."

„Wie bitte? Tun wir das nicht auch für unsere Kinder?"

„Komm, sei still, freu dich auf Morgen. Ich habe die Streitereien satt."

„Na gut, beenden wir also das Thema, obwohl es mir nicht recht ist. Steffi soll sich hinter die Ohren schreiben, das man sowas nicht tut."

Am Sonntg fand dann die Geburtstagsfeier statt. Mona erschien am Vormittag mit ihrer Familie. Später trafen auch Monika und Jochen ein.

Den Degendörfers gegenüber übte sich Andrea in Zurückhaltung. Robert war daran schuld, weil er sich oft über Mona und Ottmar negativ geäußert hatte.

Das Festmahl fand in einem Lokal am Starnberger See statt. Fritz und Sigrid war das Auftreten ihres beschwipsten Schwiegersohnes etwas peinlich. Er hatte gedichtet: *„Liebste Schwiegermama, ich wünsch dir das Allerbeste zu dem schönen Geburtstagsfeste. Wir haben dich gern, zum Fressen gern, und wir kamen deshalb aus nah und fern. Bleib immer gesund und werde kugelrund, aber denk auch ein bisschen daran, mit Siebzig fängt der Mensch zu leben an."*

Den Nachmittagskaffee gab es bei Teschners im Wohnzimmer. Mona hatte sogar einen Musiker bestellt. Evi und Tamara tanzten übermütig, auch Fritz und Sigrid wagten ein Tänzchen.

Tamara und Evi erfreuten später ihre Großmutter mit Gedichten. Robert hatte sich einen Sketch mit dem Titel *Katz und Maus* ausgedacht. Doch Stephan verschwand plötzlich. Tamara bemerkte grinsend: „Wie dumm. Die Maus verschwindet in ihr Mauseloch und die Katze muss sie suchen." Robert wollte Stephan vom Baumhaus herunterholen. „Junge, das ist sowas von lümmelhaft. Komm, wir wollen spielen."

„Ich komm erst, wenn alle Gäste weg sind. Hast du nicht mein blaues Auge gesehen, das mir Oskar gestern gemacht hat?"

„Nee, habe ich nicht. Und warum hat Oskar das getan?"

„Ich hab sein Schoßhündchen geärgert."

„Bitte, komm. Bisher hat noch keiner dein blaues Auge bemerkt und es wird auch weiterhin keiner bemerken."

„Nein, ich komm nicht. Ich hab keine Lust zu diesem Spiel."

„Steffi, du bist unmöglich. Du verdirbst uns das ganze Fest."

„Heute ist nicht mein Tag. Bei euch kommt das auch öfter vor, das nicht euer Tag ist. Warum darf ich das nicht?"

„Weißt du was, Steffi? Wenn du herunterkommst, kriegst du eine Tracht Prügel."

Enttäuscht kehrte der Vater ins Haus zurück. Wie angenommen, waren die Gäste, vor allem Sigrid, verärgert.

Andrea hatte ihrer Mutter erklärt, sie ein paar Tage nicht besuchen zu können. Ersatzweise erschienen Gisela und Carla bei ihr. Den Blumenstrauß und die Pralinen ignorierte die Heimbewohnerin. Sie blickte die beiden an, als wären sie soeben von einem fernen Planeten gekommen. Selbst die Einladung in ein Café verweigerte sie. Carla verabschiedete sich bald, und Gisela ließ die behinderte Frau im Rollstuhl im Flur stehen, was sie später selbst nicht mehr begreifen wollte. Diese Geschichte erfuhr Andrea in drei verschiedenen Versionen: von der Altenpflegerin, von Carla und von Gisela.

8. Kapitel

Die Gruppentherapie, in die Andrea jetzt einstieg, war etwas völlig Neues für sie und gewöhnungsbedürftig. In den ersten Stunden waren ihr alle Teilnehmer fremd und mehr oder weniger unsympathisch. Sie reagierte teilweise betroffen auf all die verwirrenden Probleme dieser Menschen. Ihre eigenen behielt sie vorerst für sich, weil ihr der Mut zur Aussprache fehlte. Tanja brachte es auf den Punkt: „Du horchst uns aus und willst selbst nichts von dir preisgeben."

An erster Stelle standen Phobien, danach kamen Verfolgungsängste und Trennungsschmerzen. Auch sexuelle Probleme stellten sich heraus.

Nach der zweiten Sitzung kehrte Andrea traurig heim, weil ihr jetzt erst die Unfähigkeit, über sich selbst zu sprechen, schmerzlich bewusst wurde. Von einem Heulkrampf geschüttelt, warf sie sich aufs Bett. Sie fühlte sich so schlecht, dass sie am Nachmittag nicht mehr ihre Mutter aufsuchen konnte. Sie schloss ihre Augen und schlief eine volle Stunde. Danach unternahm sie einen Spaziergang. Dabei spürte sie, dass die Bewegung an frischer Luft befreiend auf sie wirkte. Ihr schoss der Gedanke, ob sie sich womöglich durch diese Therapie selbst fremd wurde, durch den Kopf. Aber bei der nächsten Zusammenkunft konnte sie diese Bedenken zerstreuen. Endlich gelang es ihr, sich zu Wort zu melden. Sie leide darunter, dass ihr Mann nicht mit einer Scheidung einverstanden sei und sie oftmals damit bedränge, dass er wieder zu ihr zurückkommen wolle. Auch von ihrerMutter im Altenheim sprach sie und davon, als Kind nie Liebe von ihr empfangen zu haben.

Tanja bemerkte: „Das ist heftig, zu behaupten, keine Liebe bekommen zu haben. Weißt du wirklich, was du sagst?"

„Natürlich weiß ich das. Geht dich das was an?"

„Du darfst nicht vergessen, dass wir eine gemeinsame Gruppe sind."

Andrea ärgerte sich zwar über Tanjas Bemerkung, aber sie spürte seit Neuestem, dass sie ernst genommen wurde.

Plötzlich schrie Rudi seinen Schmerz so laut heraus, dass einige in der Runde zusammenzuckten. Andrea sprang auf und dachte daran, den Raum zu verlassen, aber die Therapeutin hielt sie auf und erklärte, dass hier jeder seine Gefühle herauslassen könne. Rudi entschuldigte sich: „Ich schreie, weil ich fürchterlich leide. Ich wollte euch nicht erschrecken. Und dir, Andrea, will ich sagen: Es tut weh, wenn man von einer Freundin oder von seiner Frau verlassen wird. Du hast deinen Mann davongejagt."

„Wie bitte? Davongejagt? Ich liebe ihn nicht mehr."

Ingrid meinte, es sei traurig, dass sie einander angriffen.

Dazu äußerte Rudi: „Wir sind hier, um einander zu helfen, und deshalb müssen wir ehrlich sein. Das kann auch weh tun."

„Wunderbar erklärt. Seelische Konflikte sollten in der Gruppe verarbeitet werden", meinte die Leiterin.

Die Runde löste sich für heute unter Gemurmel und Stühlerücken auf.

Daheim kam Andrea zu der Überzeugung, dass sie endlich etwas Vertrauen zu den Gruppenteilnehmern gefasst hatte. Ihr wurde klar, dass sie selbst, vermutlich auch die anderen, an einer Neurose litt. Wo überhaupt endet die Normalität und beginnt eine Neurose oder gar eine Paranoia?, fragte sie sich. Gelesen hatte sie einiges darüber, aber manches verstand sie nicht. Sie betrachtete vor dem Spiegel ihr Antlitz und fragte sich: *Wer bin ich?* Sie versuchte, auf den Grund ihres eigenen *Ich* zu gehen. Manchmal erschien ihr der eigene Körper fremd. Konnte ihr die Gruppe dabei helfen, sich selbst zu finden?

An einem Donnerstag nach ihrer Therapie fehlte ihr die Kraft zu einem Besuch im Altenheim. Sie kam mit ihrer Tochter überein, dass diese an solchen Tagen ihre Oma besuchen solle. Einmal stellte Monika dort im Aufenthaltsraum einen Karton auf den Tisch, dem sie ein *Mensch ärgere dich nicht* entnahm. Therese starrte entsetzt auf das Spielfeld. Sie schüttelte den Kopf, als Monika sie bat, es mit ihr zu spielen. Die Großmutter war eifersüchtig, weil ihre Enkelin mit anderen Heimbewohnern spielte. Dafür bot Monika Therese als Entschädigung an, mit ihr durch die Gänge zu sausen. „Omi, halt dich fest. Es geht um viele Kurven herum. Du wirst gleich merken, wie toll diese *Tour d' Altenheim* sein wird."

Begeistert gab Therese gurrende Laute von sich, aber als ihre Enkelin versehentlich heftig an eine Zimmertür stieß und beinahe den Heimleiter umgefahren hätte, verlangte sie, wieder in den Aufenthaltsraum zurückzukehren, doch die Enkelin beschloss: „Nein. Wir gehen jetzt in dein Zimmer und reden."

Kühn erkundigte sich Monika beim Heimleiter, warum den Menschen in der Pflegestation eine Mittagsruhe im Bett versagt bleibe. „Ich finde das unerhört", rutschte es ihr heraus, worauf sie energisch zurechtgewiesen wurde.

Friedrich Kunzmeier erwiderte ärgerlich, dass er dieses Problem selbst kenne, es aber vorübergehend nicht lösen könne, da es an Personal fehle. „Und was geht Sie das an?", fragte er mit bösem Blick.

„Sehr viel. Meine Oma ist davon betroffen", erwiderte Monika selbstbewusst. In letzter Zeit konnte sie sich mehr behaupten als früher. Sie hatte dazugelernt. Jetzt ließ sie sich auch nicht mehr von anderen so leicht beeinflussen.

Mit den Worten „Nun gut, ich kann es nicht ändern", beendete der Leiter die Unterredung.

Draußen im Flur sprach Monika einen Zvildienstleistenden auf diesen Notstand an. Der junge Mann äußerte, sich keine Kritik leisten zu können, weil er nur ein *Zivi* sei und in diesem Fall womöglich entlassen werde. Dies würde er ungern in Kauf nehmen. Er wolle sich nicht etwas Neues suchen müssen.

„Mein Bruder ist auch ein *Zivi*", bemerkte Monika, aber der junge Mann lief rasch davon. Sie konnte sich gut vorstellen, dass ihm eine negative Äußerung den Job kosten könnte, und sie verstand ihn voll und ganz.

Bei ihrem nächstem Besuch war die Großmutter nicht ansprechbar. Therese verhielt sich so, als sei ihre Enkelin Luft. Dennoch nahm Monika sie zärtlich in die Arme und drückte sie fest an sich. Bei der Stationsschwester erkundigte sie sich, ob irgendetwas vorgefallen sei.

„Ich weiß nur, dass Ihre Großmutter diese Nacht trotz der Schlafmittel kein Auge zugetan hat."

Monika ging heute früher als geplant und sie hatte das Empfinden, dass dies ihrer Oma sogar recht war.

Am Ausgang stellte sich ihr ein Mann in den Weg.
„Fräulein, helfen Sie mir, eine Schallplatte aufzulegen?"

Erst zögerte Monika, dann versprach sie: „Ja, mache ich."

Sie betrat mit dem Heimbewohner das kleine Appartement und legte die von ihm ausgesuchte Schallplatte auf. Sie setzten sich beide auf einen Stuhl einander gegenüber und lauschten dem Lied des Sängers Willi Schneider. „M*eine Herzensmelodie, die singt und sie erzählt von alten Zeiten. Und ich seh uns beide über grüne Wiesen gehen, durch der ersten großen Liebe Sonnenschein. Und ich höre wie du fragst: Wie wird das später sein? Lässt du mich dann auch nicht allein?..."*

„Meine Frau hat mich alleingelassen. Mit fünfzig Jahren ist sie gestorben", klagte der Heimbewohner und erzählte in kurzen Zügen seine Lebensgeschichte.

Auf einmal beschäftigte sich Monika mit dem Gedanken, Altenpflegerin zu werden, weil sie gerne Menschen Trost spendete und sich mit ihnen beschäftigte. Sie sprach mit ihrer Mutter darüber.

„Bist du von Sinnen? Du willst deinen guten Job aufgeben?"

Zahlen langweilen mich. Ich möchte Menschen begegnen."

„Es ist nicht nur ein Begegnen. Es ist ein harter, harter Job."

Monika suchte das Arbeitsamt auf. Dort wurde sie nach psychischer und physischer Belastbarkeit befragt.

„Ich bin belastbar. Sonst könnte ich keine Besuche machen."

„Sie machen nur Besuche. Als Altenpflegerin

müssten sie mit den Pflegebedürftigen auf die Toilette gehen, die Windeln wechseln, sie anziehen und füttern. Sie könnten nicht gleich heimgehen, wenn Sie genug davon hätten. Um Spiele machen zu können, dazu bliebe nur der Feierabend."

Auf einmal kamen Monika Bedenken, ob sie für die Altenpflege geeignet sei. Ehe sie ging, erklärte ihr die Beamtin:

„Über jeden, der sich für die Altenpflege entscheidet und dies meistert, freuen wir uns. Wir wollen aber vermeiden, dass jemand den falschen Beruf wählt. Bitte, prüfen Sie sich erst eingehend."

Monika nickte und versprach, sich die Angelegenheit noch einmal durch den Kopf gehen zu lassen.

Im August fuhr Stephan mit seinem Vater wieder nach Kärnten und traf, wie verabredet, mit Melanie und ihren Eltern zusammen.

Die beiden Kinder gingen wieder Pilze suchen, worüber Robert nicht glücklich war, denn er wusste, dass die Pilze immer noch verstrahlt waren. Als er den beiden auch noch beim Zubereiten der Mahlzeit half, hatte er hinterher das unausweichliche Empfinden, als Vater versagt zu haben.

Einmal unternahmen Vater und Sohn ohne Melanie eine Fahrt zum Millstätter See. Nach einem Bad setzten sie sich auf eine Bank und unterhielten sich über die Familie.

„Steffi, weißt du, dass Jochen Rechtswissenschaften studieren und auch bald heiraten wird?"

Überrascht blickte der Junge auf. „Aber er wollte doch Umwelttechnologie studieren."

„Ja, wollte er, aber sein Schwiegervater, der Jurist,

will Jochen als Mitarbeiter haben und ihm später die Praxis übergeben. – Sag mal, wie findest du Margitt?"

„Weiß nicht. Seitdem er sie kennt, hat er keine Zeit mehr für mich."

Robert und Stephan unterhielten sich noch lange. Heute hatte der Vater das Empfinden, sein jüngster Sohn brauche ihn, den Vater, noch dringender als die Mutter. Und meistens, wenn Stephan zu Andrea nach München fuhr, kam bei ihm etwas Eifersucht auf.

Robert erkundigte sich, ob Stephan im nächsten Winter mit ihm in Skiurlaub fahren wolle, worauf der Junge jauchzte: „Toll, Papa. Skifahren macht mir jetzt wieder Spaß."

„Hoffentlich hält deine Vorfreude bis zum Winter an. – Steffi, ich möchte dir eine wahre Geschichte von mir und Mama erzählen. Willst du mir mal zuhören?"

„Gern, Paps. Also erzähle."

„Deine Mama und ich sind einmal in Skiurlaub gefahren. Du warst noch nicht auf der Welt und deine beiden Geschwister haben wir bei Oma und Opa abgegeben. Wir hatten uns für Kals am Großglockner entschieden. Am Tag vor dem Skikursbeginn wollten wir mal unser Können ausprobieren. Deine Mutter, die blutige Anfängerin war, fuhr im Schuss einen Probehügel hinab. Dabei fuhr sie einem Mann direkt zwischen die Beine. Die Überraschung war groß, als dieser Mann am nächsten Tag ihr Skilehrer war. Er gab sich große Mühe, deiner Mutter das Skilaufen beizubringen. Nachdem die Gruppe im Flachen den *Pflug* geübt hatte, fuhr der Skilehrer mit seinen Schülern mit dem Schlepplift den Berg hinauf. Oben weigerte sich deine Mama, die Piste hinabzufahren. Sie hatte fürchterliche Angst. Deshalb gab ihr der Lehrer

Hilfestellung. Er erfasste mit beiden Händen ihre Skispitzen und fuhr mit ihr mit seinen Skiern rückwärts im Pflug, zur Bergseite gewandt, die Piste hinab. Beim zweiten Mal wagte deine Mutter die Abfahrt bereits alleine. Dieser Erfolg war hauptsächlich dem Skilehrer zuzuschreiben.

Nach diesem Urlaub fuhren wir fröhlich heim. Im nächsten Winter zog es uns abermals nach Kals, doch suchten wir am Lift unsere Skilehrer vergeblich. Wir erfuhren, dass die beiden im Sommer bei einer Gruppenführung auf dem Großglockner ums Leben gekommen waren. Ein Wetterumsturz mit starkem Nebel hatte die Gruppe überrascht und zum Absturz der beiden Bergführer und einiger Gruppenmitglieder geführt. Wir waren nach dieser Mitteilung so schockiert, dass uns die Freude am Skilaufen vergangen war. Bald fuhren wir nach Hause zurück. Seitdem waren wir nie mehr in Kals."

Stephan hatte den Worten seines Vaters gelauscht.

„Schrecklich, Paps. Und möchtest du wieder hinfahren?"

Robert zuckte mit den Schultern. „Ich wüsste ein besseres Ziel."

Stephan nickte erst, dann sagte er kleinlaut: „Papa…?"

„Was, *Papa*? "

„Ich möchte wieder bei meiner Mama wohnen."

Robert war mehr als verwundert. Er runzelte die Stirn. „Steffi, aus dir werde ich nie schlau. Einmal willst du das eine, ein andermal willst du das andere. Was willst du wirklich?".

„Na ja, Mama will nicht nach Weilheim ziehen, und ich…"

„Und du?"

Stephan zuckte hilflos mit den Schultern.

„Ich weiß, du hast Sehnsucht nach deiner Mama. Kann ich verstehen, aber du kannst nicht einmal so und dann wieder anders wollen. Du musst bei deiner Entscheidung bleiben."

Stephan nickte. Anscheinend sah er dies ein. Auf einmal blieb er stehen, und sein Vater mit ihm.

Hast du noch was auf dem Herzen, Steffi?"

„Ja, Papa. Sag doch mal, bin ich anders als die anderen Jungen in meinem Alter? Melanie hat das gesagt."

Robert fuhr sich mit der Hand über die Augen. „Ich weiß nicht mal, wie sie das gemeint hat. So wie ich es als Vater sehe, bist du ein netter, nachdenklicher, aber auch witziger Junge, außerdem sehr intelligent und, was ich sagen muss, oft frech zu den Erwachsenen und zu bequem zum Lernen."

Stephan grinste. „Das musste kommen, Paps, dass ich eifrig lernen soll. Das ist das, was mir absolut keinen Spaß macht."

„Wer redet hier von Spaß? Lernen führt früher oder später zum Erfolg."

Stephan wandte sich von seinem Vater ab und murmelte: „Was ist Erfolg?"

„Erfolg beim Lernen, man schreibt gute Noten, Erfolg im Beruf und so weiter."

Prüfend blickte Stephan seinen Vater an und murmelte: „Nicht wahr, Paps, du hast Erfolg im Beruf."

„Ja, so könnte man sagen, aber auch genügend Ärger."

„Paps, glücklich bist du aber auch nicht."

Robert schnappte nach Luft. Die Worte seines

Sohnes gaben ihm sehr zu denken. „Was soll das jetzt, Steffi? Mit meinem Beruf hat das nichts zu tun. Mit deiner Mama war ich einmal sehr glücklich, aber jetzt verstehen wir uns nicht mehr. Für die Liebe gibt es leider kein Rezept."
„Aber ihr könntet doch zusammenbleiben."
„Du meinst deinetwegen? Damit du es einfacher hast? Nein, Steffi, so doch nicht. Wir liegen uns ständig in den Haaren. Es ist kein harmonisches Beisammensein mehr. Bitte, du musst das einsehen, so akzeptieren, wie es ist."

Bedächtig schritt Robert über den Weilheimer Marienplatz und betrachtete lächelnd die Idylle des Wochenmarktes.

Heute hatte er sich freigenommen, um sich einmal intensiver um seinen Sohn zu kümmern. Er wollte ihn später von der Schule abholen. Außerdem hatte er sich für den Abend eine Karte für das Theaterstück *Der zerbrochene Krug* von Heinrich von Kleist besorgt. Zur Zeit gab es den *Weilheimer Theatersommer,* den die Schauspielerin Cordula Trantow ins Leben gerufen hatte.

Er hatte auf einmal das Bedürfnis, die Stadtpfarrkirche *MariaeHimmelfahrt* aufzusuchen. Heute fiel sein Blick sofort auf das Hochalterbild, auf dem Maria, auf Wolken schwebend, von Engeln umringt ist. Einer der Himmelsboten setzt ihr einen Lorbeerkranz auf. Er hatte dieses Werk schon oft bewundert, aber heute gefiel es ihm besonders. Als er jedoch auf seine Armbanduhr blickte, fand er es an der Zeit, seinen Sohn von der Schule abzuholen. Er besorgte rasch noch für seine Mutter ein halbes Pfund

Rotbarsch-Filet, dann machte er sich auf den Weg zur Ammerschule.

Als Stephan aus der Tür trat, sah er bereits seinen Vater ein paar Meter weiter vom Eingang entfernt. „Paps, du holst mich heute ab? Ist was passiert?"

„Ich möchte, dass wir beide einmal zusammen essen gehen."

Stephan lächelte. „Oh ja, prima. Und Oma und Opa?"

„Heute möchte ich mit dir allein sein. Ich muss nur noch den Fisch abgeben."

Sie liefen Richtung Schwaiger Straße. Stephan blieb auf einmal stehen. „Paps, hast du keine Arbeit mehr bei Kniefalter?"

„Arbeit hab ich genug. Heute will ich mich um dich und deine Hausaufgaben kümmern. Ist das so verwunderlich? Außerdem hab ich Karten fürs Theater."

„Paps, um die Hausaufgaben brauchst du dich nicht zu kümmern. Ins Theater darfst du schon gehen."

„Oh, danke, mein Sohn."

Fritz und Sigrid reagierten enttäuscht, als ihnen Robert erklärte, nicht zum Essen zu bleiben.

Im Restaurant ließen sich Robert und Stephan ein schmackhaftes Fischgericht mit Reis servieren. Danach spazierten sie durch die Fußgängerzone. Die Stände vom Freitagsmarkt waren bereits abgeräumt worden. Doch in der Schmiedstraße verkaufte immer noch ein mit einem Poncho bekleideter Mexikaner Modeschmuck. Steffi bekam beim Anblick der Holzperlenketten leuchtende Augen. „Ich möchte für Mama eine kaufen. Gibst du mir Geld, Papa? Könntest du mein Taschengeld erhöhen?"

Robert reichte ihm einen Schein. „Das ist keine Taschengelderhöhung. Du gibst das Geld zurück, ja?"

Stephan erstand nun den Schmuck, den er in seiner Hosentasche verstaute. Plötzlich lachte er, weil er sich daran erinnerte, dass vor kurzem bei Tamara die Halskette gerissen war, als er sie und ihre Schwester von der Leiter hinabgestoßen hatte. Die Glasperlen hatten hinterher verstreut auf der Wiese gelegen, und die beiden Mädchen hatten versucht, sie wieder einzusammeln. Er hatte sich bereiterklärt, ihnen zu helfen, aber er war von ihnen wütend davongejagt worden.

Robert und sein Sohn kehrten zum elterlichen Grundstück zurück. Fritz war beim Holzhacken. Unternehmungslustig rief Stephan: „Opi, jetzt lass mich mal ran."

Der Großvater schüttelte den Kopf. „Ned, Bua, zum Holzhacken bist ned stark gnua."

Der Enkel versuchte, ihm das Gegenteil zu beweisen. Er legte ein Scheit auf den Hackstock, nahm seinem Opa das Beil aus der Hand und schlug kraftvoll zu, aber der Klotz sprang weg. Der Großvater nahm das Beil wieder an sich. „Müsstest öfter Knödel essen, Bua, und tüchtig zulangen", bemerkte er, worauf Stephan schallend lachte und bemerkte: „Dünnes Opalein, du müsstest auch mehr Knödel essen, Sem-mel-knö-deln."

Übermütig warf der Enkel plötzlich ein Holzscheit in die Luft. Gerade noch konnten die beiden Männer in Deckung gehen. Nachdem der Klotz auf dem Boden gelandet war, trat Stephan übermütig darauf, als wolle er mit dem Fuß das Holz spalten.

Siegrid kam heraus und lud zu Kaffee, Tee und Kuchen ein. Sie gingen alle vier ins Haus. In der Diele läutete das Telefon. Sigrid nahm den Hörer ab. Jochen rief an und lud seine Großeltern zu seiner Hochzeit ein. Er und Margitt wünschten sich wenig Aufwand beim Fest, aber die Brauteltern hatten sich vorgenommen, die Hochzeit ihrer Tochter im großen Stil zu feiern.

An einem Wochenende brachte Andrea Margitts weißes Brautkleid aus Chiffon, das bei Gisela bestellt worden war. Vierzehn Tage später konnte Jochen seine Braut darin bewundern. Ihr mittellanges, braunes Haar war kunstvoll toupiert und mit einem grünen Kränzchen verziert. Jochen bestaunte seine zukünftige Frau und rief: „Du siehst ja aus wie eine Prinzessin."

Nachdem das Paar beim Standesamt zu Eheleuten erklärt worden war, fuhr es in einer mit zwei Pferden gezogenen weißen Kutsche zur Kirche. Dahinter folgten mit ihren Autos die geladenen Gäste.

Stephan fand die Feierlichkeiten aufregend. Als er seine Cousinen in ihren weißen Kleidern erblickte, feixte er: „Ihr seht ja aus wie zwei Schneegänschen."

In der Hand trugen die beiden Mädchen weiße Körbchen mit zarten rosa und weißen Blüten, die von ihrer Oma mit Parfüm besprüht worden waren. Sie sollten kurz vor dem Eingang der Kirche verstreut werden. Stephan nahm eine Handvoll Blüten aus dem Körbchen und streute sie auf Evis Kopf. Sie drehte sich um und zeigte ihrem Cousin die Zunge.

Jochen wisperte: „Gitti, wir haben uns doch alles möglichst einfach vorgestellt. Und jetzt wird Luxus daraus", worauf Margitt zurückflüsterte: „Schatz, bewahre trotzdem die Ruhe. Du weißt doch, was sich meine Eltern in den Kopf setzen, führen sie durch."

Andrea bemerkte Monika gegenüber: „Diese Heirat ist zu früh. Jochen hätte erst studieren und einen Beruf ergreifen sollen", worauf ihre Tochter erwiderte: „Inzwischen wäre ihm das hübscheste und netteste Mädchen auf der ganzen Welt davongelaufen, und das Kind hätte keinen Vater. Margitt ist doch schwanger."

Pfarrer Multig vollzog die kirchliche Trauung. Liebenswürdig, aber auch verschmitzt , klangen seine Worte: „Üb immer Treu und Redlichkeit, wie ein altes Volkslied lautet. Ich frage Sie: Gelten die früheren Werte heute noch? Ich denke ja. Täglich ein Küsschen, ein freundliches Wort, denn die Liebe ist ein zartes empfindliches Pflänzchen. Vergesst nicht, es zu gießen. Was ich den Damen immer sagen will: Eine Gattin sollte sich hausfrauliche Tugenden aneignen, aber auch zärtlich sein. Pflichten gibt es allerdings nicht nur für die Ehefrau, sondern auch für den Gatten."

„Schön antiquiert", flüsterte Margitt ihrem Bräutigam in's Ohr. „Es gibt auch noch andere Tugenden."

„Von ihnen redet er nicht, aber wir haben sie", erwiderte Jochen leise.

Der Onkel der Braut warf einem alten Brauch zufolge den am Wegrand stehenden Kindern Geldmünzen zu. Gierig wurde danach gegrapscht.

Später ließ sich die aus siebzig Personen bestehende Gesellschaft im großen Saal eines Münchner Restaurants nieder.

Als Hors d'oeuvre standen geräuchertes Forellen-Filet mit S*ahnemeerrettich-Häubchen* und Mangoscheibchen mit Schinkenröllchen auf Blattsalat zur Auswahl. Als dritte Möglichkeit wurde eine Spargelsuppe mit Sahnehaube und Toastbrot angeboten.

Vor dem Hauptgang richtete sich der Brautvater mit

einer kurzen Rede an das Brautpaar und an die Gäste. Er ließ verlauten, wie sehr er sich darüber freue, dass seine Tochter eine so gute Wahl getroffen habe. Er hörte jemanden flüstern: „Für Jochen eine gute Partie." Bert Steppentreu wünschte dem Brautpaar Glück in allen Lebenslagen.

Das Festmahl war sehr schmackhaft. Zwischen drei Hauptgerichten konnte gewählt werden: Kalbsbraten mit Knödeln und drei verschiedenen Gemüsen, gespickter Rehrücken mit Knödeln und Blaukraut, oder Lachs mit gefüllten Kartöffelchen. Außerdem wurde ein aufwendiges mit Früchten dekoriertes Salatbüftet und danach ein Dessertbüffet aufgebaut.

Genüsslich schleckte Margitt an einem Stückchen Eisbombe. Sie glaubte zu fühlen, dass sich ihr werdendes Kind im Mutterleib bewegte.

Jochen lachte plötzlich laut auf. „Und, liebe werdende Mama, was sagt dein Kindchen dazu, dass du so futterst?"

„Es sagt: Hör auf mit dieser Fresserei. Sonst bin ich so rund, dass ich deinen Geburtsgang übermäßig strapaziere."

Noch rechtzeitig zum Mittagessen war auch Pastor Multig erschienen. Er wusste seine Tischnachbarn gut zu unterhalten, vor allem trug er einige Witze vor: „Große *Toilette von Carl Valentin: Zu einem festlichen Empfang, zu dem auch Valentin eingeladen war, wurde große Toilette erwünscht. Valentin erschien mit einem Nachttopf und entschuldigte sich mit den Worten: Wissen'S, die große Toilette war mir einfach z'schwer."*

Die Brautmutter, Jana Steppentreu, mit einem goldenen Oberteil und langem schwarzen Rock bekleidet, war über die Entscheidung Margitts, Teschner junior zu heiraten, ebenso zufrieden wie ihr Mann. Erst vor kurzem hatten sich die Eltern des Bräutigams und der Braut kennengelernt. Andrea mochte die luxuriös gekleidete Jana nicht, weil sie sie für überheblich und eingebildet hielt. Aber einige Wochen nach der Hochzeit konnte sie zu der Überzeugung gelangen, dass Jana eine liebenswerte, mitfühlende und zuverlässige Schwiegermutter für Jochen war. Sie begriff, dass man nie nach dem äußeren Erscheinungsbild urteilen sollte.

Robert und Bert konnten von Anfang an unkompliziert miteinander umgehen und diskutierten gern miteinander. So auch jetzt.

Carsten Steppentreu setzte sich neben seine Schwester und flüsterte: „Mein Herzchen, kennst du nicht Schillers Glocke? *Mit dem Gürtel, mit dem Schleier reißt der schöne Wahn entzwei.* Nun legt er dich lebenslang in Ketten, dieser Mann."

Margitt erwiderte: „Brüderlein fein, lass dein bösartiges Gemurmel sein."

Jochen hatte Carstens Geflüster verstanden. Laut bemerkte er: „Carsten, das ist Trick siebzehn. Den wende ich bei Frauen an und habe riesigen Erfolg damit."

Sonja, die später gekommen war, gelang es nun, sich neben Carsten zu setzen. „Energiewende statt Strahlung ohne Ende, das sind für dich bömische Dörfer, wie?", bemerkte sie frech.

Er verdrehte die Augen. „Ich erinnere mich nicht, Ihnen das Du angeboten zu haben."

„Bist du für oder gegen Kernenergie?"

„Ich bin weder noch", erwiderte er kurz angebunden.

„Zu feige, um Farbe zu bekennen? Du zitterst wie Espenlaub. Hast du Probleme?"

Carsten wurde böse. „Tausend Menschen haben tausend Probleme", zischte er. „Und lass mich endlich in Ruhe."

Sonja erhob sich daraufhin und setzte sich auf einen anderen Platz. Nun wurde Monika Carstens linke Tischnachbarin. Sie erschrak, als dieser plötzlich seinen Kopf auf den Tisch sinken ließ. Als er wieder aufblickte, nahm sie seine stark verengten Pupillen und das blasse Antlitz wahr. Auf einmal lachte er ohne erkenntlichen Grund. Gleich darauf erhob er sich und setzte sich zu seinem Vater hinüber. Die Verwandtschaft der beiden Männer zueinander war unverkennbar. Carsten hatte genau wie sein Erzeuger tiefschwarzes Haar, eine hohe Stirn und etwas wulstige Lippen.

Auch Stephan saß dann neben seinem Vater, bald darauf wieder neben seiner Mutter, und allmählich rückte er zu seiner großen Freude bis zum Bräutigam vor. „Jochen, treffen wir uns wieder mal? Und magst du mich überhaupt noch?", erkundigte er sich.

„Na klar, kleiner Bruder, ich mag dich so sehr wie eh und je. Für dich werde ich schon mal Zeit finden."

„Das nächste Mal sagst du nicht mehr *kleiner Bruder,* hast du verstanden, Jochen? Wann, meinst du, dass wir uns treffen?"

„Ich richte es so ein, dass Papa mitkommt, großer Bruder."

„Ja, gern. Du hast eine so schöne Braut-Frau. Die hätte ich auch geheiratet."

„Warte noch ein bisschen. Dann kannst du Melanie heiraten."

„Ich heirate erst mit vierzig. So lange wartet die doch nicht."

Jochen grinste „Wie genau du das schon geplant hast."

In diesem Moment erhob sich Stephan und Pfarrer Multig setzte sich neben den Bräutigam, aber nur kurz. Stephan ließ sich neben Tamara nieder. Und Evi war verschwunden.

Der geistliche Herr verabschiedete sich vom Brautpaar. „Ich bedanke mich für die schönen Stunden", sagte er lächelnd und gab Margitt und Jochen die Hand.

„Zu danken haben wir", erklärte Margitt, und Jochen fügte hinzu: „Sie haben sehr viel für uns getan."

Nachdem er gegangen war, konnten endlich die Großeltern neben dem Brautpaar Platz nehmen. Sie hatten schon lange darauf gewartet. Margitt flüsterte ihrem Bräutigam ins Ohr: „Du hast tolle Großeltern."

„Die hättest du längst schon kennenlernen sollen", erwiderte er. „Mit ihnen kann ich besser reden als mit meinen Eltern."

Fritz verstand nicht, was die beiden miteinander flüsterten, aber er äußerte amüsiert: „Oh, da findet ja schon ein Bettgeflüster statt", worauf Margitt in lautes Gelächter ausbrach.

Um ein Uhr wurde das Brautpaar von Margitts Onkel Theodor heimgefahren. Die übrige Gesellschaft feierte weiter.

Die Braut schlief bereits im Auto ein. Sie erwachte erst wieder, als der Onkel den Wagen vor der Haustür anhielt.

Daheim fiel das frisch vermählte Ehepaar schwer wie Blei in die Kissen. „Es war ein traumhaft schönes Fest", flüsterte Margitt. Jochen konnte ihr gerade noch einen Kuss auf den Mund drücken, ehe sie die Augen schloss.

Die Liebe, sinnerte er, ist ein kostbares Geschenk. Ich will sie hüten wie meinen Augapfel.

9. Kapitel

Therese klagte jetzt oft, es im Heim nicht mehr auszuhalten und wieder nach Walsrode zurückkehren zu wollen. Das Unglücklichsein ihrer Mutter bedrückte Andrea sehr. Sie schob sie in ihrem Rollstuhl an einem sonnigen Herbsttag zum naheliegenden Park, um dort mit ihr das freie Stehen zu üben. Dabei fasste sie sie an beiden Händen und zog sie hoch, aber Therese wurde unsicher und schrie: „Ich falle, ich falle." Nach diesem Hilferuf brach Andrea ihr Experiment ab und nahm sich vor, dieses Training künftig der Therapeutin zu überlassen.

Ins Heim zurückgekehrt, versuchte Andrea, ihre immer noch aufgewühlte Mutter zu beruhigen, was ihr nicht völlig gelang. Während der Heimfahrt mit der U-Bahn dachte sie jedoch weiter an sie, aber daheim, als sie sich müde in einen Sessel fallen ließ, waren ihre Sorgen vorerst wie ausgelöscht.

Zu ihrem großen Schrecken erhielt sie zwei Tage nach diesem Besuch die Nachricht, dass ihre Mutter verschwunden sei. In großer Sorge fuhr sie zum Altenheim und erzählte dort der Polizei, dass Therese geäußert habe, wieder nach Walsrode zurückkehren zu wollen. Ob sie womöglich mit ihrem Rollstuhl mithilfe einer anderen Person zum Hauptbahnhof gefahren sei? Es klang zwar unwahrscheinlich, aber man musste jetzt allen Möglichkeiten nachgehen. Doch vorher suchten sie zu dritt den Park ab. Nachdem sie auch hier nicht zu finden war, fuhr Andrea mit den Beamten zum Hauptbahnhof. Vergeblich suchten sie alle Bahnsteige und die beiden Hallen ab. Die Polizisten rieten Andrea, nach Hause zu fahren.

Erst vier Stunden später erhielt sie die freudige Nachricht, dass Therese gefunden worden war. Sie hatte unter einem Baum im Park gelegen. An diesem ungewöhnlich warmen Herbsttag war sie dort eingeschlummert. Der Rollstuhl stand neben ihr. Sie sagte, sie habe hier sterben wollen. Warum hatte man sie nicht schon bei der ersten Suchaktion gefunden? Und wer hatte sie dort hingebracht? Am nächsten Tag versuchte Therese ihrer Tochter zu erklären, dass ein fremder Mann sie mit ihrem Rollstuhl zum Park geschoben habe.

„Das hast du sicher von ihm verlangt. Allein wäre er doch nicht auf die Idee gekommen."

„Ich - wollte – im Park - sterben", jammerte Therese, worauf ihr Andrea aufmunternd die Hand drückte. „Mutti, warum wolltest du sterben?"

„Weil – ich – unglücklich – bin."

„Sie geben sich hier doch alle Mühe. Was willst du mehr? - Wer war dieser Mann, der dich zum Park gefahren hat?"

Die Mutter zuckte nur mit den Schultern.

Das für die Pflegebedürftigen zuständige Personal bekam von der Heimleitung eine heftige Rüge, weil es zu wenig auf Frau Franke geachtet hatte. Die Altenpflegerinnen entschuldigten sich damit, dass an diesem Nachmittag immens viele Besucher dagewesen seien und sie die Übersicht verloren hatten.

Eine Woche später bekam Therese einen zweiten Schlaganfall. Vorher war sie von zwei Mitbewohnerinnen, die im Heim ein kleines Appartment besaßen, mit ins Café genommen worden. Dort hatte Therese starken Kaffee getrunken. Dies allein war sicher nicht der Auslöser ihres Anfalls. Andrea vermutete, dass ihre Mutter die verordneten Medikamente nicht eingenommen hatte. Sie entdeckte, dass einige Tabletten im Blumentopf vergraben waren und dass jemand in der Erde herumgewühlt hatte. Die Stationsschwester meinte: „Es kann nicht sein, dass Ihre Mutter das getan hat. Es ist immer jemand dabei, wenn sie die Medizin schluckt. Ich weiß nicht mehr, was ich sagen soll. Es geschehen hier ständig merkwürdige, unerklärliche Dinge mit Ihrer Mutter."

„Das fällt mir auch auf", entgegnete Andrea. „Vielleicht hat meine Mutter die Pillen wieder aus dem Mund genommen und sie eingegraben. Oder es war eine andere Patientin bei ihr."

„Sie hält sich nur im Zimmer auf, wenn sie Besuch bekommt."

„Womöglich gab es einen unbewachten Augenblick", überlegte Andrea. „Es wurde wahrscheinlich nicht genügend achtgegeben und so konnte es passieren."

Ärgerlich entgegnete die Stationsschwester: „Versuchen Sie nicht, uns für alles verantwortlich zu machen."

„Das tu ich doch nicht. Ich suche doch nur nach einer Erklärung für all das. Ansonsten kann ich mich wirklich nicht beklagen."

„Wir werden weitersehen", erwiderte die Stationsschwester.

Die Tage verstrichen. Ende September fuhr Stephan ausnahmsweise einmal zusammen mit seinem Vater zu seiner Mutter nach München, denn Robert hatte bereits mit Andrea vereinbart, einmal zu dritt über Stephans

Zukunft zu sprechen.

Beim Mittagessen, Andrea hatte rasch einen Gemüseeintopf gekocht, stellte der Sohn mit strahlenden Augen fest: „Ist das schön. Jetzt sind wir wieder eine richtige Familie."

Andrea befürchtete, Stephan mache sich falsche Hoffnungen. Aber sie schwieg, genau wie Robert.

Der Junge sah von einem zum andern und rief verwundert: „Was ist? Ihr sagt ja überhaupt nichts."

Robert stellte klar: „Muss ich erst sagen, dass du dich irrst? Wir sind doch keine Familie mehr. Wir wollten über Probleme reden."

Stephan sprang erregt auf, der Stuhl flog um. Der Vater rief mit drohender Stimme: „Bitte, heb den Stuhl auf und setz dich wieder hin."

Der Junge tat das Befohlene. Aus Zorn überkam ihn ein Weinkrampf. Er rief: „Ihr habt mich kein bisschen lieb."

Während Robert Andrea beim Abtragen des Geschirrs half, blickte Stephan mit traurigem Blick aus dem Fenster und beobachtete völlig nebenbei einige Kinder beim Sandspielen. In der Küche flüsterten seine Eltern miteinander.

Etwas später nahmen sie zu dritt auf der Couch Platz. Der Vater verlangte, dass Stephan nur noch alle drei Wochen zu seiner Mutter fahren solle. Er als berufstätiger Pendler könne nur zum Wochenende mit seinem Kind lernen. Stephan habe, seitdem er das Gymnasium besuche, viel mehr als früher für die Schule zu tun. Außerdem habe er in Mathe Schwierigkeiten. Er vergesse auch öfter völlig auf die Hausaufgaben, wenn er zu seiner Mutter nach München fahre. Und am Abend, wenn er so spät zu ihm zurückkehre, könne er diese Leistung nicht mehr erbringen.

Mit der Empfehlung, dass der Junge nur alle drei Wochen zu seiner Mutter fahren dürfe, war weder Andrea noch Stephan einverstanden. Die Mutter stimmte es traurig, dass sie ihren Sohn nur so selten sehen sollte.

Robert nahm deshalb seinen Vorschlag wieder zurück. Aber er verlangte, dass Andrea mit Stephan lernen müsse, wenn er zu ihr nach München komme.

Seit Wochen arbeitete Jochen als Zivildienstleistender. Er hatte einen achtzigjähringen gehbehinderten Mann und eine neuzigjährige blinde Frau zu betreuen. Außerdem leitete er seit kurzem den Friedenskreis der Evangelischen Gemeinde. Er setzte sich mit seinen Teilnehmern gegen Atomwaffen, gegen Atomkraftwerke, aber auch gegen Genmanipulation ein.

An diesem Abend entdeckte er in der *Frankfurter Rundschau* Kernenergie-Nachrichten, die ihn sehr interessierten. Margitt hatte die Zeitung von ihrem Vater mitgebracht. Ein Physik-Professor bezeichnete die Atomenergie als kleine Gefahr. Er kenne keine viel kleinere.

Diese Einstellung machte Jochen wütend. Er überlegte, wie ein Wissenschaftler zu diesem Denken kommen könne. Was nützte eine geringe Wahrscheinlichkeit, wenn doch ein Supergau passieren könne, so wie 1986 in Tschernobyl.

Margitt gab ihrem Mann zwar recht, aber sie meinte, er solle sich endlich auch einmal anderen Problemen zuwenden. Sie warte schon lange darauf, dass sie ein gemeinsames Wochenende verbringen würden, aber nun stellte sich heraus, dass Jochen Sonntagsdienst hatte. Sie war nicht nur traurig über diese Entwicklung, sie war wütend darüber. Was war ein Ehemann, der nie daheim war und sich kaum um seine schwangere Frau kümmern konnte? Wenn er abends später heimkam, gab sie sich gereizt. Belanglose Dinge beanstandete sie, weil sie darüber ärgerlich war, dass er keine Zeit für sie aufbringen konnte. War das noch eine Ehe?

Er warf ihr vor, sie denke nur an sich selbst. Darüber schüttelte sie den Kopf und meinte, dass sie auch an das Kind denke, das in ihrem Körper wachse.

Monika lud ihre Familienangehörigen zu einem Essen ein. Dabei sollten vor allem aktuelle Probleme besprochen werden. Während sie die Mahlzeit in der Küche zubereitete, summte sie gutgelaunt vor sich hin.

Stephan trat ein und jammerte ihr die Ohren voll. „Moni, sag du mir mal, bei wem ich wohnen soll. Ich weiß es nicht mehr."

Die Schwester blickte ihn erstaunt an. „Wieso? Du wohnst doch beim Papa. Gefällt es dir da nicht mehr?", erkundigte sie sich verwundert.

„Doch. Ich möchte aber, dass meine Mama nach Weilheim zieht und ich sie auch bei mir hab."

„Wenn sie aber nicht will. Steffi, weißt du was? Ich werde deinen Eltern den Vorschlag machen, dass du einen Monat bei der Mama und einen Monat beim Papa wohnen solltest."

Als Robert das hörte, schrie er seine Tochter an: „Sag mal, bist du noch bei Trost? Du müsstest doch wissen, dass Steffi nicht dauernd seinen Wohnort wechseln kann. Denk doch mal an die Schule."

Unruhig flackerten Monikas braune Augen. Obwohl Stephan neben ihr stand, äußerte sie, dass ihr Bruder wie eine Puppe hin- und hergezerrt werde, worauf der Vater erwiderte:

„Stimmt überhaupt nicht. Mama und ich kümmern uns ständig um ihn. Er kann selbst entscheiden, bei wem er leben will. Was soll deiner Meinung nach noch alles geschehen? Wenn du so schlau bist, mach doch mal einen Vorschlag. – Aha, du weißt auch nichts weiter. Steffi, sag doch mal selbst: Wird für dich nicht alles getan?"

Stephan nickte nur kurz und verließ die Küche.

Jochen, der auch zugehört hatte, verlor die Geduld, weil ihn bereits der Hunger quälte. Er schlug vor, Monika solle erst einmal etwas zu essen servieren, dann könnten sie immer noch reden. „Ich hab einen Bärenhunger und brauch endlich was zwischen die Zähne. Was hast du gekocht, Moni?"

„Gebratene Nudeln mit Putenbrustfilet und viel Gemüse. Als Nachtisch gibt es gebratene Bananen."

„Gebratene Nudeln mag ich gern, auch Gemüse und Bananen, aber deine Putenbrust kannst du selber essen."

„Die andern essen sie gern, damit du es weißt."

Während der Mahlzeit erzählte Jochen von seinem Friedenskreis und schlug seiner Schwester vor, sie solle einmal zu einer Sitzung kommen. „Wir zeigen einen Film über Lappland. Den Samen, das sind die Einwohner im nördlichsten Finnland, wurde durch den Supergau in Tschernobyl die Existenz genommen. Das Fleisch der Rentiere ist jetzt verstrahlt. – Den Film darfst du nicht versäumen, Moni. Er ist sehenswert."

Ärgerlich rief Andrea: „Wieder einmal dieses Thema. Wir sollten lieber über Weihnachten sprechen.

Das ist wichtiger."

Also sprachen sie darüber, wie sie das Fest gestalten würden. Monika schlug vor, auch die Weilheimer Großeltern einzuladen.

„Übernachten können sie bei mir. Ich habe ja genügend Platz. Und könnten wir bei dir Essen kochen, Mama?"

Andrea überlegte. So ganz in ihrem Sinn war es nicht, aber schließlich sagte sie: „Gut, wenn mir Robert und Steffi helfen."

Die Augen des kleinen Bruders glänzten. Er kündigte eine Hühnersuppe von freilaufenden Hühnern an, worauf Jochen schmunzelte. „Gut, Steffi. Du springst über Zäune und fängst die Hennen ein."

Stephan grinste. „Aber du weißt schon, Jochen, dass man ohne Fleisch keine Hühnersuppe machen kann."

Der Bruder lachte „Ich sortiere das Fleisch aus, genau wie jetzt." Er legte die Putenbrust-Stückchen auf den Tellerrand, und Andrea starrte unmutig darauf, aber sie schwieg.

Jetzt kam Monika die Idee, Oma Franke am Heiligen Abend zu holen und schlug vor, sie solle bei Andrea schlafen. Daraufhin sprang die Mutter erregt auf und tobte: „Das wäre mir ein zu langer Schlauch der Barmherzigkeit. Es übernachten schon Robert und Steffi bei mir. Mein Vorschlag lautet: Wir bringen meine Mutter abends ins Heim zurück."

„Dann holen wir sie am ersten Feiertag. Hauptsache, wir holen sie überhaupt einmal", war Monikas Devise.

Robert überlegte im Stillen, ob er nach den Feiertagen Marika zu sich nach Weilheim einladen solle. Falls sie käme, müsste Stephan diese Tage bei seiner Mutter verbringen. Es waren ja noch Ferien. Er empfände es als das Höchste der Gefühle, wenn Marika einmal näher und länger bei ihm sein könnte.

Als er sie anrief, erklärte sie, zu diesem Zeitpunkt noch mit Roland bei seinen Großeltern, ihren Schwiegereltern, zu sein. So vereinbarten sie für Silvester ein Treffen.

Jetzt freute sich Robert erst einmal auf Weihnachten mit der Familie. Ihm kam die Idee, Stephan um einen Wunschzettel zu bitten. Der Junge schrieb: „Mein erster und größter Wunsch ist, dass Mama und Papa wieder zusammenkommen. Mein zweiter Wunsch ist, dass Mama und Papa im Sommer mit mir in Urlaub fahren. Mein dritter Wunsch ist ein Elektronik-Baukasten."

Auch Fritz und Sigrid kamen zum Fest nach München und übernachteten, wie geplant war, bei ihrer Enkelin. Erst sang die Familie Weihnachtslieder, hinterher las Jochen die Geschichte von der Geburt Christi vor. Danach wurde gegessen, und im Anschluss daran fand die Bescherung statt. Monikas Vorschlag, dass alle zusammen in die evangelische Kirche gehen sollten, fand bei den Weilheimer Großeltern keinen Anklang. Sie zogen die katholische Christmette vor. Gemeinsam mit Robert wollten sie sie besuchen. Darüber schüttelte Monika den Kopf „Wieso können wir nicht alle zusammen den evangelischen Gottesdienst besuchen? Das wäre doch vernünftig", äußerte sie, aber ihr Vater war anderer Meinung: „Jeder sollte selbst entscheiden, wohin er gehen möchte. Ist das klar, Moni?"

Monika blickte ihren Vater befremdend an. „Aber Paps, was regst du dich so auf. Man kann doch darüber reden. Eigentlich hast du recht. Deine Lösung ist doch die beste."

Er nickte. „Na also, mein Mädchen."

Beleidigt war die Familie Degendörfer, weil man sie nicht an der Begegnung der Familie an den Festtagen hatte teilnehmen lassen. Mona rief drei Tage nach Weihnachten bei ihrem Bruder an und beschuldigte ihn, alles „vermasselt" zu haben. Robert fragte seine Schwester, warum sie sich nicht selbst einmal gemeldet habe. Er sei der Meinung, dass Ottmar ohnehin nicht gekommen wäre.

„Stimmt nicht", behauptete Mona. „Wir wären alle gekommen, alle, ohne Ausnahme. Aber ihr habt uns vergessen."

Ärgerlich erwiderte Robert: „Hör mal, Mona. Du hättest anstandshalber auch mal unsere Eltern einladen können. Immerhin nimmst du sie ständig in Anspruch, wenn du jemanden für deine Kinderbetreuung benötigst. Du hast also auch etwas vergessen, nicht nur wir", ließ sich Robert vernehmen.

Ottmar, der am Telefon mitgehört hatte, nahm jetzt den Hörer an sich und gab zu, dass sie zu spät daran gedacht hatten, sich zu melden und somit nicht völlig unschuldig daran seien. Was er sagte, klang vernünftig. Dazu meinte Robert: „Das nächste Mal sind wir alle schlauer und besprechen uns schon mehrere Wochen vorher."

Nach einigem Nachdenken äußerte Ottmar: „Damit wir mehr Kontakt miteinander haben, laden wir euch an einem Sonntag zu uns ein."

Über diesen Vorschlag freute sich Robert sehr. Er meinte: „Gut so. Wir Männer kriegen das hin, nicht wahr, Ottmar? Wir werden jetzt öfter zusammenkommen und uns aneinander gewöhnen. Und allen Ärger vergessen, ja?"

„Selbstverständlich! Für mich ist das kein Problem. Die Frauen werden schon noch begreifen, wie einfach das ist."

10. Kapitel

Am 2. Januar kam Robert mit Marika zusammen, und Stephan war schon am 30. Dezember zu seiner Mutter nach München gefahren. Marikas Sohn Roland hielt sich immer noch bei seinen Großeltern auf.

Marika bereitete in ihrer Küche ein scharfes mexikanisches Gericht zu. Robert sah ihr beim Kochen über die Schulter.

Bald darauf genossen sie die Mahlzeit und unterhielten sich dabei angeregt.

„Robert, ich muss meinen Urlaub nicht mehr in Raten nehmen. Ich finde andere Wege, für meinen Sohn dazusein."

„Prima, dass du deinen Urlaub jetzt zusammenhängend nehmen kannst. Du hast ihn sicher nötig", erwiderte er.

Als sie ihm mitteilte, dass sie wieder Kontakt mit ihrem Exmann aufgenommen habe, erschrak er. Sie sagte: „Ich habe früher angenommen, dass Eltern bei solch einem harten Schicksalsschlag noch mehr als vorher zusammenhalten. Aber bei uns ist das Gegenteil der Fall."

Robert nippte an dem spritzigen Moselwein und stellte sein halbvolles Glas auf den Tisch zurück. „Vielleicht hat es vorher in eurer Beziehung schon nicht mehr gestimmt", wagte er zu sagen, worauf ihre Hände die Sessellehne fest umklammerten, und sie energisch entgegnete: „Es hat alles gestimmt. Du kannst doch nicht einfach etwas behaupten, was du nicht weißt."

Warum war sie so verletzlich?

„Verzeihung, Marika. Ich will es ja nicht behaupten.

Es war nur ein Gedanke von mir."

„Okay! Ich weiß, ich bin sehr empfindlich geworden."

„Ja, das bist du. Einerseits kann ich dich verstehen, aber andererseits… Eine Frage habe ich an dich. Bitte, beantworte sie mir ehrlich: Liebst du mich?"

Schweigend senkte sie den Kopf und betrachtete ihre feingliedrigen Hände. „Ich weiß es nicht", flüsterte sie. Dann noch einmal: „Ich weiß es wirklich nicht, Robert."

„Oder kehrst du zu deinem Mann zurück?"

Sie sah auf ihren Schoß hinab und schwieg.

„Verzeihst du ihm etwa, dass er dich und euer Kind im Stich gelassen hat?", fuhr er sie an, worauf sie erst einmal zusammenzuckte. Aber dann kam es leise über ihre Lippen:

„Ihn hat die Geburt unseres behinderten Kindes aus dem Gleichgewicht geworfen. Einer Mutter könnte das nicht passieren."

Er nickte, und sie ließ sich zu einem Lächeln hinreißen. „Eine Mutter bleibt ewig eine Mutter", flüsterte sie.

„Ich glaube, dass du eine wundervolle Mutter bist, Marika."

„Vielleicht."

„Nicht nur *vielleicht*. Das bist du mit großer Sicherheit."

Sie erzählte, in einer Arztpraxis einen interessanten Bericht gelesen zu haben. „Auch wenn Ratten Mütter werden, spielt sich etwas in ihren Gehirnen ab. Dann bauen sie Nester und beugen sich über Baby-Ratten, wollen sie sogar stillen. Das hat man an der Universität von North Carolina festgestellt. Es liegt doch nahe, dass sich die Gehirne der menschlichen Mütter auch entsprechend verändern."

Robert nickte. „Die Hormone sind's. Leider gibt es auch Mütter, die ihr Kind sogar aussetzen."

„Mütter setzen ihre Kinder nur in Notfällen aus. Wahrscheinlich wächst ihnen die Situation über den Kopf", urteilte Marika, worauf sich Robert noch einmal vorsichtig erkundigte: „Willst du dich mit Lothar wieder zusammentun?"

Heftig schüttelte sie den Kopf. Sie spürte deutlich seine Angst.

„Er hat sich der Verantwortung entzogen. Das hat meine Liebe zu ihm abgetötet. Ich verlange nur, dass er sich auch um Roland kümmert. Deshalb bleibe ich in Kontakt."

„Aber mit seinen Eltern bist du noch in Verbindung?"

„Ja, das wundert mich auch. Sie mögen mich. Immerhin bin ich die Mutter ihres Enkelkindes. Sie wenden sich Roland ganz und gar zu. Sie sind total liebe und verständnisvolle Großeltern. Das Verhalten ihres Sohnes können sie so wenig wie ich begreifen."

Auf einmal ließ Marika ihren Kopf auf Roberts Schoß fallen und weinte. Sie klagte: „Es ist soo schwer mit einem behinderten Kind, das man liebt."

Robert streichelte ihre Wange. Sie ließ es geschehen. Er versuchte sie zu küssen, doch es war womöglich nicht der richtige Augenblick.

„Hörst du mir überhaupt zu?", rief sie aufgebracht.

„Ich habe jedes Wort gehört. Was du sagst, ist mir sehr wichtig, Marika. Aber wichtig ist mir auch, dich küssen zu dürfen. Ich wundere mich darüber, dass du es nicht zulässt."

Sie biss sich auf ihre Oberlippe und schwieg.

„Ich möchte so gern mit dir schlafen. Ist das so außergewöhnlich, dass ich das will?"

„Nein, ist es nicht", erwiderte sie gereizt. „Aber du musst akzeptieren, dass ich es nicht will und nicht kann. Mir steht nicht der Sinn danach."

„Das soll heißen, dass du mich nicht liebst."

„Ich weiß es nicht", murmelte sie.

Robert versuchte, seine Enttäuschung zu unterdrücken, aber es konnte ihm nicht gelingen. Plötzlich begann sie von Nebensächlichkeiten zu erzählen, was er nicht hören wollte. Während sie redete, verfolgte er die Linie ihres feingeschwungenen, leicht geschminkten Mundes, und er hatte Schwierigkeiten, sich zu beherrschen. Mit Bitterkeit dachte er daran, dass Andrea schon jahrelang versucht hatte, sich ihm zu entziehen und nur ab und zu einmal Sexualität zugelassen hatte. Jetzt war es endgültig vorbei. Aber als Mann in den mittleren Jahren wollte er nicht auf Dauer enthaltsam bleiben. Schmollend sah er sie an und rief: „Bitte, sag mir, warum ich dir nicht näherkommen darf."

Sie stammelte: „Wir können nicht miteinander glücklich werden. Mein behinderter Sohn beansprucht mich zu sehr, und ich würde dich deshalb nur enttäuschen. Trotzdem möchte ich, dass wir Freunde bleiben."

Er schüttelte den Kopf. „Marika, ich wünsche mir mehr als nur eine Freundschaft mit dir."

Sie schwieg. Es tat ihr leid, dass sie ihm nicht geben konnte, wonach er sich sehnte.

Beide hielten eine Weile ihre Köpfe gesenkt, bis Robert ihn wieder hob und flüsterte: „Ich weiß, das verlangt auch von einem neuen Partner Opfer, wenn ein

Kind behindert ist. Ich bin dazu bereit, Marika."

Sie dachte: *Er kennt Roland noch nicht. Sonst würde er sich wahrscheinlich anders dazu äußern.* Sie sagte: „Wir könnten am Sonntag mit ihm zum Essen gehen. Ich lade dich dazu ein. Nein, doch nicht, Robert, es ist mit Sicherheit für dich unzumutbar."

„Wieso ist das unzumutbar? Machen wir es doch umgekehrt. Ihr seid meine Gäste, du und dein Sohn. Bist du damit einverstanden?"

„Ja. Danke für die Einladung."

Einige Tage nach diesem Gespräch begegnete Robert zum ersten Mal Roland. Der Junge wollte aus Angst die Flucht ergreifen, doch seine Mutter machte ihm begreiflich, dass dieser Mann ein Freund war. Im Restaurant waren sofort einige Augenpaare auf ihn gerichtet. Wie ein Kleinkind nahm Roland seine Mahlzeit ein. Er schlug mit der Gabel auf das Kartoffelpürree ein, sodass die breiige Masse nach allen Seiten spritzte. Robert störte es nicht, dass Roland sein Hemd beschmutzt hatte. Er wunderte sich allerdings darüber, dass Marika ausgerechnet Kartoffelpüree bestellt hatte. Auf dem Tisch verbreiteten sich Breireste und Stücke von grünen Bohnen. Die von seiner Mutter geschnittenen Fleischstückchen stopfte sich Roland mit der Hand in den Mund. Plötzlich bekam es einen Hustenanfall und spuckte alles auf den Teller zurück. Marika schlug sich die Hand vor die Brust und bemerkte, dass Robert vor Schrecken der Mund offen blieb, und dass am Nebentisch eine Frau den Kopf heftig schüttelte. Der Ober fragte Marika, ob sie wolle, dass er seine Gäste verlöre. Sie schüttelte den Kopf und sie verließen das Lokal, nachdem Robert bezahlt hatte.

„Jetzt hast du erlebt, was sich bei uns abspielt", flüsterte Marika. „Ich gehe deshalb mit ihm nie in das selbe Restaurant."

Nachdenklich kehrten sie zum Behindertenheim zurück. Marika umarmte und küsste Roland zum Abschied so innig, dass Robert gerührt war. Was für eine beeindruckende Mutterliebe!

Robert hatte jetzt das Empfinden, er müsse sich selbst noch einmal prüfen, ob er Roland ertragen könne. Aber er wollte doch diese wunderbare Frau nicht verlieren.

Zu Roberts Überraschung war sie im Fasching dazu bereit, mit ihm einen Ball zu besuchen. Während sie Foxtrott und Tango tanzten, kamen ihm die herrlichen Jahre mit Andrea in den Sinn. Warum, so fragte er sich, war wieder die Vergangenheit gegenwärtig? Wahrscheinlich, weil er bei Marika noch nicht den gewünschten Erfolg hatte.

Auch sie erinnerte sich an die Abende mit Lothar. Beim Tanzen hielt sie auf einmal inne, löste sich aus Roberts Armen, und sie kehrte ohne eine Erklärung auf ihren Platz zurück. Verwundert folgte er ihr. „Ist dir nicht gut, Marika?", erkundigte er sich. Erst zuckte sie mit den Schultern, doch bald darauf gab sie zu, an frühere Zeiten zu denken.

„Sonderbar, ich auch, aber es ist vorbei, weil Andrea es so haben wollte", erklärte er ihr und versuchte, das Grübeln sein zu lassen, denn jetzt war doch Marika bei ihm, und es ging ihm darum, ihre Zuneigung zu gewinnen. Alles andere war unwiederbringlich vorüber.

Als er Marika zu einer fünftägigen Reise nach Paris einlud, war sie so überrascht, dass sie erst kein Wort hervorbrachte, aber später sagte sie zu, weil sie dieses verlockende Angebot nicht ausschlagen wollte. „Paris, merveilleux!", schwärmte sie. „Da kann ich nicht nein sagen. Danke, Robert, aber du darfst dir nicht zu viel versprechen. Ich werde Lothar bitten, sich in der Zwischenzeit um unser Kind zu kümmern."

Als Robert Stephan mitteilte, dass er mit Marika verreisen werde, maulte dieser: „Mit mir fliegst du nie nach Paris. Nicht einmal mit Mama. Aber mit dieser…"

„Sie heißt Marika, verstanden? Ich habe das Recht, glücklich zu sein. Steffi, du bist doch alt genug, um das zu begreifen. Mit dir werde ich auch noch öfter verreisen."

„Das könnte noch öfter sein, Paps."

„Halt mal die Luft an. Bescheiden warst du noch nie."

Robert und Marika verbrachten herrliche Tage in der französischen Metropole. Sie besuchten den *Louvre,* sahen sich *Sacre-Coeur* an und fuhren den Eiffelturm hinauf. Die Abende verbrachten sie in Restaurants. Einmal verzehrten sie bei Kerzenschein ein lukullisches Sechsgänge-Menu und träumten von der Zukunft. Träumen war zu viel gesagt, denn Marika führte viele *Wenn und Aber* für ein gemeinsames Leben an. Dennoch war sie zur Verlobung bereit. Vielleicht war es der Champagner, der sie in diese verliebte Stimmung versetzte, die Robert womöglich ausgenutzt hatte.

Traurig war es für ihn, dass sie vierzehn Tage nach dieser Reise ihre Verlobung wieder löste. Er fühlte sich verletzt und meldete sich zwei Wochen lang nicht mehr bei ihr. Er hatte sich vorgenommen, diese Beziehung zu beenden, aber er brachte es doch nicht übers Herz. Als sie sich wieder trafen, erzählte sie, dass Lothar seinen Sohn kein einziges Mal besucht habe und der Junge während ihrer Abwesenheit künstlich ernährt werden musste, weil er nichts mehr gegessen und getrunken habe. Die kritische Situation hatte sich erst verbessert, als sie, seine Mutter, wieder zurückgekehrt war.

Robert erzählte Andrea am Telefon von der Paris-Reise. Von Stephan hatte sie es bereits erfahren. „Ich hätte mir das auch gewünscht", erklärte sie konsterniert. „Zu mir hast du gesagt, wir haben kein Geld dazu."

„Das war ja auch so. Heute verdiene ich mehr."

„Heute haben wir zwei Haushalte zu bestreiten. Und das kostet."

„Es ist nicht meine Schuld. Eifersüchtig musst du nicht sein."

„Das bin ich nicht. Ich freue mich sogar über dein Glück."

„Wer's glaubt, wird selig. Du sagst es nur, um dein Gewissen zu beruhigen."

„Ich habe kein schlechtes Gewissen."

Ganz so verhielt es sich nicht, was sie sich aber nicht eingestehen wollte. Zurzeit war sie niedergeschlagen. Es schienen sich wieder Depressionen anzubahnen. Lustlos ging sie am Donnerstag zu ihrer Gruppentherapie am Sendlinger Tor.

Nach der Stunde zog sie einen anonymen Brief aus ihrer Jackentasche. Sie las erschrocken: *„Du hast dieser Gruppe ab sofort fernzubleiben. Sonst wird dein Leben zerstört."* Was für eine angstmachende Androhung! Oder war es Bluff?

Daheim rief Andrea ihre Therapeutin an, die vorschlug, den Brief bei der nächsten Zusammenkunft vorzulesen. Die Ärztin bat dann die Gruppenmitglieder: „Der Schreiber dieser Zeilen sollte sich melden und zugeben, dass dies nur ein übler Scherz war."

Andrea verdächtigte Rudi. Dieser rief aufgebracht: „Was fällt dir ein, mir das in die Schuhe zu schieben."

Doktor Slowena stöhnte: „Leute, so kommen wir nicht weiter."

Als Andrea Anfang der zweiten Woche durch die Straßen ging, wäre ihr beinahe ein Dachziegel auf den Kopf gefallen. Kurz darauf konnte sie gerade noch einem Mini-Lieferwagen ausweichen, der direkt auf sie zugekommen war. Hinterher fuhr der Fahrer rasch davon, sodass Andrea das Kennzeichen nicht mehr sehen konnte.

Sie erzählte in der Gruppenstunde, dass es einer auf sie abgesehen habe. Die Therapeutin schüttelte den Kopf. „Es sind dumme Zufälle, die sich gehäuft haben. Ein Ziegel kann sich lösen. Es sitzt doch keiner auf dem Dach und wirft einen herunter. Und der Lastwagenfahrer hat nicht aufgepasst oder du bist ihm beinahe ins Auto gelaufen. Es ist doch nicht realistisch, einen von uns zu verdächtigen. Wenn du nachdenkst, kommst du selbst dahinter. Aber der Brief ist sicher von einem aus unserer Mitte geschrieben worden. Also, wer war es?"

Niemand rührte sich.

Ein paar Tage später zog Andrea aus ihrem Briefkasten ein schwarzumrandetes unbeschriebenes Kuvert, worin sich ein Blatt Papier mit einem Totenkopf befand. Sie meldete dies abermals der Gruppenleiterin. Sonderbar fand Doktor Slowena, dass Andrea schon wieder Rudi verdächtigte. Er entgegnete verärgert: „Dein Hass auf mich kennt wohl keine Grenzen, wie? Es ist nicht meine Art, solche Briefe zu schreiben."

„Du wohnst in meiner Nähe und kannst mich nicht

leiden."

„Ich kann dich sogar gut leiden."

Zwei Tage danach lag erneut ein Kuvert in Andreas Briefkasten. Auf einem schwarzen Papierbogen stand: „Bleibe der Gruppe fern, sonst geschieht etwas."

Jetzt war Andrea soweit, die Therapie abzubrechen, aber die Leiterin bestand darauf, dass sie wieder kommen solle. Bei der nächsten Zusammenkunft redeten alle wild durcheinander, nachdem angekündigt worden war, dass der Schuldige heute unbedingt Farbe bekennen müsse.

Anton meinte: „Es war sicher keiner von uns."

„Wer hätte mir sonst den Brief in meine Jackentasche stecken können? Und dieselbe Person hat mir diesen schwarzen Papierbogen in meinen Briefkasten gesteckt."

Lisa setzte die angespannte Atmosphäre zu. Sie erhob sich. Die Therapeutin rief:

„Keiner geht, alle bleiben hier. Der Fall muss gelöst werden."

Rudi frotzelte. „Wir könnten ja die Polizei einschalten. Besser wäre noch, einen Detektiv zu beauftragen."

Doktor Slowena verteilte Zettel, auf denen der Briefschreiber seine Schuld mit einem *Ja* bekennen sollte.

„Das bringt doch nichts", meinte Lisa, „wir wissen dann trotzdem nicht, wer der Schreiber ist, weil kein Name daraufstehen wird."

„Ich möchte trotzdem sehen, ob sich einer dazu bekennt."

Zehn Minuten später wurden die Papiere wieder eingesammelt. Überall stand ein *Nein* darauf.

Einen Tag später bekannte sich Tatjane telefonisch bei der Gruppenleiterin zur Tat. Sie gab an, Andrea deshalb zu hassen, weil diese in ihrem Wesen und in ihrem Verhalten ihrer Schwiegermutter ähnlich war. Weil Tatjana künftig den Sitzungen fernblieb, war allen Teilnehmern klar, dass sie die Schuldige war. Von da an verliefen die Stunden wieder normal. Andrea bat Rudi vielmals um Verzeihung. Er erwiderte: „Entschuldigung angenommen, aber verdächtige nie mehr jemanden mutwillig. Das kann eine Katastrophe werden."

„Was habe ich mir nur dabei gedacht", stöhnte sie, worauf Rudi meinte: „In die Knie musst du nicht gehen. Bei dir habe ich das Gefühl, dass du mich nicht magst. Ich dagegen finde dich symphatisch, nur deine Aggressivität solltest du abbauen."

Wenige Wochen später bat Tatjana Doktor Slowena um eine Einzeltherapie und Andrea schloss bald ihre Gruppentherapie ab. Sie war davon überzeugt, dass sie durch diese Stunden freier und ausgeglichener, wahrscheinlich auch selbstbewusster, geworden war.

Gisela erzählte, dass sie ihre Briefmarken, Wohlfahrtsmarken, auch Ersttagsbriefe aus der DDR, verkaufen wolle. Sie benötigte das Geld für eine Schiffsreise. Auf ihre Anzeige in der *Süddeutschen Zeitung* meldete sich ein Herr um die Fünfzig. Spaßig dabei war, dass er ihr nicht nur die Briefmarken im Werte von 2000 DM abkaufen wollte, sondern sich als Reisebegleiter anbot.

Andrea schmunzelte. „Dann hast du bald einen neuen Mann, ich dagegen habe einen Scheidungstermin."

„Ist es also endgültig? Was sagt Prinz Stephan

dazu?"

„Steffi ist kein Prinz. Er wird ausflippen, wenn er das erfährt. Er will immer noch nicht akzeptieren, dass wir auseinander gegangen sind. Und das macht mich sehr traurig."

Heute kehrte Andrea nach Geschäftsschluss müde nach Hause, und sie brühte sich einen Tee auf. Dann setzte sich in den Sessel, um es sich so gemütlich wie möglich zu machen. Weil sie fror, holte sie sich eine Decke und deckte sich bis zum Hals zu. Was für eine Wohltat! Sie schloss die Augen und schlief vor Erschöpfung ein.

Letzte Nacht war sie wieder durch die Geräusche der U-Bahn in ihrem Schlaf gestört worden. Immer noch nicht hatte sie sich an die Durchsagen und an die Fahrgeräusche beim An- und Abfahren der Züge gewöhnt.

Nachdem sie schon einige Minuten im Sessel geschlummert hatte, wurde sie durch das Klingeln an der Wohnungstür aufgeweckt. Missmutig erhob sie sich, um zu öffnen.

Was für eine Überraschung! Stephan war gekommen. Mit ihm hatte sie nicht gerechnet, weil nichts vereinbart gewesen war. Er berichtete, heimlich weggefahren zu sein, als sein Vater zur Apotheke gegangen war. „Papas Kopfschmerzen nerven mich. Er hört mir nicht zu, wenn ich von der Schule rede."

„Steffi, Papa wird dich jetzt suchen. Ich rufe ihn gleich an."

Robert tobte am Telefon: „Was fällt diesem Bengel ein. Überall habe ich schon nach ihm gefragt."

„Na gut, dann hat sich die Sache aufgeklärt."

„Nein", schrie Robert, „jetzt gibst du ihn mir erst

mal."

„Er hat gesagt, du hörst ihm nicht zu, wenn es um die Schule geht."

„Was für ein Unsinn. Mir war nicht gut."

„Dann gute Besserung." Rasch legte Andrea auf, obwohl Robert noch etwas sagen wollte. Sie setzte sich zu ihrem Sohn und ließ ihn erzählen. Er jammerte, dass er nicht mehr zur Schule gehen wolle, weil man ihn neben einen Schlägertypen gesetzt habe.

„Rede mit deinem Lehrer darüber. Nein, besser, Papa tut es."

„Kai hat mir eine Seite meines Matheheftes mit einem Rotstift durchgestrichen."

„Waas?" Andrea rief noch einmal Robert an, um ihm dies zu sagen. Er versprach, Stephans Klassenlehrerin aufzusuchen.

Wenige Tage danach stand er vor Tanja Stolz, die sich mit der Hand über ihre blonde Pagenfrisur strich, ehe sie etwas sagte. Sie meinte, Stephan sei auch kein Unschuldsengel, aber wenn Kai ihm das Matheheft zerstöre, gehe dies zu weit. „Keiner will neben diesem Jungen sitzen. Ich suche nach einer Lösung."

„Bitte, tun Sie das bald, Frau Stolz Und danke dafür."

„Sagen Sie Ihrem Sohn, er solle das Schwätzen einstellen und aufmerksamer zuhören."

„Er schwätzt so viel? Ja, ich richte es ihm aus."

Eine Woche später erhielt Stephan einen anderen Banknachbarn, mit dem er sich sogar anfreundete. Auch bemühte er sich um mehr Konzentration im Unterricht.

11. Kapitel

Ende Juli 1989 besuchte Monika noch einmal das Restaurant *Lotosblüte*. Sie bestellte Kanton-Ente mit Cashew-Nüssen, ihr Lieblingsgericht, und ein Glas Weißwein dazu.

Sie erkundigte sich bei dem älteren Herrn nach ihrem Freund Teng. Dieser verbarg sein Gesicht in den Händen. Als er wieder aufblickte, sah ihn Monika verwundert an. Er stammelte: „Platz des Himmlissen Fliedens. Demonstlation! Teng ersossen, tot. Alme Teng, alme Flau, alme Baby."

Monika war außer sich, dies zu hören. Sie flüsterte: „Herr Ober, stimmt das wirklich, dass Teng tot ist?"

„Ja", entgegnete er leise und starrte auf seine gefalteten Hände. „Sie geliebt ihn? Teng wal verheilatet."

Monika war erstaunt. „Er war verheiratet? Warum hat er mir das nicht gesagt?"

Aus dem Fernsehen kannte Monika auch die entsetzlichen Geschehnisse. Am 4. Juni dieses Jahres hatten am frühen Morgen Armee-Einheiten den *Platz des Himmlischen Friedens,* auf dem schon mehrere Tage Menschen im Sitzstreik ausgeharrt hatten, mit Panzern und Maschinengewehren geräumt und etwa tausend Menschen erschossen. Die ganze Welt war davon erschüttert. Das tragische Ende einer Demokratie-Bewegung, die sich als Folge sich zuspitzender innenpolitischer Widersprüche entwickelt hatte.

Monikas heiße Tränen tropften auf den Teller. „Diese Bestien!", rief sie. „Wie kann man demonstrierende Menschen ermorden?"

Einige Gäste sahen sich nach den beiden um, was dem älteren Herrn unangenehm zu sein schien. „Ig nigt weinen, Gäste hier", flüsterte er.

„Aber ich", wisperte sie, holte ihre Geldbörse heraus und bezahlte. Sie erklärte, keinen Bissen mehr hinunterzukriegen und verließ taumelnd das Restaurant.

Daheim erst kamen ihr Zweifel, ob Teng wirklich tot war, und ob ihr der Ober diese Geschichte womöglich nur aufgetischt hatte. Aber der Traum vom chinesischen Prinzen war vorbei.

Heute, als Andrea wieder mit ihrer Mutter durch die Gänge fuhr, kam eine schon sehr betagte Frau auf sie zu und sprach Therese an. „Schön, Sie wieder einmal zu sehen, Frau Franke. Wen haben Sie denn da mitgebracht?"

Thereses Gesicht jedoch blieb wie versteinert, aber Andrea erwiderte freundlich: „Ich bin ihre Tochter. Aber meiner Mutter geht es heute nicht gut, Frau…"

Ein Lächeln huschte über das Gesicht der Greisin. „Sonnenschein, heiß ich, das heißt, sie nennen mich nur so."

„Wussten Sie von Thereses zweitem Schlaganfall?"

„Nein. – Ich wollte Ihnen sagen, dass ich keine Sonnenschein, sondern eine Schlimme bin."

Andrea protestierte: „Wie? Sie sind doch nicht schlimm. Oder haben Sie etwas angestellt?"

„Nein, mein Name ist Schlimme. Man nennt mich nur *Sonnenschein,* weil ich lustig bin. Zu unserer Hochzeit fragte der Standesbeamte: *Wollen Sie diesen Schlimmen heiraten? Dann werden Sie auch eine Schlimme. Auf geht's, ihr zwei Schlimmen.* Die

Hochzeitsgesellschaft brüllte vor Lachen. Später war die Erinnerung an unsere Trauung Anlass zu lustiger Unterhaltung. Der Standesbeamte war ein Bekannter meines Mannes. Sonst hätte er sich sowas nicht erlaubt. Ich war früher Verkäuferin in einer Bäckerei und habe den Kunden zu den warmen Semmeln meine Witze eingepackt."

Andrea nickte. „Ich bewundere Sie, dass Sie in diesem Alter noch so viel Humor haben. Humor ist wie Humus, sagt ein Dichter. Er lockert das Erdreich."

Im nächsten Augenblick erschien eine Altenpflegerin. „Hier sind Sie, Frau Sonnenschein. Ihre Tabletten."

Frau Schlimme stellte sich breitbeinig hin und murmelte: „Ich käme prima ohne dieses Zeug aus. Es geht mir doch gut."

„Nur weil sie Medikamente nehmen. Ihr Bein ist nicht okay."

„Besser, ein spinnendes Bein als einen spinnenden Kopf."

Die Schwester lachte und begab sich zur kleinen Teeküche, um ein Glas Wasser zu holen. Sie gab Frau Schlimme eine Tablette, die sie mit dem Wasser hinunterspülte.

Nun erhielt auch Therese ihre Medikamente. Danach suchte sie mit Andrea ihr Zimmer auf. Da sie von Müdigkeit übermannt wurde, legte sie sich aufs Bett und schlief im nächsten Augenblick ein. Andrea weckte sie eine halbe Stunde später. Taumelnd erhob sie sich und fragte: „Wo bin ich?"

„Im Heim bist du, Mutti. Erkennst du es nicht mehr?"

„Ich – will – zu – dir."

„Zu mir nach Hause? Nein, Mutti, das geht nicht."

Zornig stampfte Therese mit ihrem rechten Fuß auf den Boden und schrie: „Du – nimmst – mich – sofort – mit."

Andrea hielt sich erschrocken die Hand vor den Mund. Welch ein scharfer Ton von ihrer Mutter. Wie oft hatte sie ihr bereits erklärt, dass dies nicht möglich sei. Sie begab sich mit ihr zum Speiseraum, wo bereits das Essen angerichtet war, und zerteilte auf dem Teller das Fleisch, zerquetschte die Kartoffeln zu Mus und schob ihrer Mutter so nach und nach kleine Portionen davon in den Mund.

„Ich habe heute eine Überraschung für dich", erklärte Andrea ihrer Mutter. „Aber erst gehen wir zu dir hinüber."

Therese blickte ihre Tochter fragend an. „Was – ist – es?", kam es stotternd über ihre Lippen, aber Andrea lächelte anstelle einer Antwort geheimnisvoll.

Im Zimmer angekommen, öffnete Andrea ihre Tasche und zog ein Fotoalbum heraus. Sie legte es auf das Tischchen und schlug die erste Seite auf. Darauf waren Therese und Jakob Franke als Brautpaar zu sehen. „Ihr wart ein wunderschönes Paar", schwärmte Andrea. „Und dein Kleid. Wie eine Königin." Therese blickte erst das Bild genauer an, dann fragte sie lächelnd: „Woher – hast – du – das - Album?"

„Aus eurem Kleiderschrank. Ich musste doch deinen Haushalt auflösen. Ich habe auch den Schmuck mitgenommen. Du bekommst ihn gelegentlich wieder."

„Du – kannst – ihn – behalten, - alles – behalten", stotterte Therese.

„Auch Papas Ehering?"

„Ja, auch."

Sie schoben die Stühle zum Tisch hin und nahmen beide darauf Platz. Gleich darauf blätterten sie das Album von vorne bis hinten durch. „Schön", freute sich Therese über jedes Bild, „sehr – sehr – schön."

Auf einer Fotografie war Jakob als Vater zu sehen. Er hielt seine kleine Tochter, Andrea, auf dem Arm. Die Mutter stand daneben. Thereses Augen leuchteten, als sie dieses Bild betrachtete. „Wir – waren – glücklich...", seufzte sie und fügte hinzu: ... auch - mit – dir."

Andrea freute sich über diese Aussage und dachte, dass die Ehe ihrer Eltern doch eine harmonische war, was sie so sehr angezweifelt hatte. Sie konnte sich noch so gut daran erinnern, dass ihr Vater damals von ihrer Mutter gesagt hatte: „*Lass ihr dieses Anderssein. Sie hat Vorzüge und Qualitäten. Ich komme gut mit ihr aus.*" Andrea hatte es womöglich damals nicht so ernst genommen und gedacht, dass ihr Vater aus Rücksicht auf ihre Mutter so geantwortet hatte.

„Mutti, es war eine schöne Zeit mit deinem Mann, nicht wahr?"

„Ja – wunderschön. – Kommt – nie – wieder."

„Doch, sie kehrt in der Erinnerung wieder zurück. Du musst nur oft daran denken und diese Bilder betrachten. Ist die Erinnerung nicht auch viel wert?"

„Doch – oh – doch!", gab Therese zu.

Dieses Album war wie eine Brücke zwischen Mutter und Tochter. Heute bereute Andrea, dieses Buch nicht eher mitgebracht zu haben. Es lag daran, dass sie es in einer Schublade aufbewahrt und darauf vergessen hatte. Erst gestern hatte sie es zwischen den anderen Fotoalben entdeckt.

„Mutti, ich lass dir dieses Album da. Es gehört

ohnehin dir. Du kannst jeden Tag hineinsehen und ein bisschen von dem damaligen Glück zehren."

Thereses Augen wurden feucht. Dann schluchzte sie. „Danke, - liebe – Tochter, - danke."

Liebe Tochter hatte Therese vorher noch nie gesagt. Andrea konnte sich jedenfalls nicht daran erinnern.

Als sie sich heute voneinander verabschiedeten, lagen sie sich lange in den Armen.

Eigentlich hatte sich Monika einen Besuch beim Friedenskreis vorgenommen, doch Kathrin kam, um sie zu ihrem Geburtstag einzuladen. Als die Freundin erfuhr, dass Monika eventuell ihren Posten bei der Bank aufgeben wolle, um Altenpflegerin zu werden, gab sie sich entsetzt:

„Willst du den Alten helfen, weil du im Alter auch mal Hilfe benötigen könntest?"

„Nicht deshalb. Besser alten Menschen beizustehen, als mit Zahlen zu jonglieren."

„Die Alten werden in den Heimen versorgt. Sie brauchen dich nicht."

„Doch, sie brauchen uns dringend. In den Heimen fehlt es an Personal."

Kathrin dachte scharf nach. „Mag sein, aber es ist nicht deine Sache. Junge Leute müssen doch keine Altenpfleger werden."

„Wie bitte? Sollen etwa alte Menschen die Alten pflegen? Glaubst du, junge Menschen können nicht auch sozial denken?"

Kathrin grinste hinterhältig, als sie sagte: „Hat man vergessen dir zu sagen, dass den Alten auch der Popo abgeputzt werden muss und sie womöglich gewickelt werden müssen?"

„Weiß ich alles. Ich könnte das schon machen."
„Du? Wirklich? Und warum kümmern sich die Angehörigen nicht um ihre Alten?"
„Tun sie doch in den meisten Fällen. Meine Mutter ist damit überfordert. Deshalb unterstütze ich sie."

Sie schwiegen nun beide. Monika aß den Rest ihrer Pizza, Kathrin hatte sich einen Toast mit Schinken, Tomaten und Käse bestellt. Sie riet Monika, ihr Leben zu genießen. „Die alten Leute haben doch früher, als sie jung waren, ihr Leben auch genießen können und wenn nicht, waren sie doch selber schuld."

Monika zuckte mit den Schultern. „Kathrin, warum suchst du nach Argumenten, um mir diesen Beruf madig zu machen? Ich bin mir ohnehin nicht schlüssig genug."

„Was sagen deine Eltern zu deinem Vorhaben?"

Energisch drehte Monika den Kopf zur Seite und brummte:

„Ist mir doch egal. Ich frage sie erst gar nicht."

Verwundert schüttelte Kathrin den Kopf. „Vor einigen Jahren noch hättest du deinen Papa gefragt wie damals, als du Psychologie studieren wolltest, und du es nicht getan hast, weil er dir davon abgeraten hat. Dann hättest du dich jetzt nicht mehr mit Zahlen herumschlagen müssen."

„Stimmt! Aber man verändert sich doch im Laufe des Lebens. Damals ließ ich mich noch sehr leicht beeinflussen. Heute nicht mehr."

Die Freundin zog die Stirn kraus. „Bist du mir jetzt böse, weil ich dir von dem Beruf einer Altenpflegerin abgeraten hab?"

„Nein! Die Mehrheit der Menschen denkt doch so wie du."

Kathrin war leicht ärgerlich. „Ach, ich bin also für dich die Mehrheit der Menschen?"

„Ja, bist du. Nimm es nicht so tragisch, wenn ich das sage."

„Das tu ich schon, weil ich glaube, dass ich ein Individuum bin. Das bist du auch, denke ich."

Vier Wochen später konnte Monika ihrer Freundin mitteilen, dass sie sich entschlossen habe, bei ihrem Beruf zu bleiben. Sie wolle jetzt öfter ihre Oma im Altenheim besuchen und damit ihre Mutter entlasten. Das sah sie auch als wichtige Aufgabe an. Dennoch war sie nicht völlig zufrieden mit der Lösung, weiter in ihrem Beruf zu bleiben, aber sie ahnte, dass sie als Altenpflegerin überfordert wäre und sie sich nicht mehr um ihre Großmutter kümmern könnte.

Kathrin lächelte. „Endlich bist du vernünftig geworden."

Auch Robert und Andrea waren froh darüber, dass Monika ihren Beruf nicht wechselte.

Während sich Robert bei Marika in München aufhielt, besuchte Andrea Stephan in Weilheim. Sie bestaunte die Möbel seines Jugendzimmers aus Kiefernholz, die gerade erst geliefert worden waren. In der Ecke befand sich ein roter Kunstledersessel, auf dem Stephans Stoffaffe saß. Auf dem Schreibtisch befand sich der Nussknacker, den der Junge einmal zu Nikolaus erhalten hatte. Außerdem lagen jede Menge Bücher, Schulhefte, Kugelschreiber und Notizzettel darauf.

Stephan fragte seine Mutter: „Mama, möchtest du Tee haben? Schwarzen oder grünen oder roten?"

Sie lächelte. „Grünen Tee bitte. Steffi, du bist ja

schon ein artiger Gastgeber und fragst nach den Wünschen der Gäste."

Er grinste. „Mama, artig sagt man zu kleinen Kindern."

„Entschuldige, mein großer, schlauer Sohn."

Andrea folgte ihm in die Wohnküche. Sie setzte sich auf die hellgrüne Eckbank, während Stephan den Tee zubereitete. Auch die Stühle und das Büfett hatte Robert in der gleichen Farbe gestrichen. Andrea musste seinen guten Geschmack anerkennen. Jetzt starrte sie auf den Farbkübel in der Ecke.

„Mama, sag jetzt nichts. Ich hätte ihn schon vor zwei Wochen wegräumen sollen, diesen blöden Kübel. Er hätte ja auch von selber verschwinden können."

„Das hättest du wohl am liebsten gehabt, wie?"

Der Junge antwortete nichts darauf, und Andrea erkundigte sich, wie es ihm in der Schule ergehe.

„Gut. Mein Freund hilft mir in Mathe. Das heißt, ich habe zwei Freunde, die mir in Mathe helfen."

„Dann muss es ja was werden. Und in den anderen Fächern?"

„Überall bin ich mittelmäßig. Das genügt."

„Ich weiß, du bist kein Streber. Jetzt schlage ich vor, dass wir nach dem Teetrinken an die frische Luft gehen. Die tut uns beiden gut."

Stephan war damit einverstanden, doch gleich kam ein Anruf von seinen Großeltern, die ihren Enkel und Andrea zu Kaffee und Kuchen einluden.

Als sie mit Stephans Großeltern bei Tisch saßen, bemerkte der Opa: „Woast, Andrea, da Stefferl is a bissl faul. Er tut sich vor den Hausaufgaben drücken. Was konn ma macha?"

„Nicht nachgeben, Papa", erwiderte Andrea.

Stephan war wütend auf seinen Großvater. „Damit du es weißt, Opa, ich bin schon lange nicht mehr faul."

„Dann ist's ja guat, Bua", erwiderte Fritz lachend

Auf einmal starrte Andrea vor sich hin. „Hast du was?", erkundigte sich die Schwiegermutter.

„Ja." Andrea holte tief Luft und stöhnte: „Ich möchte euch sagen, dass für nächste Woche unser Scheidungstermin angesetzt ist."

Sigrid fasste sich erschrocken an den Hals. „Euer Scheidungstermin? Wie? Wollt ihr euch wirklich endgültig trennen? Ich hab gehofft, dass ihr wieder zusammenkommt. Und warum sagt uns das Robert nicht selber?"

„Er hat es sicher gut gemeint und wollte euch schonen."

Fritz, der ebenfalls schockiert war, ließ das Kinn herunterhängen, und Sigrid meinte: „Schad, ewig schad ist's um euch zwei. Ihr habt euch doch mal so geliebt."

Andrea nickte. „Ja, das haben wir. Mir tut es auch leid."

„So, dir tut's leid", zischte Fritz. „Warum lässt du dich dann scheiden?"

„Wir verstehen uns nicht mehr. Sollen wir ständig streiten?"

Sigrid flüsterte: „Robert liebt dich immer noch. Aber du hast es ja so eilig, dich scheiden zu lassen."

Andrea fühlte sich gekränkt, und Stephan rannte aus dem Zimmer. Er knallte die Tür hinter sich zu. Andrea fand ihn weinend vor der Haustür. Sie fuhr ihm übers Haar und flüsterte beruhigend: „Steffi, bitte, nicht traurig sein. Für dich ist das doch nichts Neues mehr."

Der Junge riss die Arme hoch und schrie: „Lass mich in Ruhe, lasst mich endlich alle in Ruhe. Ich mag euch nicht mehr."

„Aber Steffi, wir lieben dich doch."

„Das stimmt nicht. Ihr habt die Familie zerstört, ihr seid Zerstörer."

„So kann man es auch auslegen", erwiderte die Mutter. Sie wollte nach ihrem Sohn greifen, aber er zog seine Hand zurück.

„Bleib du daheim. Du brauchst nicht mehr zu kommen. Ich komm auch nicht mehr zu dir", rief Stephan zornig."

Diese Worte taten der Mutter weh. Ihr war zum Weinen zumute. Aber sie schluckte die heißen Tränen hinunter, weil sie sich ihrem Sohn gegenüber keine Blöße geben wollte. Außerdem dachte sie, dass er doch in nächster Zeit die Trennung seiner Eltern akzeptieren würde. Aber gleich darauf schoss es ihr wieder durch den Kopf, dass dies wahrscheinlich ein längerer Prozess sein könne und nicht von heute auf morgen geschehen würde.

Am Abend fuhr Andrea traurig nach München zurück. Von ihrem Sohn hatte sie keinen Abschiedskuss erhalten. Ihre Umarmung hatte er auch nicht zugelassen und sie zurückgestoßen. Nicht einmal zum Bahnhof hatte er sie begleitet. Stattdessen war er auf sein Baumhaus hinaufgestiegen.

Während der Zugfahrt liefen ihr Tränen über die Wangen. Als der Schaffner auf sie zukam, wischte sie sich rasch über die Augen. Nachdem er ihre Fahrkarte kontrolliert hatte, fragte er: „Haben Sie ein Problem?"

„Nein, danke. Ich bin nur etwas erkältet."

Der Schmerz saß tief, aber zum Glück nahm er jeden Tag ein bisschen ab. Die Szene mit ihren Schwiegereltern konnte sie nicht vergessen, vor allem aber nicht den Gefühlsausbruch ihres Sohnes. Sie sprach mit Robert darüber. Er meinte, sie solle ihrem Kind Zeit lassen, die Situation seelisch zu verdauen. Aber dann wollte sie doch mit Stephan sprechen, weil sie sich nach ihm sehnte, und sie rief ein paarmal an. Doch jedesmal nahm Robert ab und erklärte, Stephan gehe zurzeit nicht ans Telefon. Er bat Andrea, vorläufig nicht mehr anzurufen, was für sie eine immense Beherrschung bedeutete.

Nun wurde die Scheidung vollzogen. Robert holte Andrea an diesem Tag pünktlich von ihrer Wohnung ab. Der Scheidungsanwalt fragte, welche Vereinbarung sie bezüglich ihres jüngsten Kindes treffen würden. Robert meinte, sein Sohn würde bereits bei ihm in Weilheim wohnen und möchte es weiterhin tun. Er würde alle vierzehn Tage seine Mutter besuchen. Der finanzielle Teil sei auch gut geregelt. Jeder käme auf seine Kosten.

Andrea bestätigte dies dem Anwalt. „Die beiden anderen Kinder sind erwachsen und haben schon seit einiger Zeit nicht mehr im Haushalt gelebt", erklärte sie.

Nun waren Andrea und Robert geschieden. Sie suchten nach diesem Termin zusammen ein Café auf und redeten noch einmal darüber. Es gab auf Roberts Seite keine Anklagen mehr, aber Andrea entdeckte, dass seine Augen feucht waren. In diesem Moment spürte sie Mitleid mit ihm und bereute, manchmal ihm gegenüber unwirsch, ja, hartherzig, gewesen zu sein.

Zwei Wochen später kam zu Andreas großen Freude von Stephan ein Anruf. „Mama, ich lade dich für Samstag zu meinem Geburtstag ein. Kommst du?"

Sie zögerte. „Ich komme nur, wenn zwischen uns alles wieder gut ist", ließ sie wissen.

„Ja, es ist schon wieder gut, Mama", erwiderte der Junge kurz.

Mit einem flauen Gefühl im Magen kam die Mutter in Weilheim an. Stephan holte sie vom Bahnhof ab. Darüber freute sie sich sehr. Er war zwar freundlich zu ihr, aber es fehlte ihr seine Herzlichkeit, die er sonst an sich hatte.

Auch Oskar kam zur Geburtstagsfeier herüber. Er übergab seinem Freund ein weißes T-Shirt mit der Aufschrift: *immer cool bleiben.* Oskar schielte zur Ananastorte hinüber, wohingegen Steffi die Schokoladentorte im Auge behielt. Aber erst stand noch ein Mittagessen auf dem Programm.

Der Großvater überreichte seinem Enkel ein Buch über „*Das Meer.*" Der Junge schlug es sofort auf und las kurz: „*Der Gezeitenzyklus entspricht dem Mondtag, der genau vierundzwanzig Stunden und fünfzig Minuten lang ist. So lange braucht der Mond, um die Erde zu umkreisen.*" Er klappte den Band wieder zu und sagte:

„Danke, Opi, ein cooles Buch."

Der Opa hatte sich noch eine Überraschung ausgedacht. Er hatte das Baumhaus bemalt. Auf die rote Farbe hatte er Blumen gemalt. Von innen war das *Häusl* jetzt auch besser ausgestattet. Auf dem Boden lag nun ein Läufer. Und an die Holzwand hatte Fritz mit Reißnägeln Fotos gepinnt.

„Opa, drinnen ist es jetzt sehr schön geworden, aber dein Gemälde außen gefällt mir nicht. Die Blumen sind zu bunt geworden."

Enttäuscht zuckte der Großvater mit den Schultern, und Robert verlangte von seinem Sohn eine Entschuldigung. Dieser verdrehte die Augen und krächzte. „Entschuldige, Opi, und danke für alles."

„Glaubst, ich hab's im Schlaf gmacht?", brummte der Opa.

„Nein, nein. Opi, weißt du, es gibt so viele Maler und alle haben ihre eigenen Ideen, genau wie du. Und danke, Omi, für die Luftballons, für die guten Torten und und..."

„So ist es recht", bemerkte der Vater. „Und wenn du noch einmal unverschämt bist, schlage ich das Baumhaus kaputt."

„Untersteh dich", rief Sigrid, und drohte ihrem Sohn mit dem Finger. Und Oskar, der danebenstand, rief aufgebracht: „Nein, Herr Teschner, das dürfen Sie niemals tun, sonst..."

„...Was sonst?"

„Sonst hole ich die Polizei."

Zu Mittag aßen sie in einem Lokal Schweinekrustenbraten mit Knödeln und Bohnengemüse. Auch Oskar war dabei. Nach der Rückkehr ins Haus kam ein Anruf. Hinterher verkündete Sigrid: „Es kommen noch Leute zum Gratulieren."

„Ich weiß schon wer", grinste Stephan, „die doofen Küken mit ihrer Mutter."

„Wie bitte?", rief Robert ärgerlich, und Andrea schüttelte verständnislos den Kopf. Die Oma drohte mit dem Finger. Sie meinte, er solle sich schämen, aber ihr Enkel schämte sich nicht.

Von Tante Mona gab es eine rote Sportjacke. Andrea hatte Stephan eine Jogginghose geschenkt, die genau dazu passte. Die beiden Frauen hatten sich abgesprochen.

„Happy birthday to you...", sangen beide Cousinen. Stephan unterbrach sie: „Hört auf, hört auf, das klingt wie Katzengejammer." Daraufhin verpasste Tamara Stephan eine Ohrfeige. Er sagte: „Danke für das luxuriöse Geburtstagsgeschenk", und er streckte die Zunge heraus.

Als ihm Oskar vorschlug, später Mathe zu üben, wurde das Geburtstagskind rebellisch. „Du kannst gleich gehen und dein Geschenk wieder mitnehmen, du Nervensäge, du."

„Stefferl, jetzt bist drauf reing'fallen. Ich hab' dich bloß a bisserl ärgern wollen."

Gegen Abend löste sich die Geburtstagsgesellschaft auf. Andrea fand, dass es ein fröhliches Fest war. Sie fuhr erst am nächsten Tag nach München zurück. Robert wollte sie am Abend zu einem Glas Wein einladen, aber sie zog es vor, sich bald schlafen zu legen. Sie durfte in Stephans Bett übernachten. Er schlief bei seinem Vater im Schlafzimmer.

Erst am nächsten Tag, als Robert Andrea zum Bahnhof begleitete, konnten die beiden über Stephan reden. Von ihm war die Mutter zum Abschied umarmt worden. Er hatte ihr sogar einen saftigen Kuss auf die Wange gedrückt. „Mama, danke für dein Geschenk und dafür, dass du gekommen bist. Einfacher wäre es, wenn du gleich um die Ecke wohnen könntest."

Sie erschrak momentan, aber dann erwiderte sie in aller Freundlichkeit. „Steffi, für dich ganz sicher. Es tut mir leid, dass wir so weit auseinander sind, aber bedenke, dass es für mich sehr umständlich wäre, hier zu wohnen. Diese ewige Fahrerei mit dem Zug."

„Papa macht das auch täglich. Er nimmt das locker."

Robert grinste. Er sagte nichts dazu.

Stephan machte sich im nächsten Moment auf den Weg zu seinem neuen Schulfreund Tim, der ihn zu *Mac*

Donald eingeladen hatte.

Andrea fiel sozusagen wieder *ein Stein vom Herzen*, als sie fühlte, dass Stephan nicht mehr so traurig über die Scheidung war.

12. Kapitel

Vor kurzem war Gisela von ihrer Weltreise heimgekehrt. Es war ihr schwergefallen, wieder zur Tagesordnung überzugehen. Sie hatte mit dem Finger gedroht: „Schämt euch, eingenommen habt ihr nicht viel. Deshalb kürze ich euch das Gehalt."

Carla hatte wütend geantwortet: „Bist du übergeschnappt? Wir haben verkauft, organisiert und geputzt. Kürzt du unser Gehalt, kündigen wir gemeinsam."

Andrea hatte genickt und dies bestätigt: „Ja, das machen wir."

Geringschätzig hatte Gisela geäußert: „Ihr seid keine Geschäftsleute. Ihr wisst nicht, wie verkaufen geht."

„Ich drehe keinem etwas an", hatte Andrea ungehalten geantwortet und hinzugefügt: „Ich bemühe mich, etwas zu verkaufen, aber nur das, was der Kundschaft gefällt. Ansonsten musst du sie selbst bedienen."

„Gisela hat zu viel Sonne abgekriegt oder zu viele Hormone geschluckt", hatte Carla gemurmelt.

Für einige Minuten war die Chefin verstummt, bis sie plötzlich aufgesprungen war und der Ladentischschublade eine Pralinenschachtel entnommen hatte.

„Hier, meine Damen, damit ihr euch wieder beruhigt. Es sind die besten Pralinen der Welt. Kinder, verzeiht mir, es war nicht so gemeint. Ich merke schon, dass ich seit dieser Reise wie umgepolt bin."

Nach wenigen Tagen hatte sich alles wieder eingerenkt. Gisela verhielt sich freundlich wie zuvor, auch lebhaft, wenn auch etwas kritisch, sofern sie glaubte, dass ihre Angestellten zu wenig verkauft hätten. Was wollte sie mehr? Das Geschäft boomte.

Carla und Andrea missfiel an ihrer Chefin, dass sie neuerdings öfter einen Glimmstängel im Mundwinkel hatte und die Räume allmählich nach Rauch rochen.

„Gisela, wenn die Kleidung auch noch den Geruch annimmt, bist du geliefert", beanstandete Carla.

Daraufhin rauchte die Chefin nur noch vor der Haustür und zwar in einer Kleidung, die sie hinterher wieder ablegte.

Bevor Carla ihren Urlaub antrat, sagte sie zu ihrer Chefin: „Wenn ich zurückkomme, bist du hoffentlich dieses scheußliche Laster los und riechst wieder nach deinem besten Parfum."

Carla fuhr nach Budapest, ganz in die Nähe ihrer Heimat. Mit ihrer Schulfreundin verbrachte sie vierzehn Tage in einem Hotel, von wo aus die beiden Fahrten unternahmen. Fröhlich und ausgeruht kehrte Carla zurück.

Anschließend bekam Andrea Urlaub. Am 20. August flog sie mit Stephan nach Tunesien. Sie verbrachten in *Hammamet* in der Nähe von Tunis im Hotel *Fourati* zwei erholsame und abwechslungsreiche Wochen. Jeden Tag fuhr der Bus mit ihnen zu einer anderen Sehenswürdigkeit. Sie badeten öfter im Swimmingpool oder im Meer. Den parkähnlichen Garten mit den vielen Palmen und dem Duft von Orangenblüten fand Andrea „traumhaft", Stephan dagegen langweilig.

Gemeinsam spazierten sie an einem Nachmittag Richtung Hammamet. Ein Mann lief ihnen in die Arme.

„*Nur eine kleine Kamele*", brachte dieser in

gebrochenem Deutsch hervor. Er hielt Andrea und Stephan ein Stofftier hin, von dem der Junge entzückt war und seine Mutter bat, es zu kaufen.

„Sag mal, Steffi. Wie alt bist du eigentlich? Gerade mal fünf, wie?"

„Aber mir gefällt dieses Kamelchen so sehr."

„Wir sehen, wieviel es woanders kostet", überlegte sie, worauf der Mann energisch den Kopf schüttelte und erklärte: „Schlechte Preis bei Geschäft. Hier billig kaufen."

Er ging mit dem Preis herunter und verlangte nur noch 10 DM nach deutschem Geld. Andrea bezahlte, und der Junge nahm das Stofftier freudestrahlend in Empfang. Wenige Minuten später trottete wieder ein Händler an ihnen vorbei. „Gutes Früchte kaufen, Madame", bot er seine makellosen Orangen an, von denen Andrea zwei erstand. Sie waren zwar teuer, doch ihr Appetit darauf war riesig. Ein dritter Einheimischer versuchte es mit Vasen und Amphoren. Andrea ließ ihn alles auspacken. Hinterher sagte sie: „Packen Sie alles wieder ein. Ich kaufe nichts."

Der Mann war so wütend, dass er ihr am liebsten seine Tasche um die Ohren geschlagen hätte. Als sie rasch weitergingen, flüsterte Stephan: „Mama, du hättest sagen sollen, dass du nichts kaufen willst. Dann hätte er sich das Auspacken erspart."

„Er hätte es mir ja doch nicht geglaubt", meinte sie.

An einem heißen Tag fuhren sie mit dem Taxi zu der von hohen Mauern eingeschlossenen *Medina,* der Altstadt von Hammamet. Der Taxichauffeur erkundigte sich, ob sie schon *Couscous* gegessen hätten. Vorlaut erwiderte Stephan: „Bei uns isst man keinen Kuss,

Kuss. Bei uns gibt man einen Kuss, Kuss." Mutter und Fahrer brachen in Gelächter aus. Als Andrea den Chauffeur als Fremdenführer ablehnte, wurde sie beschimpft. Sogleich erhöhte sich der Fahrpreis.

Der Kamelmarkt in *Nabeul* war für Stephan das Aufregendste der ganzen Reise. Irrtümlich hatte Andrea geglaubt, dass bei diesem Markt Kamele verkauft werden sollten. Stattdesssen konnte man auf Kamelen reiten. Auch gab es hier Gegenstände wie Töpferwaren, Lederwaren, Teppiche, aber auch Gewürze und Gebäck zu kaufen.

Stephans Wunsch war, auf einem Kamel zu reiten. Wenige Minuten später saß er majestätisch darauf. Ein Kamelführer führte das Tier mit Stephan einige Male um den Platz herum. Der Junge wäre am liebsten nicht mehr abgestiegen, so großartig fühlte er sich da oben. Vor dem Absteigen veranlasste der Führer das Kamel, in die Knie zu gehen.

Diesen Ritt hielt Stephan für ein besonderes Erlebnis. Als sie weitergingen, entdeckten er und seine Mutter ein an einem Pfahl angebundenes junges Kamel, das klagende Laute von sich gab. Voller Mitleid betrachteten beide das niedliche Tier.

„Schlimm, es anzuhängen. Ich binde es los", erklärte Stephan, aber die Mutter packte ihn noch rechtzeitig am Arm. „Wenn du das tust, läuft das Kamel davon. Dann bin *ich* nämlich das Kamel, weil ich zahlen muss."

„Und du wirst angebunden", lachte Stephan.

Sie schlenderten über den Markt. Andrea bewunderte die Amphoren. Sie hatte erfahren, dass *Nabeul* als Zentrum tunesischer Keramikmanufaktur galt.

„Mama, kauf mir den Wandteller für mein Zimmer",

bat Steffi.

„Was willst du noch alles haben? Nach deutschem Geld kostet er 8 DM, nach tunesischem vier Dinare. Das ist zu teuer."

Als Andrea rasch mit Steffi weiterlief, kam der Händler hinter ihnen hergelaufen. „Sie können ihn haben für drei tunesische Dinare. Ist geschenkt. Wollen Sie kaufen?"

Andrea willigte in das Geschäft ein, und Stephan freute sich riesig über diesen kunstvollen Teller.

Mit einer aromatischen Brise Kräuterduft in der Nase wollten sie weitergehen, doch dann fesselte Stephan das Gefeilsche zweier Männer. Er rief den beiden zu: *„Alles zu teuer. In Deutschland kriegt man's geschenkt."*

Andrea war über Stephans ungehörige Aussage so zornig, dass sie ihm eine Ohrfeige verpasste. Der Händler brach in lautes Gelächter aus, was den Jungen ärgerte.

Lange noch blieb ihnen der Besuch des Kamelmarktes in Erinnerung. Es waren wundervolle, erlebnisreiche Tage gewesen. Sie konnten kaum glauben, dass bereits zwei Wochen seit ihrer Ankunft verstrichen waren.

Andrea erkundigte sich bei ihrem Sohn, was ihm am besten gefallen habe: „Das kleine Kamelchen, ich meine das echte, das ich gern mitgenommen hätte. Es war so süß."

„Dann könntest du ja mal Kameltreiber in Tunesien werden. Na ja, fürs Erste hast du das Stoffkamel bekommen."

Stephan lächelte und meinte, es würde ihn immer an das echte Kamelchen erinnern und an das große, auf dem er reiten durfte.

Margitts Eltern hatten vor einigen Wochen die Neuigkeit mit großer Freude vernommen, dass ihre Tochter ein Kind erwarte. Dagegen sprachen Robert und Andrea ihre Bedenken aus. „Das bisschen Geld, das du für den Zivildienst bekommst, reicht doch nicht für den Unterhalt der Familie", gab der Vater zu bedenken. „Außerdem willst du noch studieren."

Jochen zuckte hilflos mit den Schultern. „Aber wenn uns doch Margitts Eltern helfen wollen! Sollen wir etwa das Geld nicht annehmen?"

„Das Geld ist doch hier nicht das Problem", meldete sich Margitt zu Wort. „Meine Eltern haben es ja dicke. Es wird sich außerdem ausgleichen, wenn Jochen in die Praxis meines Vaters einsteigen wird. Was mir leid tut, ist, dass meine Ausbildung zur Pädagogin ins Wasser fällt."

Robert, der daneben stand, meinte: „Ja, wirklich schade, Margitt, aber wie solltest du das ändern können, es sei denn..."

„Ja, was?"

„Dass deine Mutter tagsüber das Baby nimmt."

„Oh nein, das will ich nicht, ihr das aufzubrummen. *Ich* bin doch die Mutter."

Fritz und Sigrid, die von Jochen erfuhren, dass sie Urgroßeltern werden würden, waren vor Freude ganz *aus dem Häuschen.*

„Ein Geschenk des Himmels", stellte Sigrid überglücklich fest und rief ihren Mann herbei, damit er persönlich die freudige Nachricht erhalten sollte.

„Nun ja, ihr seht es von eurer Sicht aus", bemerkte Jochen. „Wir werden uns auch darauf freuen, aber wir müssen es ernähren."

Als Sigrid versprach, die Kosten für die Nahrung zu übernehmen, erwiderte Jochen: „Das möchte ich nicht, Oma. Ihr seid doch keine Millionäre mit eurer Rente."

„Du darfst es annehmen, wir nagen nicht am Hungertuch. Es ist ja nur ein kleiner Beitrag zu diesem großen Ereignis. Und wir freuen uns darüber, ein bisschen helfen zu können."

Auch Andrea meinte: „Ich kaufe die Windeln. Da kann ich nichts falsch machen."

Jochen lächelte. „Das ist ja furchtbar lieb von euch allen, uns so beizustehen."

„Wir sind eben eine Familie", meinte Sigrid lächelnd.

Mitte Oktober war das Wetter noch mild und sonnig. Robert, der Urlaub hatte, freute sich über die angenehme Witterung. Den ganzen Sommer über hatte er zwei Abteilungsleiter vertreten müssen, die wegen Krankheit und Urlaub ausgefallen waren. Eigentlich hatte er noch vor zwei Monaten an Kündigung gedacht, aber jetzt war etwas eingetroffen, das seine Beschäftigung bei Kniefalter AG freier und angenehmer werden ließ: Es gab einen Chefetagenwechsel. Mit Dr. Dieter Runold kam Robert bestens aus. Seine anfängliche Sorge, dieser könne ihm, wie sein Vorgänger, Anweisungen *hinknallen*, die er nur ungern akzeptieren würde, hatte sich als unbegründet herausgestellt. Der neue Chef gewährte ihm volle Entscheidungsfreiheit.

Dr. Dieter Runold stellte eines Tages fest, dass ihn und Robert Teschner die Liebe zu den Bergen verband. So unternahmen sie einmal gemeinsam eine kleine Tour und versprachen einander hinterher, noch einmal zusammen in die Berge zu gehen.

Bei diesem guten Betriebsklima nahmen Roberts Kopfschmerzen kontinuierlich ab. Er ging wieder gerne zur Arbeit. Momentan genoss er jedoch noch seine Urlaubstage.

Worüber er sich zurzeit ebenfalls freute: Jochen hatte in der Münchner Ludwig-Maximilian-Universität das Studium der Rechtswissenschaften aufgenommen. In einem Schwabinger Lokal trafen sich Vater und Sohn am Abend. Es gab viel zu reden.

„Papa, in der ersten Woche war für mich das Studium eine gewaltige Umstellung", erzählte der Sohn. „Aber jetzt habe ich mich daran gewöhnt. Mich belastet im Augenblick der Friedenskreis alle vierzehn Tage." Er berichtete, dass Pfarrer Multig ihn gebeten habe, die Führung beizubehalten.

„Wenn du damit zu belastet bist, musst du diesen Kreis aufgeben", riet der Vater.

„Mal sehen, wann ich davon loskomme. Mein Schwiegervater möchte nun auch, dass ich ab und zu bei ihm mitarbeite."

Robert schüttelte den Kopf. „Du bist wie ein Gummiband, das hin- und hergezogen und so ausgedehnt wird, dass es zu reißen droht. – Und weißt du, was ich tu? Ich genieße meine Freizeit."

„Papa, schön, dass du das tun kannst. – Wie geht es mit Marika?"

„Bitte, erspar mir die Antwort. Ich will nicht darüber reden."

Zum nächsten Wochenende nahm sich Robert die Wanderung zum *Ettaler Manndl* in den Ammergauer Alpen vor. Er freute sich darüber, dass Stephan ihn begleitete. Einer seiner Münchner Freunde brachte auch seinen Sohn mit.

Der Anstieg weiter oben war felsig. Immer wieder rollten Steine herunter. Zu Roberts Ärger ignorierte Stephan das Seil. „Halt dich fest, sonst binde ich dich an", verlangte der Vater.

Stephan rief zurück: „Paps, ich pass selber auf mich auf."

„Bleib stehen. Ich muss dir was sagen: Schau dir den Thomas an, der legt auf Sicherheit Wert. Der springt nicht wie ein Knödelbock durch die Gegend. Der macht es mit Verstand."

„Der ist ja auch schon älter und hat mehr Erfahrung."

„Deshalb überlege dir als Anfänger jeden Schritt genau."

Stephan suchte soeben mit der linken Hand nach einem Griff, um sich soweit nach oben zu ziehen, dass er mit dem rechten Fuß auf den nächsten Tritt gelangen konnte. Robert blieb fast das Herz stehen, als er beobachtete, wie sein Sohn wagemutig zur nächsten Stelle sprang und beinahe abgerutscht wäre. Er nahm sich vor, ihn zu einem Kletterkurs zu schicken.

Oben auf dem Gipfel plauderten Thomas und Stephan angeregt miteinander, während sie ihre Brotzeit aßen. Manfred sang hingebungsvoll: „Auf der Alm, do gibt`s koa Sünd…" Friedhelm vervollständigte humorvoll: „Weil do lauter Viecher sind."

„Und wir sind ihre Kollegen, die Ochsen, weil wir so weit heraufsteigen", scherzte Robert. Er hatte eine Tafel Schokolade dabei und gab jedem ein Rippchen davon.

An einem Samstag lud Marika Robert zu sich nach Hause ein. Tagelang jagte ihm die Angst durch den

Kopf, sie wolle sich endgültig von ihm verabschieden. Es fiel ihm schwer, sich so lange zu gedulden, bis sie zusammenkamen.

Endlich war es soweit. Genüsslich aßen sie das Reisgericht mit Gemüse und Hähnchenschnitzel. Robert konnte diese Mahlzeit jedoch nicht in vollen Zügen genießen, weil er ständig daran dachte, was danach kommen würde. Nachdem sie auch noch das Dessert – Apfelküchle mit Vanillesoße – verspeist hatten, erklärte sie, großen Wert auf seine Freundschaft zu legen. Er begriff sofort, was sie damit zum Ausdruck bringen wollte.

„Marika, ich möchte mehr als nur deine Freundschaft, ich möchte deine Liebe."

„Meine Zuneigung hast du. Mehr kann ich dir nicht geben. Roland erfordert meine ganze Kraft. Such dir eine andere Frau. Du bist doch ein freier Mann."

Er sog die Luft ein und blies sie wieder aus. „Ich will nicht frei sein. Ich möchte zu dir gehören, mit dir leben."

Sie fasste sich an die Stirn und seufzte. „Schade, dass dir meine Freundschaft nicht genügen kann."

Prompt erhob er sich. „Dann muss ich wohl gehen."

„Warte bitte, Robert. So können wir nicht auseinandergehen. Wir sind uns doch nicht feindlich gesinnt. Ich mag dich sehr."

Er nahm wieder Platz und wartete darauf, dass sie sich noch einmal äußern würde, aber ihre Worte blieben aus. Wahrscheinlich wartete sie darauf, dass er die Initiative ergriff.

„Marika, ich möchte jetzt doch gehen", äußerte er und erhob sich zum zweiten Mal.

Auch sie stand auf und blickte ihn betroffen an.

„Ich wünsche dir und deinem Roland das Beste, das es für euch geben kann", sagte er leise und gab ihr die Hand.

„Das wünsche ich dir auch, Robert. Schade, dass du die Freundschaft nicht weiter bestehen lassen willst. Ich hätte dich gebraucht", kam es über ihre Lippen.

Er lachte sarkastisch. „Wozu? Ich bin kein Teller, den man nach Gebrauch abwäscht und wieder in den Schrank stellt, bis man ihn abermals benötigt."

Sie reagierte verärgert: „Das hättest du nicht sagen sollen."

„Was dann, Marika? Vielleicht, dass ich dich so begehre, dass ich vor Liebe fast vergehe? Ich halte es in deiner Nähe nicht mehr aus. Muss ich noch deutlicher werden?"

„Ich habe verstanden. Verzeihe mir, ich kann nicht anders."

„Du könntest schon anders, wenn du nur wolltest", rief er ärgerlich beim Verlassen der Wohnung. Er dachte: *Was muss ich jetzt tun, damit es mir gelingt, diese Frau für immer zu vergessen. Sie liebt mich nicht. Sonst hätten wir einen Weg gefunden, zueinander zu kommen.*

Draußen setzten wieder Kopfschmerzen ein. Taumelnd bewegte er sich zur Hauswand hinüber und lehnte sich dort an. Es traf ihn hart, dass Marika seine Sehnsucht nicht stillen konnte.

Überraschend bat Gisela Andrea und Carla zu einem Frühstück. Sie habe etwas mit ihnen zu besprechen, kündigte sie an.

So trafen die beiden Frauen am Sonntag gegen zehn Uhr bei ihrer Chefin ein. Sie durften an einem fantasievoll gedeckten, mit Weinranken und Herbstblümchen verzierten Tisch Platz nehmen. Früchte, Brotaufstrich, Backwaren süß und salzig, außerdem auch warme und kalte Getränke in Kannen und Flaschen waren darauf zu finden. Bei Andrea bereiteten sich zwar Augen und Magen auf das Verzehren vor, aber genießen konnte sie diese Leckereien nicht so, wie sie gerne gewollt hätte. Voller Spannung warteten sie und Carla auf Giselas Mitteilung.

Nachdem die Chefin ihre Teetasse mit lautem Geklapper auf die Untertasse gestellt hatte, lächelte sie geheimnisvoll und schlug vor, erst einmal mit Sekt anzustoßen. „Danach", ließ sie wissen, „gibt es etwas zu sagen."

Ungehalten sprang Carla auf. „Erst deine Verkündigung, dann den Sekt."

Andreas Herzschlag beschleunigte sich. Würde Gisela womöglich doch die Boutique schließen?

„Hört bitte einmal her, ihr beiden", begann die Chefin in aller Gemütsruhe und lächelte vor sich hin, worauf Carla den Kopf schüttelte. Sie platzte beinahe vor Neugier und rief: „Ja, wir hören. Sag endlich, was du zu sagen hast."

„Haltet euch bitte fest. Ich möchte meine Boutique verkaufen, nach Möglichkeit an eine von euch."

Die beiden Frauen blickten so verdutzt, dass Gisela grinsen musste. Während sich Andrea schweigend auf die Lippen biss, fand Carla zuerst die Sprache wieder: „Gisi, weshalb verkaufst du deine gutgehende Boutique? Willst du plötzlich einen anderen Beruf ausüben?"

Andrea fiel dazu ein: „Oder hast du dich wieder mit

Axel versöhnt und heiratest ihn?"

„Völliger Schwachsinn. Ich werde bei meinem Bruder als Technische Zeichnerin arbeiten. Es ist mein früherer Beruf." Mit ernster Miene blickte sie jetzt Andrea an und fragte: „Möchtest *du* meine Boutique haben? Ich mache dir einen Sonderpreis."

Obwohl Andrea heftig mit dem Kopf schüttelte, sprach Gisela so weiter, als hätte ihre Angestellte *ja* gesagt. „Ich bestelle einen Gutachter, der den Wert des Geschäftes schätzt. Ich haue dich bestimmt nicht übers Ohr. - Wie? Du willst nicht? Ich dachte, eine von euch springt vor Begeisterung in die Luft. Stattdessen guckt ihr wie abgestochene Kälbchen."

Andrea verschränkte die Arme und murmelte: „Du hast uns mit deiner Neuigkeit überfallen. Jetzt lass uns bitte, bitte genügend Zeit zum Überlegen."

Gisela nicke. „Entschuldigung. Klar muss man sich das genau überlegen. Sag mal, Carla, möchtest du dir die Sache auch durch den Kopf gehen lassen?"

Carla wusste bereits, was sie nicht tun wollte: „Ich kaufe mit Sicherheit deine Boutique nicht. Darauf kannst du Gift nehmen."

„Na, na, ich werde deshalb kein Gift schlucken. Aber vielleicht möchtest du Andreas Angestellte sein? Was hältst du davon?"

Carla zuckte mit den Schultern, und Andrea äußerte, sie scheue das Risiko, das Geschäft zu übernehmen. Auch habe sie kein Geld dazu.

„Du kannst doch einen Kredit aufnehmen. Ich denke, du wirst eine gute Geschäftsfrau abgeben."

„Ich? Oh, nein!"

„Ach, du willst vor Unbeweglichkeit zu einer Säule erstarren?"

Andrea schnappte nach Luft, und Carla bemerkte spitz, dass Gisela Werbetexterin werden solle, nicht Technische Zeichnerin, wo es keine Gelegenheit gäbe, den Mund weit aufzureißen.

Momentan war es für Andrea unvorstellbar, eine Boutique zu führen. Was wäre, wenn sie wegen Unfähigkeit oder Unrentabilität aufgeben müsste? Mit diesen Gedanken strich sie sich eine Semmel mit Butter und Marmelade und trank dazu schwarzen Tee. Ihr fiel auf einmal wieder ein, wie Axel damals verschwenderisch die kostbare Zitronenkonfitüre an den Aschenbecher geschmiert hatte. Aber diesen Gedanken behielt sie für sich. Sie versprach jetzt ihrer Chefin, die Angelegenheit mit der Boutique-Übernahme daheim zu überdenken. Sobald sie sich dafür oder dagegen entschieden habe, wolle sie Bescheid sagen.

Fritz Teschners Magenschleimhautentzündung war nach langer Behandlung mit Medikamenten und einer Rollkur geheilt worden. Mona und Robert waren glücklich darüber, dass ihr Vater keinen Krebs hatte.

Weil zwischen den Geschwistern eine ständige Disharmonie herrschte, hatten Fritz und Sigrid den Einfall, mit der Familie ein Friedensfest zu veranstalten. Diesbezüglich setzten sie sich mit Robert und Mona in Verbindung.

Beide waren sie von dieser Idee begeistert, aber sie dachten daran, erst einmal zu zweit darüber zu reden. Die Geschwister trafen sich deshalb zu einem Mittagessen in einem Restaurant am Starnberger See. Danach zeigte Mona ihrem Bruder das Grundstück am See, das ihr kürzlich eine Freundin für einige Jahre überlassen hatte. Ottmar hatte vor, es zu kultivieren und hier im Sommer seinen Geburtstag zu feiern.

Obwohl es schon spätherbstlich kühl war und ein frischer Wind über den See hinwegfegte, nahmen die beiden kurz auf einer Bank Platz. Mona fröstelte, und Robert legte sein Jacket um ihre Schultern. Sie fühlten, dass sich mit jeder Begegnung ihre Beziehung zueinander verbesserte. Dass sie vor kurzem noch heftig miteinander gestritten hatten, war jetzt vergeben und vergessen.

Zwei Wochen später fand das *Friedensfest* bei Fritz und Sigrid statt. Selbst die im siebenten Monat schwangere Margitt kam mit Jochen. Dies rechneten ihr Fritz und Sigrid hoch an.

Für eine einigermaßen bequeme Übernachtung war an diesem Tag für jeden gesorgt. Stephan jedoch bestand darauf, im *Baumhäusl* zu schlafen. Dazu lud er Oskar ein, der sich vor Begeisterung auf die Schenkel klopfte und schwärmte: „Das wird eine Supernacht. Ich bring eine Luftmatratze und zwei Decken mit."

„Ich auch. Und Luftballons. Die lassen wir durch die Gegend fliegen."

Robert, der danebenstand, grinste. „Vielleicht fühlt ihr euch da oben wie Bratheringe in einer Büchse. Und wenn ihr aufwacht, läuft euch die Soße über den Bauch."

Gleich zu Beginn des Festes trug Ottmar Selbstgedichtetes vor: *„Wir kommen alle hier zusammen, weil wir einander gerne haben. Doch manchmal aber nicht so gerne und grüßen uns aus weiter Ferne. Dann wieder nah, und ach, oh Qual, hinab ins Nichtverstehenstal. Wann wird es einmal anders sein, dass wir uns sehr von Herzen freun, wenn wir uns einmal wiedersehen und friedlich auseinander* *gehen?"*

Robert fand, dass es Ottmar auf den Punkt gebracht hatte. Die beiden Männer redeten über Menschlichkeit und vom Kampf im Berufsleben. Degendörfer hatte als Handelsvertreter bei der Human-Med AG. ein gutes Pharma-Produkt, ein hochwirksames Blutdruckmittel, zu verkaufen. Dennoch musste er sich abmühen, um das Geld herbeizuschaffen. Er zitierte: „Der Mann muss hinaus ins feindliche Leben, muss wirken und streben... Und drinnen waltet die züchtige Hausfrau, und herrschet weise im häuslichen Kreise..."

„Ist es so schwer, beim Verkaufen Erfolg zu haben?"

„Man muss den Menschen auf die Pelle rücken. So drückt sich immer meine Bielefelder Cousine aus."

„Wieso? Ist sie eine Vertreterin."

„Ja. Sie verdreht mir jedes Wort im Mund."

Sigrid redete mit der Schwangeren über die Geburt Roberts. „Es war eine Sturzgeburt. Er kam vier Wochen früher"

Alle lauschten den Worten Sigrids, bis Mona rief: „Robert hat es in seinem Leben schon immer eilig gehabt. Auch mit seiner Heirat und jetzt mit der Scheidung."

Diese Aussage schockierte ihren Bruder. Auch Andrea war über die Äußerung ihrer Schwägerin verärgert, aber sie bekannte: „Um ehrlich zu sein, muss ich sagen, dass *ich* die Scheidung gewollt habe, nicht Robert."

Robert verdrehte zwar die Augen, aber er war Andrea für ihre Offenheit dankbar.

Ottmar rief: „Toll, dass Andrea ihren Mann sogar noch nach der Scheidung verteidigt. Das hättest du nie getan, Mona."

Monas Augen blitzten vor Zorn. „Unsinn! Deine Mona hat sich ja nicht scheiden lassen. Sie lebt doch mit dir in Frieden."

Ottmar zuckte zusammen: „Entschuldige, Mona, ich will alles zurücknehmen. Ja, wir leben in Frieden. Weiter sag ich nichts."

Um von diesem heiklen Thema loszukommen, erkundigte sich Sigrid nach Margitts Befinden. „Freust du dich auf euer Baby?" Anstelle seiner schwangeren Frau erwiderte Jochen: „Das tut sie. Sie wird eine Glucke sein, die ihr Kind Tag und Nacht bewacht."

Margitt verzog das Gesicht. „Der Herr Professor ist Hellseher. Er weiß bereits, wie ich mich eines Tages als Mutter fühlen und verhalten werde."

„Entschuldige, Margitt, ich weiß, ich war zu voreilig."

„Alles wieder in bester Ordnung, mein Gemahl", witzelte sie. „Schließlich feiern wir ein Friedensfest."

Fritz versprach der werdenden Mutter eine selbstgezimmerte Wiege für ihr Kind, worauf sie ihm vor Freude um den Hals fiel.

„So ein tolles Geschenk. Ich bedanke mich jetzt schon dafür."

Der zukünftige Urgroßvater brachte den Einwand, sie solle erst einmal abwarten, ob bei seiner Arbeit etwas Tolles herauskomme.

Jochen lachte. „Opi, noch wichtiger ist das, was Tolles hineinkommt."

Stephans Versuch, seine Macht über Evi und Tamara auszukosten, wurde in dem Moment beendet, als er den drohenden Finger seines Vaters gewahrte. Er zog aus seinem Rucksack Spielkarten, um die Mädchen mit

Tricks zu unterhalten.

Fritz plauderte mit Jochen über Umweltprobleme, vor allem interessierte den alten Herrn die noch nicht gut entwickelte alternative Energie. Er bedauerte, nicht das Geld für Module aufbringen zu können.

Jochen flüsterte ihm etwas ins Ohr, was die anderen nicht verstehen sollten: „Opi, das Fest ist großartig. Die Degendörfers sind ganz aus dem Häuschen. Und ich auch."

Bert Steppentreu saß an seinem Schreibtisch und schlug einen Ordner auf, um ihn zu durchforsten. Als er die Türglocke hörte, erschrak er, weil er glaubte, dass der nächste Klient früher als vereinbart gekommen war. Doch die Sekretärin meldete ihrem Chef Jochen Teschner.

Sein Schwiegersohn wollte nur die versprochene Broschüre abholen, aber Bert bat ihn, sich ein paar Augenblicke zu setzen. Er äußerte unter anderem, dass er glaube, Jochen sei mit dem Friedenskreis überfordert.

„Er bereichert aber mein Leben", war die Antwort.

Erst räusperte sich Bert, dann eröffnete er Jochen, dass Margitt geklagt habe, ihr Mann würde keine Zeit für sie haben. „Aber verrate mich bitte nicht. Ich hätte es nicht sagen dürfen."

Verärgert erhob sich Jochen. Er wertete die Bemerkung seines Schwiegervaters als Einmischung. „Ich muss gehen. Meine Zeit ist knapp", sagte er, worauf der Rechtsanwalt meinte: „Meine auch. Meine Sekretärin sitzt mir schon mit dem nächsten Termin im Nacken. Ich könnte deine Hilfe so gut gebrauchen."

Erst presste Jochen die Lippen fest zusammen, dann seufzte er: „Tut mir leid, dass ich noch keine Zeit hab.

Du musst dich noch gedulden, Schwiegerpapa. - Danke für die Broschüre."

Als Jochen später mit seiner Frau darüber sprach, dass ihr Vater gemeint habe, er sei mit dem Friedenskreis überfordert, erwiderte sie: „Typisch Papa. Er muss sich immer einmischen, obwohl er ja in diesem Fall recht hat. Aber wehre dich dagegen, wenn er von dir verlangt, du solltest schon mitarbeiten."

„Das habe ich bereits getan."

„Weißt du, was sich mein Papa in den Kopf setzt, ist schwer wieder rauszukriegen. Schon zweimal wollte er das Haus umbauen, obwohl meine Mutter dagegen war. Stell dir das mal vor: Die Handwerker waren schon da, aber Mama hat sie wieder weggeschickt. Sie wäre beinahe durchgedreht. Die Baufirma hat uns die angefallenen Kosten berechnet. Das war ein Theater! Mein Vater ist eigentlich ein sehr lieber Mensch, aber er hat eben auch seine Schwächen wie wir sie alle haben."

„Stimmt, aber wir sind auch in mancher Hinsicht stark. Vergiss das nicht, Margitt."

Sie lächelte nur und überlegte, welche Stärken sie habe.

Stephan durfte nach Weihnachten mit seinem Vater nach Südtirol ins Grödnertal fahren. In einem Wolkensteiner Hotel hatten sie einen Aufenthalt für eine Woche gebucht Das Wetter ließ nichts zu wünschen übrig. Die Luft war klar wie Glas. Jeden Tag Sonnenschein, Pulverschnee und traumhaft schöne Abfahrten.

Sie fuhren auf der für ihre Weltcup-Abfahrten bekannten Piste von *Ciampinoi*. Hier genehmigten sich Vater und Sohn einen Privatkurs.

Am letzten Tag des Jahres feierten sie im Hotel mit anderen Gästen. Robert hatte seinem Sohn ein paar Tropfen Sekt zum Anstoßen in das Glas gefüllt. Hinterher trank der Junge Johannisbeerschorle.

Sie sahen sich das Feuerwerk an und blieben bis nach Mitternacht. Hinterher kehrten sie in ihr Zimmer zurück und setzten sich aufs Bett, um noch miteinander zu reden. Stephan wollte vom Vater wissen: „Paps, willst du Marika heiraten? Ich möchte aber keine zweite Mutter haben."

Robert verspürte einen Stich in der Herzgegend. Er schüttelte den Kopf. „Natürlich brauchst du keine zweite Mutter. Du hast doch schon eine, die dich sehr lieb hat."

„Paps, sag doch endlich, ob du Marika heiraten willst."

„Wollen schon. Aber daraus wird sicher nichts."

Stephan taxierte seinen Vater genau. Dann flüsterte er: „Du bist darüber traurig, nicht wahr?"

Roberts Lippen zuckten nervös. Er sagte ehrlich: „ja, sehr."

„Ach, Paps, ich möchte nicht, dass du traurig bist."

Stephans Worte bewegten den Vater. Er lächelte seinen Sohn an, als er erwiderte: „Das hast du lieb gesagt, Steffi."

„Wenn alles zwischen dir und Mama gut werden könnte, dann bräuchtest du auch keine Marika, nicht wahr, Papa?"

„Damit hast du vollkommen recht, Steffi, aber es wird nicht mehr gut. Finde dich damit ab. Versuch es zumindest, Junge."

Stephan senkte den Kopf und brummte: „Hm, tu ich, Paps."

„Du schaffst das. Und weißt du was? Wir legen uns jetzt in die Falle." Robert gähnte und ließ sich nach hinten fallen.

„Papa, noch nicht schlafen. Ich will dich noch was fragen."

„Dann mach bitte schnell, sonst fang ich an zu schnarchen."

Der Vater setzte sich wieder auf.

„Ich möchte Melanie einladen. Vielleicht zu Ostern. Ist dir das recht?"

„Verbieten kann ich es dir nicht. Was bedeutet dir dieses Mädchen? Du bist doch erst elf Jahre alt."

„Wir verstehen uns gut und sind lustig miteinander."

„Ich habe erlebt, dass ihr oft streitet."

„Manchmal ist Melanie zickig. Das kann ich nicht leiden."

„Merkwürdig ist, dass du sie trotzdem magst. – Und jetzt, Steffi, gehen wir husch ins Bett."

„Na gut, Papa. Es war ein sehr schöner Tag."

„Ja. Was glaubst du, wird uns das neue Jahr bringen?"

„Eine schöne Zeit. Und dir, Papa, Liebe, aber mit Mama."

Robert schwieg. Ihm war längst klar geworden, dass sein Sohn nicht so schnell die Hoffung aufgab, dass Vater und Mutter wieder zusammenkommen würden. Aber er freute sich darüber, dass der Junge sensibel war.

Daheim, nach dem Urlaub, schrieb Stephan sofort an Melanie. Lange bekam er keine Antwort. Dann endlich traf ein Brief ein, aber er war von ihrem Vater geschrieben, der mitteilte, dass seine Tochter beim Skilaufen unglücklich gestürzt sei und mit Knochenbrüchen in einem Wiener Krankenhaus liege.

Jetzt bat Stephan den Vater, er möge mit ihm nach Wien fahren. Robert schlug vor, die Ferien abzuwarten, worauf sein Sohn lamentierte. „Nein, Papa, jetzt möchte ich fahren. Sonst ist sie wieder gesund."

„Wenn sie gesund ist, können wir uns die Reise ersparen."

Stephan gab keine Ruhe, bis der Vater endlich zu einer Fahrt nach Wien am Faschingswochenende einwilligte.

Melanie glaubte, ihren Augen nicht zu trauen, als Stephan und Robert an ihrem Bett standen. Ihre Eltern waren auch gerade anwesend. Das blasse Gesichtchen des Kindes strahlte.

Freundlich äußerte Miller-Schmidtbauer: „Wahnsinnig gut find ich es, dass ihr unsere Melanie besucht."

Umständlich kletterte das Mädchen aus dem Bett, nahm seine Krücken an sich und hinkte mit Stephan in den Flur hinaus.

Frau Miller-Schmidtbauer lächelte, als sie meinte: „Sie hängen aneinander wie... wie sagt man?"

„Wie Kletten", vervollständigte ihr Mann den Satz. „Die Lieb' lässt ned auf sich warten."

„Von Liebe haben die doch noch keine Ahnung", entgegnete Robert, „aber sie mögen einander."

Frau Miller-Schmidtbauer lachte. „Reif for love? No, no!"

Draußen berichtete Melanie ihrem Freund von dem Unfall. Sie sei gegen einen Baum gefahren, weil sie einen Umweg durch den Wald gemacht habe.

„Hoffentlich kannst du bis Ostern wieder ohne Krücken gehen. Ich möchte dich zu uns einladen."

Sie schwieg kurz, ehe sie antwortete: „Ostern feiern

wir in England den achtzigsten Geburtstag meiner Grandma."

„Lass doch deine Alten hinfahren", meinte Stephan, worauf Melanie gereizt entgegnete: „Steffi, du bist sowas von gemein. Wie kannst du zu meinen Eltern *deine Alten* sagen? Ich hau dir gleich mit meinen Krücken eine runter."

Der Junge rief: „Ich bin doch nur ärgerlich, weil du nie zu uns kommen magst. Geht es dann vielleicht Pfingsten?"

Nach einem Schulterzucken antwortete sie besänftigend: „Ich muss erst meinen Papa fragen."

„Kann ich das nicht für dich tun?", erkundigte sich Stephan, aber er wartete nicht ihre Antwort ab, sondern lief schnell in das Krankenzimmer. Verwundert sahen ihn die drei Erwachsenen an, als er hereinstürmte. Sofort wandte er sich an Herrn Miller-Schmidtbauer: „Ich will Sie fragen, ob Melanie zu Pfingsten zu uns kommen darf?"

Er überlegte. „Steffi, Pfingsten ist die Zeit viel zu knapp dazu. Warum nicht in den großen Ferien?"

Damit war Stephan einverstanden. „Na dann in den großen Ferien. Danke, Herr Miller-Schmidtbauer, danke", rief der Junge freudig und stolperte beim schnellen Hinausgehen über seine eigenen Schuhe.

„Und? Ist es genehmigt?", erkundigte sich Melanie, die nun am Fenster stand und hinausblickte.

„In den großen Ferien darfst du kommen, sagt dein Vater."

„Noch lange hin, aber ich freue mich trotzdem. Vor allem lerne ich mal deinen lustigen Opa kennen."

„Aber meine Oma ist auch nett und meine Mama auch."

13. Kapitel

Es war im Frühjahr 1990, als Rudolf Steppentreu, der Neffe von Margitts Vater, mit seinem Freund nach München kam.

Margitt, die am Fenster ihrer Wohnung stand, entdeckte den Trabbi langsam über die Zufahrt zur Garage ihrer Eltern rollen. Ein junger Mann stieg aus dem Auto und ging auf das Haus zu. Er stellte sich wenige Minuten später Margitt als *Rudolf, dein Cousin* vor. „Ich soll euch von meinem Vater, deinem Onkel Daniel, schön grüßen."

Margitt lächelte. „Dass ich deine Cousine bin, hast du dir schon denken können, nicht wahr?"

Er nickte. Sie ließ ihn eintreten. „Gehört hab ich schon oft von euch. Aber wir sind uns noch nicht begegnet", sagte sie.

„Über die Mauer hättest ja auch nicht springen können. Aber macht ihr det immer so, dass ihr keene Briefe beantwortet?"

Margitt sah ihm erstaunt in seine großen graugrünen Augen. „Von einem Brief hab ich nichts gehört und gesehen."

Rudolf lachte . „Und icke hab noch nichts davon jemerkt, det du verheiratet und schwanger bist. Hochschwanger, wie?"

„Wie solltest du das auch gemerkt haben?"

„Aber det die Mauer weg ist, haste schon mitjekriegt, wa?"

Sie schüttelte den Kopf. „Meinst du, wir hier in Bayern sind blöd?"

Rudolf erkundigte sich jetzt, ob er und sein Freund,

der mit einem klapprigen Wartburg um die Ecke stehe, bei ihnen übernachten dürfe.

„Ihr seid mit zwei Autos hier? Das kostet doch Benzin", wunderte sich Margitt.

„Wenn eines den Geist uffjibt, haben wir noch een zweetes."

„Frag mal meine Eltern, ob sie euch übernachten lassen. Sie sind gerade beim Einkaufen."

Rudolf grinste. „Kauft Tante Jana etwa Strampelhöschen ein?"

„Stimmt. Du bist wohl ein Hellseher, wie?"

Rudolf fasste Margitt am Arm und zog sie zum Auto hin.

„Guck doch mal, Cousinchen."

Sie entdeckte auf dem Rücksitz einige Bananen, eine Dose Ananas und zwei Tafeln Schokolade. „Machst du etwa ein Geschäft auf?"

„Nee! Wir in der DDR haben großen Hunger jekriegt. Jetzt fressen wir uns ooch voll."

„Wir müssen auch sparen, glaub mir das. - Tut mir leid, dass Jochen und ich keinen Platz für euch zum Schlafen haben. Außerdem bin ich in Alarmbereitschaft, wie du siehst. Jetzt kommt alle beide erst einmal herein. Ich mach einen Kaffee."

Danke, Cousinchen, ich hole rasch Egon."

Rudolf kam mit Egon zurück und stellte seinem Freund Margitt vor. Dann wurden die beiden ins Wohnzimmer geführt, und sie tranken zu dritt Kaffee. Margitt hatte noch vier Hörnchen im Gefrierschrank. Die ließ sie im Backofen warm und knusprig werden.

Rudolf blickte plötzlich auf. „Wir kommen wie die Zugvögel daherjeflattat und bitten euch um ein Nachtlager, wie?"

„Keine Sorge! Meine Eltern haben sicher Platz."

„Margitt, wenn ick wie du so'n Wurm im Bauch hätte, ick glob, ick wär schon die Wand hochjejangen."

„Ein Glück, dass du ein Mann bist, Rudolf. Und Wände besteigen ist sicher nicht gut."

Sie lachten alle drei.

Als das Ehepaar Steppentreu zurückkehrte, standen Rudolf und Egon wartend an der Haustür. Sehr erbaut von dem überraschenden Besuch waren die beiden nicht, aber sie waren dennoch nett zu den jungen Leuten. Sie boten ihnen zum Übernachten ihr Gästezimmer mit dem Polster-Doppelbett an.

Noch in dieser Nacht fuhr Jochen Margitt in die Klinik. Es dauerte sieben Stunden, bis ihre kleine Tochter zur Welt kam. Sie wurde Ruth-Michaela nach der Urgroßmutter Ruth, Janas verstorbener Mutter, benannt.

Die beiden Männer aus Eberswalde erschienen am nächsten Tag an Margitts Bett. Als Rudolf das Neugeborene betrachtete, flüsterte er: „Hat unser Herrgott nich die Haare vajessen?"

„Hat er nicht", entgegnete Jochen, der auf einem Stuhl neben dem Bett saß. „Er wollte nur keine Ausnahme machen. Die meisten Babys haben eine Glatze."

„Wenn man älter wird, jibt's wieder eene, wa?"

Als Jana und Bert erschienen, verabschiedeten sich Rudolf und Egon. Sie fuhren weiter in den Süden.

Später kam Monika mit ihrem Vater zur Tür herein. Die beiden blieben nur kurz und versprachen, die frischgebackenen Eltern und ihr Baby bald in ihrer Wohnung zu besuchen.

Vier Wochen später trug Monika ihr Patenkind zur

Taufe.

Hinterher wurde fröhlich gefeiert.

Andrea musste sich demnächst zu der Entscheidung durchringen, ob sie die Boutique übernehmen wollte oder nicht. Gisela verlangte dafür DM 14.000. Sie zog noch einen Freundschaftsrabatt von 20 % ab. Somit wurden DM 11.000 fällig. Andrea suchte die Bank auf, in der Monika arbeitete, um sich beraten zu lassen. Hinterher sagte sie Gisela zu.

Nach dieser freudigen Mitteilung schenkte die Geschäftsinhaberin ihren beiden Angestellten ein Glas Champagner ein. Bei der Schlüsselübergabe wünschte sie Andrea und Carla viel Erfolg. „Und bitte, Andrea, nimm dir vor, dein Outfit aufzumöbeln. So wie heute musst du immer aussehen. Das blaue Kleid steht dir gut. Jetzt sind die Säume nach oben gerutscht. Der Modeschöpfer Claude Montana sorgt dafür, dass man unsere Oberschenkel sieht, sofern man schöne hat. Du hast sehr schöne. Kürze deshalb deine Kleider."

Andrea betrachtete Gisela in ihrem engen, sehr kurzen Minikleid. Sie sah auch zu den spitzen hochhakigen Schuhen hinab. „Hast du dir einen Waffenschein dafür besorgt?", lachte die künftige Boutique-Inhaberin.

Carla holte ein Metermaß und hielt es grinsend an Giselas Knie. „14 Zentimeter darüber. Sehr, sehr mutig. Wenn die Herren der Schöpfung möchten, könnten sie auch noch deinen hübschen Popo unter diesem schwarzen Slip bewundern."

Gisela lachte. „Vielleicht misst du mich auch mal in der Breite. Wenn ich wieder zu euch komme, möchte ich zwanzig Zentimeter weniger messen", scherzte sie, worüber sie alle drei lachten. Die Stimmung war bestens.

Andrea hatte schon alles getan, um gut auszusehen. Vorgestern hatte sie sogar im Kosmetiksalon und gestern beim Friseur einen Termin gehabt. Deshalb hatte sie es nicht mehr geschafft, ihre Mutter aufzusuchen. An ihrer Stelle kümmerte sich wieder einmal Monika um ihre Oma. Von ihrer Mutter erhielt die Tochter für ihren fleißigen Einsatz ein Cocktailkleid aus Chiffon, das sie gleich bei Kathrins Party anzog.

Giselas endgültiger Abschied stand jetzt bevor. „Macht mir das Fortgehen nicht so schwer", stöhnte sie benommen und drückte erst Carla, dann Andrea fest an sich. Gleich darauf eilte sie hinaus.

„Das Geschenk," rief Carla, „Sie hat unser Geschenk vergessen."

Andrea rannte mit dem Päckchen in der Hand Gisela hinterher. Zusammen gingen die beiden in die Boutique zurück.

Hier bestaunte die ehemalige Chefin die erhaltene Brosche. „Die ist ja entzückend. Ich danke euch dafür."

„Die hast du dir verdient", flüsterte Carla, „du warst eine wunderbare Chefin und hast nur selten gezeigt, dass du eine bist. Hin und wieder warst du zwar etwas aggressiv, aber meistens verständnisvoll und gut aufgelegt. Nur einmal, als du von deiner Schiffsreise zurückgekehrt bist, warst du ungenießbar."

„Stimmt", pflichtete Andrea ihr bei. „Ich hätte dich zum Mond schießen können."

Gisela biss sich auf die Lippen, ehe sie meinte: „Der Glanz dieser Kreuzfahrt hat mich total verblendet. Mit euch war es aber genauso schön wie auf einem Luxusschiff."

Carla lachte laut. „Siehst du, Gisi, du kannst so liebenswürdig übertreiben, dass es einem warm ums Herz wird."

Andrea betrachtete Gisela von der Seite. „Mit deinem Bruder wirst du sicher gut zusammenarbeiten."

„Du kennst doch Frank. Freiraum habe ich sicher keinen."

„Wenn es dir in Düsseldorf nicht gefällt, kommst du zurück. Als Angestellte, meine ich, nicht mehr als Chefin."

„Danke, Andrea. Beinahe hätte ich es in der Aufregung vergessen." Sie kramte in ihrer Tasche herum und zog zwei vergoldete Kugelschreiber heraus. Auf dem einen war *Carla* eingraviert, auf dem anderen *Andrea*. Dazu sagte sie: „Bei jedem niedergeschriebenen Wort sollt ihr an mich denken."

Die beiden Frauen freuten sich über das nach ihrem Ermessen kostbare Geschenk. Überschwänglich umarmten sie Gisela.

Nach deren Abschied flüsterte die neue Ladenbesitzerin: „Ich habe Angst vor dem, was auf uns zukommen wird."

Carla strich ihr mitfühlend über die Schulter und äußerte, dass sie sich keine Sorgen machen müsse. Sie würden es schon schaffen.

„Danke. Ohne dich wäre ich sicher überfordert."

Eine Woche später lud Carla ihre neue Chefin zu sich nach Hause ein. „Dann können wir einmal in Ruhe über alles reden."

„Gerne, Carla, das ist sehr nett von dir."

Carla ließ sich an diesem Tag ein besonderes Gericht einfallen. Sie servierte Hirschgoulasch mit Pfifferlingen, rohe Klöße und eine bunte Gemüseplatte.

Danach gab es eine schaumige Zitronenspeise, die beinahe auf der Zunge zerging.

Die beiden Frauen setzten sich nach dieser Mahlzeit noch eine Weile auf das Sofa und überlegten, wie sie ihren Arbeitsablauf und noch manches Organisatorische verbessern könnten.

Am nächsten Tag besuchte Andrea endlich wieder einmal ihre Mutter, die Schwierigkeiten hatte, ihre Tochter zu erkennen, denn Andrea hatte jetzt ihr Outfit, wie Gisela sich auszudrücken pflegte, völlig verändert. Ihre Lippen waren stark geschminkt und auf ihr blasses Gesicht war Rouge aufgetragen. Sie hatte sich eine adrette Kurzhaarfrisur zugelegt. Ihr roter Pulli und ihr grauer, enger Rock waren nach dem neuesten Stand der Mode.

„Mutti, starr mich nicht so an wie ein Mondkalb", rief sie.

„Mondkalb?", wiederholte Therese verletzt und schob die halbleere Kaffeetasse von sich.

Andrea strich Therese beruhigend über das Haar. „Bitte, entschuldige, Mutti. Es ist mir nur so herausgerutscht."

Therese nickte. Sie schien es ihrer Tochter zu verzeihen. Auf einmal wollte sie wissen: „Andrea – bist – du – glücklich?"

Die Tochter glaubte, nicht richtig gehört zu haben. Noch nie hatte ihr die Mutter diese Frage gestellt. Sie griff lächelnd nach deren Hand. Etwas war jetzt in ihrem Innern aufgebrochen. Sie dachte: Vielleicht ist die Zeit gekommen, in der wir uns endlich besser verstehen können. So antwortete sie: „Schön, Mutti, dass du das wissen willst. Um deine Frage zu beantworten: Ja, glücklich, das bin ich, obwohl ich viel mehr Arbeit als früher habe. Mir gehört jetzt die Boutique, in der ich Angestellte war. Gisela ist gegangen."

Therese nickte. Sie schien alles verstanden zu haben.

„Mutti, heute kommt noch jemand zu dir, Monika." Thereses Gesicht war wie verwandelt. Ihr Mund lächelte, ihre Augen strahlten. „Moni? Sie – ist – so - wundervoll."

„Ja, das ist sie. Immer fand ich sie nicht so. Früher haben wir ständig miteinander gestritten."

Therese rieb sich die Nase, die zu jucken begann. „Wa-rum?"

„Sie hat geglaubt, ich allein sei für das Scheitern unserer Ehe verantwortlich. Dabei ist es Robert genauso."

„Immer – sind – zwei – schuld", murmelte Therese.

Heute verlief das Beisammensein mit ihrer Mutter so, wie es sich Andrea schon oft gewünscht hatte. An allem, was die Tochter sagte, zeigte sie reges Interesse. Später, beim Abschied, strich Therese Andrea über die Wange. „Mutti, du hast mich ja gerade gestreichelt. Ich mag deine Zärtlichkeiten", bemerkte die Tochter überrascht und fügte noch hinzu: „Es ist alles viel, viel besser geworden als früher."

Therese schien einiges durch den Kopf zu gehen. Erst starrte sie zur Decke hinauf, als würde sie da oben etwas Interessantes entdecken, dann blickte sie auf ihren Schoß hinab, sodass Andrea das Gefühl haben musste, die Mutter denke über etwas sehr angestrengt nach, aber eine Bemerkung blieb aus.

Heute winkten sie einander zum Abschied lächelnd zu.

Eine Woche später, bei ihrem nächsten Besuch, gab es eine Überraschung für Andrea. In Thereses Zimmer saßen eine ältere Dame und ein Herr in den mittleren Jahren. Beim Nähertreten erkannte Andrea Sybilla Mönkemann, die Freundin ihrer Mutter aus Walsrode. Der Mann, der sie begleitete, stellte sich als Sybillas Neffe Markus vor. Er behauptete, in Hannover zusammen mit Andrea zwei Jahre zur Schule gegangen zu sein. Andrea schüttelte den Kopf. Solche Zufälle gab es doch wohl nicht. Aber er meinte: „Ich erinnere mich ein wenig an Andrea Franke, an das kecke Mädchen, das immer an ihren langen Haaren gespielt und nicht aufgepasst hat. Meine Tante und deine Mutter, die sich bereits in Hannover gekannt hatten, haben dich auf dem mitgebrachten Gruppenfoto erkannt. Sieh dir das mal an."

Andrea betrachtete das Foto genau und entdeckte sich darauf in der zweiten Reihe. „Ach, warst du etwa der kecke Junge, der die Mädchen so oft auf die Palme gebracht hat? Der hieß nämlich auch Markus. Wie heißt du mit Nachnamen?"

„Gründner."

„Markus Gründner! Langsam dämmert es. Du warst also der Mädchenschreck."

Markus lachte so herzhaft, dass Andrea mitlachen musste.

„Ja, aber die Mädels haben das genossen, du doch auch."

Jetzt erklärte Markus, dass er sich auf Geschäftsreise befinde und seine Tante mitgebracht habe.

„Sehr praktisch", lachte Andrea, und Sybilla Mönkemann lachte mit. Andrea war überrascht, dass Markus sie für den nächsten Tag zum Abendessen einlud. Ihr lief gleich eine Gänsehaut über den Rücken, als er sagte: „Um sieben Uhr beim Rathaus am Marienplatz. Du machst dann einen Vorschlag, wo wir hingehen könnten."

„Danke! Ich werde pünktlich sein."

Er begleitete Andrea hinaus.

Schon stellte Sybilla Mönkemann Überlegungen an, ob sie auch in dieses Heim ziehen solle. Sie hatte bereits darüber nachgedacht. Später redete sie mit ihrem Neffen darüber. „Nicht wahr, Markus, mein Haus ließe sich leicht verkaufen."

„Wieso? Ich möchte doch noch darin wohnen. Aber die Idee, in dieses Heim zu ziehen, ist fantastisch, Tantchen. Deine beiden Freundinnen sind verstorben, und du klagst immer, dich einsam zu fühlen, wo ich den ganzen Tag außer Haus bin. Dann hättest du auch wieder deine geliebte Therese."

Beim Abendessen, das Markus mit Andrea beim *Augustiner* einnahm, erzählte er, dass seine Frau bei einem Unfall ums Leben gekommen sei. Andrea hatte zu berichten, dass sie geschieden sei. Ihr Herz machte einen Freudensprung, als er sie bat, sich bald wieder mit ihm zu treffen. Jeder schrieb dem anderen seine Telefonnummer auf, Andrea auch die von der Boutique.

Als er ins Hotel zurückkehrte, war seine Tante bereits dort. Sie hatte genau wie er ein Taxi benutzt.

Vierzehn Tage später kam Markus mit seiner Tante wieder zu Therese ins Münchner Altenheim. Andrea hatte dies von ihm telefonisch erfahren. Sie war dankbar dafür, dass Carla den Verkauf erledigte und eilte ins Altenheim. Nach einer kurzen Begrüßung wurde leise die Tür geöffnet und Monika trat ein. Sie kam wie gerufen, denn für Andrea und Markus ergab sich die Möglichkeit zum Weggehen, ohne ein schlechtes Gewissen haben zu müssen. Andrea fühlte sich wie ein verliebter Teenager.

Als heute Monika mit ihrer Oma durch die Gänge fuhr, wurde sie von Frau Mönkemann begleitet. Sybilla ließ es sich nicht nehmen, einen Blick in verschiedene Zimmer zu werfen. Beim unbefugten Öffnen einer Tür bekam sie einen heftigen Schlag auf die Nase. „Die ist jetzt gebrochen", stöhnte sie, aber es war nichts passiert.

Sie fuhren an Frau Schlimme vorbei, die gerade nach unten fasste, weil sie ihren Hausschuh verloren hatte. Monika hob ihn auf.

„Danke, mein Fräulein. Wer sitzt in Ihrer Kutsche? Etwa die Kaiserin Therese von Österreich?", spaßte Frau Schlimme.

Monika ging auf diesen Scherz ein: „Ja, Kaiserin Therese."

„Habe schon viel von Ihnen gehört, werte Kaiserin. Gnädiges Fräulein, hüten Sie sie gut, die Kaiserin Therese."

Frau Schlimme machte einen Knicks, um Ehrerbietung zu spielen. Monika und Sybilla brachen in Gelächter aus. Therese blickte verwundert. Was war denn das für ein Theater?

Wieder in Thereses Zimmer angekommen, erkundigte sich Sybilla bei ihrer Freundin: „Sag mal, wer ist diese witzige Person?"

„Frau - Schlim-me, genannt - Son - nen – schein."

„Sie nannte dich Kaiserin Therese."

Anstelle ihrer Oma erwiderte Monika: „Dieses Theaterspiel hat ihr einen Riesenspaß gemacht. Sie ist immer so erfrischend lustig, diese Frau."

Therese verdrehte die Augen, und Sybilla rief

begeistert:

„Solche Menschen befreien aus der Senilität, aus der Verkalktheit und bringen Stimmung in diese gottverlassenen Heime."

„Hu", machte Monika, „gottverlassen ist dieses Heim nicht."

„Deshalb melde ich mich hier an. Ich freue mich schon darauf, bei dieser Frau Schlimme eines Tages Königin Sybilla genannt zu werden."

Zu Therese sagte die Freundin: „Sobald hier etwas frei wird, komme ich. Aber nicht in die Pflegestation."

Inzwischen aßen Andrea und Markus zur Mittagszeit beim *Donisl* eine Schweinshaxe mit Sauerkraut.

„Ich liebe diese bayerische Kost", äußerte Markus. „Aber gehen wir ein bisschen spazieren. Ich bin voll bis obenhin."

Andrea schlug vor, in den Hofgarten zu gehen.

Unterwegs teilte er ihr mit, erst vor einem halben Jahr Opa geworden zu sein. Darüber musste sie lachen. „Dann geht ein Opa mit einer Oma spazieren. Das ist wirklich lustig." Plötzlich fiel ihr ein: „Schade, ich kann nicht länger bleiben. Steffi kommt gleich aus Weilheim. Entschuldige bitte, dass mir das erst jetzt einfällt. Es ist mir geradezu peinlich."

„Macht doch nichts. Darf ich deinen Steffi kennenlernen?"

Sie fuhr sich mit dem Finger über die Lippen und zögerte mit der Antwort. Aber dann erklärte sie ihm, dass es besser sei, noch damit ein bisschen zu warten.

Markus versprach, in vierzehn Tagen wieder zu kommen. „Diesmal ohne Tante", bemerkte er. „Sie will immer wissen, was ich mache. Daheim hat sie in meinen Schränken herumgewühlt. Sonst ist mein

Tantchen schon okay, aber sie ist sehr neugierig."

„Zu Therese ist sie sehr nett, das muss ich sagen. Lass sie wieder mitkommen. So brauche ich mich nicht um meine Mutter zu kümmern. Gewiss, das ist etwas egoistisch von mir."

Er lächelte. „Etwas egoistisch sind wir doch alle. Du hast recht. Es ist besser für uns, wenn ich sie mitnehme und sie bei Therese ablade."

In der Boutique versuchten Andrea und Carla das Image der ehemaligen Besitzerin aufrecht zu erhalten. Heute florierte das Geschäft am Vormittag gut. Andrea verkaufte ein dunkelrotes Abendkleid aus Satin, einen Rock im Nadelstreifenmuster, einen weinroten Cashmere-Pulli und einige Dessous aus Seide.

Nachmittags bediente Carla eine mit Schmuck behangene Kundin, die sich für einen Hosenanzug aus braunem Samt begeistern konnte. Als dieser Dame der Träger ihres Büstenhalters riss, holte Carla rasch Nadel und Faden und nähte ihn wieder an.

„Au, Sie haben mich gestochen", rief die Kundin, worauf Carla meinte: „Entschuldigung! Soll ich ein Pflaster holen?"

„Nein, nein. Nicht nötig. War doch nicht so schlimm."

„Wissen Sie was? Wir trinken ein Gläschen Sekt."

„Oh, ein solches Trostpflaster lässt man sich gerne gefallen."

Auch Andrea stieß mit der Kundin an. Sie hoffte, dass diese Dame noch öfter vorbeikommen würde. Damit behielt sie recht.

Einen Tag später wirkte der Laden ab vierzehn Uhr wie ausgestorben. Andrea ging deshalb früher, und Carla setzte sich noch an die Strickmaschine und arbeitete an einem Cocktailkleid aus Lurexgarn. Nachdem sie es endlich fertiggestellt hatte, häkelte sie Einkaufstaschen und nähte überall ein Futter hinein. Drei von dieser Art waren bereits verkauft worden. Andrea hatte ihr geraten, zur Verzierung eine Rose aufzunähen und deshalb anstelle von DM 24,95 einen Preis von DM 30,95 zu verlangen.

Eines Tages betrachtete Andrea ihre Angestellte nachdenklich. „Carla, du siehst sehr blass aus. Weißt du was, du könntest ein paar Tage ausspannen. Du arbeitest ohne Unterbrechung bis in die Abendstunden hinein. Also, bleibe ab übermorgen daheim, schlafe dich aus, gehe spazieren und tu, was dir gefällt."

Carla verzog das Gesicht. „Das können wir uns nicht leisten."

„Oh, doch. Weißt du, was wir uns nicht leisten können? Dass du mir vor Überarbeitung umkippst. Es ist also ein Befehl, dass du ab übermorgen daheim bleibst und erst nach einer Woche wiederkommst. Ich schaffe das schon alleine. Du bist auch oft alleine hier."

Carla nickte. „Wenn du unbedingt meinst, befolge ich deinen Rat."

Eine Woche später, es war Freitag, kehrte Carla ausgeruht und fröhlich zurück. Sie schwärmte von der wunderschönen Zeit, die sie verbracht habe. „Ich war im Kino, im Museum und beim Schwimmen in der Olympiahalle."

„Das freut mich, aber morgen darfst du hier den Dienst übernehmen. Ich bekomme nämlich Besuch."

Am Samstag holte Andrea Stephan vom Hauptbahnhof ab. Daheim begannen Mutter und Sohn mit dem Zubereiten einer Pizza. Für zwölf Uhr hatte sich Markus angesagt. Er war von Andrea zum Essen eingeladen worden.

Als er kam, stellte ihm Andrea Stephan vor, ehe sie sich an den Mittagstisch setzten. Beide sahen sie einander forschend an.

Markus lobte das Essen: „Eure Pizza schmeckt hervorragend. Bereitet ihr öfter eine zu?"

Andrea ließ Stephan antworten, der stolz lächelnd erklärte:

„Ja, machen wir öfters. Das ist eine Käse-Tomaten-Pizza und das andere eine Schinken-Champignon-Pizza mit Oliven drauf."

„Steffi entwickelt sich noch zu einem Pizza-Bäcker", bemerkte Andrea.

Zunächst sprachen alle drei noch locker über alltägliche Themen, bis Stephan aus heiterem Himmel bemerkte: „Mama, du nimmst dir überhaupt keine Zeit mehr für mich."

Andrea fühlte sich wie vor den Kopf gestoßen. „Was soll das werden, Steffi? Du kommst doch alle vierzehn Tage zu mir, meinetwegen gerne auch noch öfter. Vergiss bitte nicht, dass du es warst, der von mir weggezogen ist."

Der Junge verdrehte die Augen und rief: „Du willst mich abschieben", worauf Andrea zornig wurde und schrie, er solle seinen Mund halten.

Markus fragte sich, ob der Sohn jetzt in seinem Beisein mit seiner Mutter abrechnen wolle. Es fiel ihm ein zu sagen: „Steffi, mein großes Indianer-Ehrenwort: Ich will dir deine Mutter nicht wegnehmen und sie will dich keinesfalls abschieben."

Prompt kam es zurück: „Vergiss dein Indianer-Ehrenwort. Ich bin kein Baby mehr. Du hast mir nichts zu sagen."

Alle Farbe wich aus Andreas Gesicht. Sie fragte sich, wie weit Stephan noch gehen würde. „Steffi, wieso beleidigst du Markus? Er ist unser Gast. Was willst du noch? Du hast alle Liebe dieser Welt. Papa liebt dich, ich liebe dich, deine Geschwister lieben dich. Und Markus akzeptiert dich. Nicht wahr, Markus?

„Wieso auch nicht? Steffi ist doch ein netter Junge. Und er gehört zu dir, Andrea." Schweigend erhob er sich und ging um den Tisch herum. Er griff nach Stephans Hand, die jedoch zurückgezogen wurde.

„Ach, Steffi, können wir nicht Freundschaft schließen?"

Der Junge schüttelte den Kopf und rief: „Wie soll ein alter Mann mit einem Jungen Freundschaft schließen können."

Leicht gekränkt setzte sich Markus wieder hin. Stephan bemerkte den vorwurfsvollen Blick seiner Mutter und das Beben ihrer Schultern.

Diese Zurückweisung konnte der Gast einigermaßen überwinden, da er versuchte, sich vollkommen in Stephan hineinzuversetzen. Er glaubte zu ahnen, wie schwer es für diesen Jungen war, ihn als Freund seiner Mutter anzunehmen. Markus wagte es ein zweites Mal, auf Stephan zuzugehen. „Steffi, sei vernünftig", flehte er, „du bist so ein intelligenter Junge, habe ich erfahren. Jetzt gib doch deiner Mutter eine Chance. Merkst du nicht, wie traurig sie auf deine unfeinen Worte reagiert?"

Der Junge würgte, als würde er einen größeren Bissen hinunterschlucken. Er bemerkte: „Sie ist Papa nicht treu geblieben", worauf sich Andrea vor Schrecken an die Brust fasste und schrie: „Junge, was redest du für einen Unsinn? Papa und ich haben uns doch getrennt."

Stephan sprang auf und rief wütend: „Und wenn du den heiratest, ist er dein Mann. Ich will jetzt gleich zum Papa zurückfahren."

Andreas Augen funkelten zornig. „Steffi, du nimmst sofort wieder Platz", schrie sie aufgebracht. „Du wartest mit deiner Heimfahrt bis morgen."

Der Junge ließ sich wieder auf seinem Stuhl nieder, und er hörte Markus sagen: „Du musst keine Angst vor mir haben. Ich nehme dir deine Mama bestimmt nicht weg."

Stephan senkte den Kopf und Markus aß sein letztes Stückchen Pizza. Nachdem er fertig war, wandte er sich an den Jungen. „Ich schlage vor, wir beide machen einmal etwas gemeinsam. Dann wird es gleich mit uns besser werden, nicht wahr, Steffi? Entweder Kino- oder Museumsbesuch, baden gehen und das alles mit oder ohne deine Mama. Was möchtest du?"

Der Junge überlegte. „Ohne Mama mit dir ins Kino gehen."

„Prima, Steffi! Aber jetzt gehe ich. Sei nett zu deiner Mama. Sie hat dich sehr, sehr lieb. Enttäusche sie nicht."

Diese Worte beeindruckten Stephan. So fremd und unsympathisch kam ihm Markus auf einmal nicht mehr vor.

„Du willst schon gehen?", erkundigte sich Andrea traurig.

Er zuckte nur mit den Schultern, erhob sich und verabschiedete sich von Stephan. Andrea begleitete ihn im Aufzug hinunter ins Parterre.

„Ich bin wütend auf Steffi", gab sie leise von sich, „aber er tut mir auch leid, weil er unsere Scheidung nicht verkraftet."

„Und er verkraftet nicht, dass du einen Freund hast."

„Er wird sich daran gewöhnen müssen", erwiderte Andrea.

Sie küssten einander zum Abschied. Markus meinte, er wisse noch nicht, wann er wieder in München sein werde.

Stephan war froh, dass ihn seine Mutter bei der Rückkehr nicht mit Vorwürfen überhäufte. Sie setzte sich still neben ihn und fragte ihn unter großer Beherrschung, was er jetzt gerne tun würde. „Vielleicht ein Spiel?"

„Nein. Ich lese in meinem spannenden Buch."

„Und ich setze mich in den Sessel und blättere in dem Büchlein, das mir Markus geschenkt hat." Sie las unter anderem: *Habe Vertrauen zum Leben und habe Geduld in allen Dingen, besonders mit dir selbst.*

Sie schlief plötzlich ein. Nach einer Weile erwachte sie, weil jemand ihre Wange tätschelte. Sie blinzelte. „Ach, du bist es, Steffi. Hätte ich mir ja denken können. Was ist los?"

„Mama, ich wollte dir sagen, das es mir leid tut, wie ich mich vorhin verhalten hab."

Sie nickte. „Gut, dass du das einsiehst. Junge, mach nie wieder so etwas."

„Nie wieder, Mama."

Als Monika wieder einmal ihre Oma besuchte, erfuhr sie, dass der alte Herr, dem sie öfter eine Schallplatte aufgelegt hatte, verstorben war. Sie hätte gerne den Liedertext von „Meine Herzensmelodie, die singt, und sie erzählt von alten Zeiten…" gehabt, aber die Nichte von Herrn Sankovsky hatte das Appartement bereits geräumt.

Später, beim Verlassen des Heimes, wurde sie von einem jungen Mann, er war Zivildienstleistender, angesprochen. „Nicht so eilig, junge Dame. Brauchen Sie Hilfe?", fragte er sie.

„Ich? Nee! Wieso?", kam es kühl zurück. Monika ging weiter. Vor dem Café, das sie besuchen wollte, stand dieser Mann plötzlich neben ihr und lächelte sie an. „Darf ich Sie zu einem Kaffee einladen?", fragte er, worauf sie „Nein, danke" entgegnete.

Als sie seinen enttäuschten Blick wahrnahm, meinte sie: „Gut, wenn Sie unbedingt möchten."

„Ja, das möche ich. Sonst hätte ich Sie nicht angesprochen."

Im Café bestellte der Mann auch für Monika einen Cappuccino.

„Sagen Sie mal, verfolgen Sie mich?", fragte sie ihn.

„Ich will Sie kennenlernen. Sie sind so ein nettes Mädchen."

„Ich? Nett? Das war ich bestimmt nicht zu Ihnen."

Er lächelte. „Aber jetzt klingt es schon viel besser. Ich möchte mich vorstellen: Ich bin Eduard Einsteihn, Einsteihn mit h. Lichtgeschwindigkeit kann nicht überschritten werden."

Monika lachte. „Heißen Sie wirklich Einstein? Deshalb waren sie so schnell. Sie erhalten den Nobelpreis für Ihre Aufdringlichkeit."

Ihm blieb kurz der Mund offen stehen, so sehr schockierte ihn ihre Unfreundlichkeit. Sie jedoch hätte gerne ihre ungehörigen Worte zurückgenommen. Eine peinliche Pause entstand, aber dann unterbrach Eduard die unangenehme Stille, indem er sich ein zweites Mal vorstellte: „Ich bin der neue Zivi vom Altenheim. Der alte ist gegangen. Und Einsteihn heiße ich wirklich. Aber von der Relativitätstheorie habe ich Null Ahnung. Sonderbar, dass mein Großvater , der alte Einsteihn, auch aus Ulm stammte, genauso wie der Einstein ohne h. Der Rassenhass in Deutschland hat ihn dazu veranlasst, in die USA auszuwandern. Er hat sein Geburtsland „Barbarien" genannt."

Sie sah ihn erstaunt an. „Sie wissen ja eine ganze Menge."

„Über meinen berühmten Namensvetter muss ich doch etwas wissen. Einstein warnte den amerikanischen Präsidenten Roosevelt davor, dass die Deutschen eine atomare Vernichtungswaffe bauen könnten und empfahl Amerika die Herstellung von Atombomben."

Monika gab sich erstaunt. „Ist das wirklich wahr? Geht vielleicht der Angriff auf Japan auf sein Konto?"

„Nein, sicher nicht, aber es war für ihn die schlimmste Erfahrung seines Lebens."

Als Eduard vertraulich den Arm um sie legte, wehrte sie sich dagegen. Er äußerte: „Als Sie im Altenheim wie eine Rakete an mir vorbeigeschossen sind, habe ich gedacht: Das ist die Frau meiner Träume: flink, hübsch, und hat ein Herz für die Alten."

Monika hüstelte. „Aber sie ist unfreundlich. Wenn Sie einen Engel suchen, bin ich nicht die Richtige. Ich besuche nur meine Oma. Das ist alles."

„Sie sind burschikos (den Ausdruck *keck* wagte er nicht zu benutzen) Sind Sie einmal enttäuscht worden, weil sie unheimlich frustriert wirken?"

Monika schnaubte. „Sehen Sie das an meiner Nasenspitze?"

Er lachte sarkastisch. „Es war nur eine Frage, nichts weiter."

„Spricht da ein Psychologe?"
„Nur ein Mann, der Sie sympathisch findet."
Plötzlich begriff sie, dass sie sich schroff und ungehörig benahm. Ihre Stimme wurde sanft. Sie gab zu, schon zweimal von einem Mann verletzt und versetzt worden zu sein. Sie wolle dies nicht noch ein drittes Mal erleben.

„Sind Sie deshalb jetzt allen Männern gegenüber abweisend?"

Sie zuckte mit den Schultern. „Entschuldigung, ich hab es nicht so gemeint."

Er grinste. „In Ihrer Demutshaltung gefallen Sie mir gut. Wollen wir uns duzen? Ich bin der Edi, und wie heißt du?"

„Monika, aber du kannst mich Moni nennen."

„Siehst du. Es geht doch auf einmal."

Sie lächelte und nickte.

Möchtest du noch einen Kaffee, Moni?"

„Nein. ich danke für den Cappuccino. Leider muss ich gehen."

„Sehen wir uns wieder?"

Sie überlegte. „Ich käme gern wieder in dieses Lokal. Übermorgen bin ich im Heim. Passt es dir gegen 18 Uhr. Hier gibt es auch ein kleines Essen. Ich lade dich dazu ein. Einem armen Zivi werde ich nicht noch einmal das Geld aus der Tasche ziehen, nein, das mag ich nicht."

Er lächelte. „Danke! Du bist jetzt auf einmal so nett, wie umgewandelt. Woher kommt das? Bin ich dir sympathisch?"

Sie zuckte nur mit den Schultern.

„Auf Wiedersehen und danke für den Cappuccino. Außerdem möchte ich mich bei dir entschuldigen."

Er lächelte „Das tut gut, dass du das sagst."

Beim nächsten Treffen kamen sie ins Gespräch. Er verriet, Chemie studieren zu wollen und dass er noch sein Abitur nachholen müsse. Zur Zeit, so glaubte er zu wissen, gehe es auf den Universitäten ziemlich turbulent zu. Zehntausende Studenten streikten gegen überfüllte Vorlesungen und verlangten die Einstellung zusätzlicher Lehrkräfte.

Heute suchte Monika mit ihrem Vater Jochen und Margitt auf, um die kleine Michaela zu betreuen.

Nachdem die jungen Eltern in das Konzert gegangen waren, holte Monika das Baby aus der Wiege und schaukelte es sanft auf dem Arm hin und her. Dann übergab sie das Kind dem Großvater. Die Prozedur des Wickelns unternahmen die beiden gemeinsam. Die Kleine strampelte vergnügt, nachdem das *große Geschäft* entfernt worden war. Tante Monika spielte Physiotherapeutin. Sie hob ein paarmal die zierlichen Beinchen an und legte sie wieder vorsichtig auf die Wickelfläche zurück. Was für ein wundervolles Wesen dieses Baby war!

Margitt, die künstlerisch veranlagt war, hatte das vom Urgroßvater gezimmerte Schaukelbettchen mit Wichtelmotiven bemalt. Jetzt bestaunten Monika und Robert dieses Kunstwerk.

Gegen 23 Uhr kamen Jochen und Margitt zurück. Sie tranken bei fröhlichem Geplauder alle vier noch ein Glas Wein. Margitt meinte, sie und Jochen sollten öfter einmal ausgehen, wo sie doch so reizende Babysitter hätten.

Als Markus wieder einmal zu Andrea kam, rückte er

peu á peu damit heraus, dass seine Firma, die Geräte für Regelungstechnik herstellte, womöglich wegen Unrentabilität aufgegeben werden müsse. Er sei in diesem Fall dazu gezwungen, sich einen anderen Job zu suchen. Vielleicht denke er dabei an München.

Sie fuhr sich mit den Fingern durch ihre Haare und meinte: „So gerne ich dich in München hätte, ich wünsche dir, dass sich alles wieder mit der Regelungstechnik reguliert."

Er lächelte sie an. „Danke, mein Schatz. Schön, dass du selbständig bist. Ich werde das nie sein."

„Ich habe die Boutique übernommen, um nicht arbeitslos zu werden. Ich stehe noch am Anfang."

Er blickte forschend in ihr Gesicht. „Ich werde das Gefühl nicht los, dass du Angst vor deiner Aufgabe hast. Du kannst doch stolz darauf sein, dass du Unternehmerin geworden bist." Er nahm sie in die Arme und küsste sie. Hinterher bemerkte er: „Ich bin glücklich, dich kennengelernt zu haben. Vielleicht entdecken wir die vielfältigen Möglichkeiten des Lebens gemeinsam."

Was bewegte ihn dazu, sich auf einmal so kompliziert auszudrücken? Warum sagte er nicht klipp und klar: *Ich liebe dich?* Aber er hatte doch gesagt, dass er darüber glücklich sei, sie kennengelernt zu haben. Was wollte sie noch mehr?

Sie fühlte bei jeder Begegnung mit Markus *Schmetterlinge im Bauch*. Es kribbelte wie damals, als sie Robert kennengelernt hatte. Mit ihm war es auch so wundervoll gewesen. Sollte Markus die zweite Liebe ihres Lebens werden? Die Männer waren so verschieden. Frank war ein oberflächlicher Mensch. Wieso hatte sie sich damals mit ihm eingelassen? Es war reine Sexualität gewesen. Dafür schämte sie sich heute.

Frank hatte die Firma seines kranken Onkels übernommen, und Gisela arbeitete jetzt bei ihm.

In Markus sah Andrea einen Mann, mit dem sie über alles reden konnte und der viel Verständnis für sie aufbachte, so wie es damals bei Robert gewesen war. In letzter Zeit ging ihr öfter die Frage, warum es mit ihnen auseinandergegangen war, durch den Kopf. Waren sie zu leichtfertig mit der Liebe umgegangen? Oder hatten sie nicht genug getan, um diese wunderbaren Gefühle vor den Gefahren des Alltags zu schützen?

14. Kapitel

In nächster Zeit kam Robert doch noch einmal mit Marika zusammen, obwohl er geglaubt hatte, dass sie sich endgültig voneinander verabschiedet hätten. Überraschend hatte er von ihr einen Anruf erhalten, bei dem sie ihn schluchzend gebeten hatte, noch einmal vorbeizukommen. Sie habe große Probleme mit Roland und wolle seine Meinung dazu hören.

Als er kam, hatte sie den Tisch gedeckt. Während er vom Kaffee nippte und vom Nusskuchen aß, erzählte sie ihm, darüber traurig zu sein, dass die Sprachtherapeutin und der Heilpädagoge mit ihrem Sohn zu langsam vorankämen. Und dass er sich am Morgen nicht anziehen lassen wolle. Der letzte Spaziergang war für sie ein Albtraum gewesen, weil sich Roland beim Knabbern von Keksen so verschluckt habe, dass er einen Hustenanfall bekommen und alles wieder herausgespuckt habe. Außerdem kamen sie immer nur wenige Schritte voran. Sie sei auch sehr darüber betrübt, dass ihr Mann sich wieder einmal weigere, seinen Sohn im Heim zu besuchen.

„Nicht verzweifeln, Marika, es wird wieder besser werden."

„Nichts wird besser, es ist hoffnungslos."

Robert hatte Mitleid mit ihr und gab sich heute als besonders aufmerksamer Zuhörer. Ihre Schultern bebten, die Tränen liefen ihr über die Wangen. Er zog ein Stofftaschentuch hervor und wischte über ihre nassen Augen. Dann nahm er sie in die Arme. Er wünschte sich so sehr, dass er nicht nur die Funktion eines Kummerkastens innehaben würde, und sie für ihn mehr empfinden könne als nur Freundschaft. Nochmals versuchte er, ihr dies klarzumachen.

Sie erwiderte: „Robert, du bist ein so liebenswerter Mensch, aber ich kann dir trotzdem nicht mehr als Freundschaft geben. Mir steht nicht der Sinn nach Sexualität. Meine Sorgen sind zu groß."

Er seufzte tief. „Wegen Roland muss ich also auf deine Liebe verzichten? Ich habe großes Verständnis für ihn und würde ihn auch gern im Heim besuchen. Jetzt kenne ich ihn ja."

„Ich weiß nicht, ob das uns und ihm etwas bringen könnte. Du bist für ihn ein Fremder."

Robert zuckte mit den Schultern. „Das musst du herausfinden, nicht ich", erwiderte er und verabschiedete sich etwas später mit dem Gefühl, dass zwischen ihnen doch noch nicht alles gesagt worden war.

Es war Freitag vormittag. Andrea lehnte an der Mahagoni-Holztür, die von der Boutique in den Aufenthaltsraum führte. Sie sprach mit Carla über die neue Kollektion. Auch über Gisela redeten sie, die geschrieben hatte, sich in der Firma ihres Bruders nicht wohl zu fühlen. Sie sehne ihre ehemalige Selbständigkeit herbei und finde es schade, sie so schnell aufgegeben zu haben.

Auf einmal beschlich Andrea ein unangenehmes Gefühl. „Hoffentlich will sie ihr Geschäft nicht wieder zurückhaben", äußerte sie, worauf Carla erwiderte: „Verkauft ist verkauft. Das hat für immer Gültigkeit. Andrea, mach dir doch keine so großen Sorgen. Sie wird es nicht wagen, zu uns zurückzukehren, um hier wieder die frühere Position einzunehmen."

„Danke, dass du versuchst, mich zu beruhigen. Seit der Brief gekommen ist, bin ich in Sorge. – Mal etwas anderes: Könnte ich heute früher gehen? Markus will kommen. Ich habe versprochen, für ihn etwas zu kochen."

Carla nickte. „Klar kannst du das. Du bist doch die Chefin."

„Ich kann auch nicht einfach gehen, nur, weil ich die Chefin bin. Es muss dir genauso passen."

„Es passt mir gut. Geh nur. Dafür schickst du mich wieder an einem andern Tag früher heim. Gleicht sich aus."

Andrea stand bereits an der Tür, um das Geschäft zu verlassen, als plötzlich Frau Vondra-Nagelau auf sie zukam. Für die Chefin stand jetzt fest, hierbleiben zu wollen, um die Kundin selbst zu bedienen. Nachdem sie einander begrüßt hatten, erkundigte sich Andrea bei ihr, ob ihre Gesundheit wieder völlig hergestellt sei. Sie habe von ihrem schweren Unfall gehört.

Die Dame nickte und lächelte süffisant. „Wie Sie sehen, war der Sensenmann diesmal noch sehr gnädig zu mir. Er hat seinen Besuch auf etwas später verschoben."

Andrea verdrehte die Augen. Sie wagte nicht zu lachen. Stattdessen meinte sie: „Ich muss schon sagen, Sie besitzen eine große Portion Galgenhumor."

„Ja, das habe ich mir seit diesem Unfall angeeignet. Ich finde, je älter man wird, desto mehr sollte man davon haben. Und eines habe ich noch gelernt: Der Mensch sollte im Heute leben, nicht im Morgen oder Gestern. Ich gehe meinen Alltag bewusster an und fühle mich nicht mehr so zerrissen wie früher. Ich bin dankbar für mein neues Leben."

Andrea dachte, dass der Unfall die Kundin völlig verändert hatte. Sie freute sich darüber, dass Frau Vondra-Nagelau so positiv denken konnte. Früher war sie etwas unleidlich gewesen. Andrea wollte etwas sagen, aber die Kundin fuhr fort: „Frau Teschner, ich habe erfahren, dass Sie jetzt hier die Chefin sind. Dazu beglückwünsche ich Sie. Meines Erachtens haben Sie mehr Geschick, die Kundschaft zu bedienen, als Frau Leroux es hatte."

Dieses Lob tat Andrea gut. „Danke, Frau Vondra-Nagelau. Und was führt Sie heute zu uns?"

„Ich habe einen super Auftrag für Sie beziehungsweise für Sie, liebe Carla..." Carla kam näher und gab der Kundin die Hand. „Meine beiden Großnichten möchten sich ein Kostüm anfertigen lassen. Können Sie diesen Auftrag annehmen?"

In Carlas Augen glomm ein Leuchten auf. „Ja, gerne. Danke, Frau Vondra-Nagelau."

„Ich schicke die beiden zum Maßnehmen her, das heißt, für Annelore habe ich die Maße bereits dabei. Und Sie nennen mir einen Preis für die beiden Kostüme."

Carla nickte. „Natürlich! Und tausend Dank nochmals, dass Sie dabei an uns gedacht haben. Ich werde Ihren Auftrag besonders sorgfältig ausführen."

„Das weiß ich bereits, dass Sie das tun werden.. Und Sie müssen wirklich nicht aus Dankbarkeit in die Knie gehen."

Frau Vondra-Nagelaus Blick glitt auf einmal über die an einer Stange hängenden Kleider und Blusen. Dann rief sie: „Heute sitzt das Vöglein nicht auf der Stange, heute sitzt es im Grünen."

Carla musste laut lachen, und Andrea drehte den

Kopf rasch zur Seite. Dabei hielt sie sich die Hand vor den Mund, um nicht herauszuplatzen.

Beide wussten nicht, was damit gemeint war, aber sie wagten nicht zu fragen.

Als das Telefon klingelte, eilte Andrea in den Nebenraum, und Carla unterhielt sich weiter mit der Kundin. Markus rief an und teilte ihr mit, dass er wegen eines Zwischenfalls in der Firma erst am nächsten Tag kommen könne. Darüber war Andrea sogar froh, da sie jetzt ohnehin in Zeitnot geraten wäre.

Die Kundin erlaubte sich heute keine Überspanntheiten und *Fisimatenten* (So hatte sich Gisela immer ausgedrückt.) Sie war die Freundlichkeit in Person und in bester Stimmung. War es der Unfall, der aus ihr einen neuen, zufriedeneren Menschen gemacht hatte?

Ehe sie ging, gab sie Carla und Andrea die Hand und verließ den Laden mit einem besonderen Lächeln, das Andrea noch nie an ihr gesehen hatte.

Auch sie wollte jetzt die Boutique verlassen. Da Markus heute nicht kommen konnte, hatte sie sich noch einige Einkäufe vorgenommen, die besonders wichtig waren. Ehe sie hinausging, sprach sie ihrer Mitarbeiterin ein Lob aus. Sie hatte allen Grund dazu. „Carla, ich wollte es dir schon vorhin sagen. Du hast wieder einmal sehr fleißig daheim gearbeitet. Und deine Pullis sind einmalig. Sie gehen weg wie warme Semmeln. Du bist so zuverlässig und hier im Geschäft immer bestens aufgelegt. Das mag ich an dir."

Ein verlegenes Lächeln huschte über Carlas Gesicht. „Was glaubst du, was ich ohne dich wäre? Ein arbeitsloser Mensch."

Andrea schüttelte den Kopf. „Nein, niemals. Du wüsstest dir immer zu helfen. Du bist eine viel zu starke Persönlichkeit, um in irgendeiner Lebenslage aufzugeben. Durch dich habe ich schon viel gelernt."

„Schon gut, schon gut. Es macht mir Freude, mit dir zu arbeiten."

„Wirklich? Ja, wir sind ein starkes Team. Das sollten wir auch bleiben."

„Ich frage dich, warum wir es nicht bleiben sollten?"

Anstelle einer Antwort zuckte Andrea nur mit den Schultern und ging hinaus.

An einem Montag hatte Markus ein paar Tage Urlaub genommen. Da sich seine Tante entschieden hatte, in das Münchner Heim zu ziehen - es war für sie ein Appartement frei geworden - , fuhr er sie mit ihren persönlichen Gegenständen im Auto dorthin. Er half ihr auch gleich beim Einräumen. Andrea kam hinzu, um zu helfen. Die vielen Bücher konnten nicht im Regal untergebracht werden. So mussten sie erst einmal auf dem Fußboden gestapelt werden. Markus fragte seine Tante: „Sag mal, Tantchen, darf ich mir den *Heinrich Heine* nehmen? Der strahlt mich so unwiderstehlich an."

„Ja, selbstverständlich. Mir fehlt ohnehin die Zeit zum Lesen."

„Was wirst du sonst den lieben langen Tag machen?"

„Den Clown spielen. Die Leute erwarten das von mir."

„Den Clown? Nein, Tantchen, das machen andere. Du wirst sicher mit Therese zusammenkommen wollen."

„Sie wartet schon sehnsuchtsvoll auf dich", bemerkte Andrea und suchte sich unter den Büchern einen Liebesroman aus. Nachdem sie sich von Frau Mönkemann verabschiedet hatte, – mit Markus traf sie sich später wieder – suchte sie ihre Mutter drüben im Aufenthaltsraum auf. Therese saß auf einem Stuhl und lächelte sogar, als sie ihre Tochter kommen sah. Sie begrüßten einander mit einer Umarmung.

„Mutti, jetzt kannst du glücklich sein. Sybilla ist da. Sie wird sich bald bei dir melden. Vielleicht macht ihr gerne Spiele? Ich könnte etwas derartiges besorgen."

Therese verzog das Gesicht. „Keine - Spiele."

„Aber ihr werdet euch nett unterhalten."

„Kann - nicht - gut – sprechen."

„Ihr versteht euch auch ohne Worte, nicht wahr?"

Therese nickte.

„Mutti, heute muss ich bald wieder gehen. Weißt du, ich habe schon Sybilla einräumen geholfen und bin schon lange hier im Heim. Das nächste Mal habe ich wieder mehr Zeit."

„Warum – so – eilig?"

„Markus erwartet mich. Außerdem muss ich gleich wieder in die Boutique zurückgehen."

Therese zuckte mit den Schultern.

„Mutti, wie geht es dir heute überhaupt?"

„Nicht – gut", murmelte sie und fuhr sich über die Stirn.

„Hast du Kopfschmerzen?"

„Ja. Auch - Rücken – schmerzen – im – Bett."

„Oh je, du tust mir leid."

„Ich - bin – alt, - zu - alt."

„Mit 87 ist man nicht zu alt. Viele jüngere Menschen haben auch schon Schwierigkeiten. Carla klagt auch."

„Wer – ist – Carla?"

„Meine Angestellte. Sie war meine Kollegin, als Gisela noch die Chefin war. – Nimm es mir bitte nicht übel, dass ich jetzt gehe."

Andrea umarmte ihre Mutter und gab ihr noch einen Kuss auf die rechte Wange. Dann war sie draußen.

Markus stand bereits im Flur und wartete auf sie. Er überreichte ihr eine Schachtel Pralinen. „Von meinem Tantchen."

„Ist ja nett von ihr. Ich habe nicht viel getan. Danke."

Für Andrea war heute die Zeit zu kurz, um mit Markus essen zu gehen. Außerdem hatte er sich vorgenommen, seiner Tante noch etwas zu helfen. Er verabschiedete sich von Andrea mit einem leidenschaftlichen Kuss. „Schade", meinte er, „heute bleibt uns kein Stündchen Zeit. Aber das nächste Mal."

Andrea fuhr jetzt wieder in die Boutique zurück. Sie war überrascht, gleich drei Frauen im Laden anzutreffen, die bedient werden wollten. Das Geschäft blühte. Und Carla konnte sich nicht allen auf einmal widmen. Wie gut, dass auch sie wieder da war.

Endlich hatte es Monika wahrgemacht, ihren Vater und ihren kleinen Bruder in Weilheim zu besuchen.

Robert schenkte ihr zum Empfang ein Glas Sekt ein, Stephan bekam auch ein Schlückchen zum Anstoßen.

Monika spürte sofort, dass ihr Vater nicht so gut wie sonst aufgelegt war. Sie entdeckte auch Ringe unter seinen Augen.

„Paps, du siehst nicht gut aus. Was hast du?"

„Ach, Marika... Ich weiß nicht, was daraus wird."

Die Tochter strich ihrem Vater mitleidig über die

Haare. „Aber Paps, es muss doch eine Lösung geben."
„Eine Lösung? Gibt es für verschmähte Liebe eine Lösung?"
„Man könnte doch miteinander reden."
„Wir haben geredet und geredet", erwiderte er ärgerlich. „Eigentlich hatte ich mich schon von ihr getrennt, aber sie hatte gewollt, dass ich ihr noch einmal zuhöre. Es ging um ihren behinderten Sohn." Sie schwiegen eine Weile, bis Robert fragte: „Und was macht dein Einsteihn mit h?"
„Gut geht es ihm."
„Ich wünsche dir, dass du mit ihm glücklich wirst."
Stephan, der daneben stand, quiekte: „Einsteihn heißt dieser Mensch? Der könnte mir glatt meine Rechenaufgaben lösen."
„Du Witzbold, du", lachte die Schwester. Zu ihrem Vater sagte sie: Mit Edi komm ich gut zurecht. Er ist so…"
Stephan fiel ihr ins Wort. „Hört auf mit eurem Getratsche. Wir haben doch mit Opa und Oma ausgemacht, dass wir kommen."
Unterwegs schwärmte Stephan von seinem *Baumhäusl*. „Opa hat einen Balkon darauf gebaut."
Robert schüttelte den Kopf. „Quatsch, Steffi, geht doch nicht."
„Auf dieses Flachdach könnte man auch eine Kirche bauen."
Monika lachte und Robert schüttelte den Kopf. „So ist es, wenn der Sohn glaubt, schlauer zu sein als der Vater."
Stephan lachte. „Paps, du wirst gleich sehen, wer recht hat."
Vor allem Monika wurde von den Großeltern

herzlich begrüßt. Sie äußerte den Wunsch, erst einmal das Häuschen mit dem Balkon sehen zu wollen, ehe sie sich an den Tisch setzte. Als sie alle fünf im Hof standen und hinaufsahen, klagte Sigrid: „Stellt euch vor, ich hätte beinahe die Feuerwehr gerufen. Turnt mein Mann oben auf dem Häusl rum. Ich hab aus Leibeskräften geschrien."

Fritz schüttelte verärgert den Kopf. „Brüllt die wie am Spieß. Von ihrem Geschrei wär ich beinahe runtergestürzt", berichtete er. „Was soll schon passieren? Ich bin ja kein Schlafwandler."

„Alter schützt vor Torheit nicht. Mann, du hast Schwein gehabt", bemerkte Sigrid mit gerunzelter Stirn.

Monika wandte sich an ihren Großvater. „Opa, warum hast du um diesen Balkon ein Zäunchen herum gemacht?"

„Für meine Zwitscherlinge."

„Aber Vögel fallen doch nicht herunter."

„Damit der Dreck, den sie machen, oben bleibt."

Robert musste laut lachen. „Und wer holt den dann runter?"

„Wer schon, unser Kletteräffchen Steffi. Ich spann ein Netz auf, damit ihm nichts passiert."

Stephan prustete vor Lachen. „Wir sind nicht beim Zirkus. Ich brauch doch kein Netz. Ich bin schwindelfrei."

Sigrid rief: „Kommt endlich. Der Kaffee wird kalt."

„Kalter Kaffee macht schön", lachte Stephan, worauf Sigrid erwiderte: „Für eine Oma bin ich schön genug." Sie wandte sich an ihre Enkelin: „Und wie geht es dir, Moni?"

„Prima!"

Stephan kicherte. „Ist das ein Wunder? Sie ist in

Einsteihn verknallt. Der ist wieder von den Toten auferstanden."

„Jetzt reicht es aber, Steffi. Sei still. du redest ständig Blödsinn", beschwerte sich Monika und erklärte ihrer Großmutter: „Oma, weißt du, mein Freund heißt wirklich Einsteihn."

„Aber mit h", rief Stephan dazwischen.

15. Kapitel

Jochen glaubte zu träumen, als eines Abends seine Schwester mit einem jungen Mann zum Friedenskreis kam. Er wollte gerade Herrn Fürlinger, seinen Nachfolger bitten, den Teilnehmern den Verein *David gegen Goliath, gewaltfrei, pro Sonne, contra Atom,* vorzustellen. Anschließend hatte er sich vorgenommen, sich heute zu verabschieden. Als er die beiden eintreten sah, blieb ihm erst vor Überraschung die Sprache weg. Dann kam es über seine Lippen: „Kaum zu fassen, dass sich mein Schwesterchen hierher wagt. Und auch noch den Freund mitbringt."

Hilfsbereit stellte ein Gruppenteilnehmer Stühle für die beiden zur Verfügung.

Fürlinger hatte sich auf seinen Vortrag gut vorbereitet und nach seiner Rede erklärte Jochen, den Friedenskreis zu verlassen.

Nach dieser Sitzung setzte er sich mit seiner Schwester und ihrem Freund in einem Lokal zu einem Glas Bier zusammen. Sie waren alle drei bestens aufgelegt, bis Eduard ernst vor sich hinblickte und murmelte: „Es ist gut, dass wir miteinander reden, denn das, was wir heute einander sagen, können wir einander morgen vielleicht schon nicht mehr sagen."

Monika blickte Eduard verwundert an. „Edi! Gerade warst du noch so fröhlich. Was ist los mit dir?"

„Keiner weiß doch heute, was morgen geschieht."

Jochen nickte. „Stimmt. Sie haben schon recht."

Aufgeregt schob Eduard sein halbvolles Bierglas hin und her. Dabei zuckten seine Augen nervös.

„Edi, was hast du?", erkundigte sich Monika noch

einmal, worauf er sich entschloss, seine Geschichte zu erzählen. Mit zittriger Stimme berichtete er: „Heute vor ungefähr drei Jahren sind meine Eltern verunglückt. Sie waren sofort tot. Ein schwerer Verkehrsunfall hat sie hinweggerafft. Ich habe geglaubt, ohne sie nicht weiterleben zu können. Niemand hat mich getröstet. Keine Angehörigen, keine Verwandten in der Nähe." Er sah die entsetzten Blicke Monikas und Jochens, und er sprach weiter: „Heute bin ich zwar noch nicht darüber hinweg, aber ich kann den Alltag einigermaßen gut bestreiten."

Monika hatte sich erschrocken die Hand vor den Mund gehalten. Dann brachte sie stotternd hervor: „Tut mir das leid, Edi, so leid. Warum hast du nie mit mir darüber geredet?"

„Weil mir dann alles wieder hochgekommen wäre."

„Mir tut es auch leid für Sie", erklärte Jochen. „Beide Elternteile auf einmal zu verlieren, ist sehr tragisch."

Von diesem Abend an schloss Monika ihren Freund ins Herz, weil er trotz dieses harten Schicksalsschlags immer freundlich und zuvorkommend zu ihr war. Sie dagegen gab sich manchmal launisch und schnippisch. Sie nahm sich fest vor, sich zu bessern, und sie fühlte, dass Eduard Einsteihn ihr Schicksal war.

Als Jochen heimkam, war Margitt noch auf. Sie saß im Sessel und stillte ihr Kind. Sie blickte ihn so grimmig an, dass er erschrak. Nachdem er jedoch berichtet hatte, mit wem er noch ausgegangen war, und welches Schicksal Monikas Freund getroffen hatte, war sie wieder friedlich gestimmt.

Mitte Juli erschien Gisela in der Boutique mit einem

dunkelgelockten, großen Mann, den sie als Giovanni vorstellte. Der schillernd gekleidete „*Paradiesvogel*" trug ein gelbes Seidenhemd und eine rote Hose.

„So eine Überraschung!", bemerkte Andrea, als sie den beiden die Hand gab. Gisela berichtete, ihrem Bruder den Rücken gekehrt zu haben, weil sie für wenig Geld zu viel arbeiten sollte.

„Ich will jetzt mit Gio in München bleiben und meine Boutique wiederhaben", äußerte sie zur Befremdung der jetzigen Ladeninhaberin. Sie fügte hinzu: „Du musst sie mir wieder abtreten. Gio ist Modeschöpfer und will etwas aus diesem Geschäft machen."

„Designer", erklärte Giovanni lächelnd. „Come sta?"

Gisela übersetzte: „Er fragt, wie es dir geht."

„Mir ist es bislang gut gegangen, aber wenn ich höre, dass du die Boutique zurückhaben willst, geht es mir schlecht."

Gisela verdrehte die Augen und rief: „Ich brauche die Boutique wieder. Außerdem war der Vertrag nicht rechtskräftig."

Andrea riss die Augen weit auf. „Wie bitte? Das ist doch großer Unsinn. Ich habe bezahlt und nicht wenig."

In diesem Moment trat Carla ein. Als sie erfuhr, dass Gisela die Boutique wieder zurückhaben wollte, wurde sie zornig: „Bist du närrisch? Damals warst du froh, dein Geschäft loszuwerden. Und Andrea hat sich dazu überwunden und sich quasi geopfert. Jetzt haben wir uns beide so gut eingearbeitet. Sag mal, geht es noch etwas kurioser?"

Wütend entgegnete Gisela: „Du hältst deinen Mund, Carla. Weißt du, Andrea, Gio könnte für uns Kleider entwerfen. Er hat ein Geschick für Kreationen. Und wir könnten in ganz München bekannt werden."

Giovanni lächelte: „Grande Talente, grande Geschick, sagt Gisi."

Andrea schüttelte den Kopf und schwieg.

Allmählich begriff Gisela, dass sie mit ihrer Forderung auf Granit stieß. Sie nahm einen erneuten Anlauf: „Wir machen eine große Modenschau, und Gio lässt euch als Models über den Laufsteg gehen, nachdem er euch in schöne Kleider gehüllt hat", lockte sie.

„In schöne Worte hüllt ihr uns, nicht in schöne Kleider", schnaubte Andrea.

In Gios Augen lag ein warmer Blick, als er entgegnete: „Si, si, hüllen. Lei è molto gentile!"

„Was wollt ihr?", fragte Andrea mit saurer Miene.

„Bella Signora, ich Sie bezaubern."

Carla ballte die Fäuste. „Verschwindet! Andrea ist eine super Geschäftsfrau geworden. Sie muss sich das nicht gefallen lassen."

Gisela sprang auf und rief: „Komm, Gio, unsere Zeit ist kostbar. Gehen wir. Ihr hört von mir."

Carla hatte das Empfinden, Gio folge Gisela wie ein Hund seinem Frauchen. Warum kam sie noch einmal zurück?

„Andrea, ich möchte dir noch etwas sagen. Manche Menschen leben in den Ruinen ihrer Gewohnheiten. Das gilt auch für dich."

„Du scheinst nicht einmal zu kapieren, was du von mir verlangst. Überlege doch einmal."

„Überlegen solltest du. Du bist so unflexibel, so festgefahren."

Carla rief wütend: „Merke dir, Gisela, man kann im Leben nicht alles zurückgewinnen, was man einmal verkauft oder verloren hat. Geh endlich und lass Andrea in Ruhe."

Gisela bleckte die Zähne wie ein Hund. Sie öffnete ihre Handtasche, entnahm dieser zwei Eintrittskarten, die sie vor den Augen der beiden in viele Teile zerriss.

„Was soll dieser Blödsinn?", fragte Andrea, worauf Gisela erwiderte: „Die Einladung zu der Opernvorstellung ist hinfällig geworden. *Die Macht des Schicksals* hat bereits gesprochen."

„Du bist wohl übergeschnappt, wie", tobte Carla.

Ehe Gisela zum zweiten Mal den Laden verließ, stieß sie wütend mit dem Fuß an eine Kleiderstange, die nach hinten kippte. „Du hast mich hintergangen, Andrea", schrie sie. „Die Sache wird ein Nachspiel haben." Sie schlug die Tür so heftig hinter sich zu, dass es nur so krachte.

Draußen wurde Gisela von Giovanni umarmt.

Von einem Rechtsanwalt erfuhr Gisela, dass ihre Geschäftsübergabe ordnungsgemäß verlaufen sei und sie kein Anrecht mehr auf diese Boutique habe, auch wenn der Laden ihrer Meinung nach zu billig verkauft worden war. Dies sei eine persönliche Sache gewesen.

Andrea und Carla sahen Gisela erst wieder, nachdem sie in Pasing eine gutgehende Boutique eröffnet hatte. An einem Nachmittag ging die Tür auf, und sie trat ein. Sie sah jetzt völlig anders aus, war schlank wie eine Tanne, trug ihr gewelltes Haar bis zu den Schultern, und sie war nach dem neuesten Stand der Mode gekleidet. Sie erklärte zu beabsichtigen, ihren Freund Giovanni, diesen kreativen wundervollen Modeschöpfer, übermorgen zu heiraten. Er arbeite bereits auf Hochtouren für sie.

„Ist mir jetzt verziehen?", erkundigte sie sich bei

ihren ehemaligen Angestellten.

Carla nickte, und Andrea meinte kühl: „Verziehen schon, aber eine Freundin bist du nicht mehr. Ich wünsche dir und Giovanni ein glückliches Eheleben."

„Das wünsche ich euch auch", schloss sich Carla an.

Gisela schluckte, zog ein Taschentuch hervor und wischte sich über die feuchten Augen. Mit jeder Faser ihres Körpers fühlte sie, dass sie zwei Menschen, die ihr einmal sehr nahe gestanden hatten, eine Enttäuschung bereitet hatte. Sie war durch Giovanni sensibler geworden. „Lebt wohl, ihr beiden", sagte sie, als sie hinausging und zurückwinkte.

Nachdem sie draußen war, begann sich Andrea die Hand vor den Mund zu halten und zu schluchzen. Carla, die neben ihr stand, murmelte: „Mir ist auch zum Weinen zumute, weil Gisela jetzt bestimmt sehr traurig ist. In Wirklichkeit haben wir ihr nicht verziehen. Es waren doch nur leere Worte. Wir haben nicht menschlich gedacht. Jeder Mensch begeht Fehler."

Andrea nickte. „Du hast recht. Es war zwar ein grober Fehler, den sie gemacht hat, aber verzeihlich ist er trotzdem."

„Wir müssen herausfinden, wo sie wohnt, um ihr zu sagen, dass wir Freunde bleiben wollen. Wir dürfen nie vergessen, dass wir ihr so viel zu verdanken haben", meinte Carla.

Andrea erwiderte: „Du hast recht. Wir müssen mit ihr zusammenkommen und zwar schon bald."

Sie fanden den Laden und statteten Gisela und Giovanni, die nun beide verheiratet waren, einen Besuch ab. Andreas Hände zitterten, und ihr Gesicht lief rot an, als sie vor Gisela stand. Sie brachte vor Aufregung keinen Ton heraus. So ergriff Carla das

Wort: „Gisi, wir wollen Dir und Giovanni sagen, dass wir, Andrea und ich, eure Freunde bleiben möchten."

„Ja, das will ich dir auch sagen", schloss sich Andrea mit leiser Stimme an.

Carla und Andrea entdeckten ein freudiges Aufleuchten in Giselas Augen, so wie damals, als diese noch mit Axel Kranitzky zusammengewesen war. Andrea wandte sich an Gisela: „Was meinst du, wollen wir alle vier mal zusammen in Schwabing ausgehen? Weißt du noch, damals in der Nachteule, wie fröhlich wir da waren."

„Ich erinnere mich", erwiderte Gisela, „es ist supergemütlich dort." Sie redete jetzt mit Giovanni ein paar Sätze in italienischer Sprache, worauf dieser lächelnd nickte. Er legte plötzlich den Arm um seine Frau und küsste sie zur Überraschung Andreas und Carlas auf den Mund. Hinterher klimperte Gisela mit den Augendeckeln, sodass man das Gefühl haben musste, Giovannis Zärtlichkeit war ihr etwas peinlich.

„Was ich euch sagen wollte", begann Gisela. „In vierzehn Tagen haben wir Modenschau. Wir laden euch herzlich dazu ein. Kommt ihr?"

„Danke für die Einladung. Wir kommen gerne, nicht wahr, Carla", erwiderte Andrea.

„Klar kommen wir", bestätigte Carla. „Und ich bin schon sehr gespannt darauf, was dein Gio vorzuführen hat."

Gisela lächelte. „Kein Mann der Welt ist so begabt und zärtlich wie mein Gio", erklärte sie

Auf der Heimfahrt mit der U-Bahn flüsterte Andrea Carla ins Ohr: „Diesen Mann gönne ich ihr von ganzem Herzen. Mit Axel ist sie damals schlimm hereingefallen."

Im August kam Melanie nach Weilheim. Ihre Eltern brachten sie mit dem Auto und fuhren Richtung Nürnberg weiter. Melanie bezog bei Stephans Großeltern das Bügelzimmer. Stephan wohnte daheim bei seinem Vater.

Zum Wochenende besuchten die beiden mit Robert München und besichtigten einige Sehenswürdigkeiten. Gegen elf Uhr erlebten sie das Glockenspiel am Münchner Rathaus.

Nachdem sie in einem Selbstbedienungsrestaurant zu Mittag gegessen hatten, spazierten sie noch durch den *Alten botanischen Garten,* wo sie erst die Sommerblumen auf den Rabatten bewunderten und sich anschließend auf eine Bank setzten.

„München ist schön", urteilte Melanie, „aber Wien ist noch schöner."

„Wir haben ein tolles Oktoberfest", schwärmte Stephan, worauf Melanie grinste und äußerte, dass Wien einen tollen Prater habe. Sie sang plötzlich: *„Wien, Wien nur du allein, du sollst die Stadt meiner Träume sein..."*

Stephan sang: *„Du schöne Münchner Stadt, sei tausendmal gegrüßt, wer einmal g'sehn dich hat, dich nimmermehr vergisst..."*

„Ihr Streithähne, ihr", lachte Robert. „Die Städte stehen doch nicht miteinander in Konkurrenz. Jede Stadt hat ein besonderes Flair, ihren individuellen Reiz."

Später badeten sie noch im Ungerer Bad. Versehentlich wurde Melanie von einem Jugendlichen untergetaucht. Sie erlitt dabei einen Schock und bestand darauf, dass sie sofort wieder nach Hause fuhren.

Gegen 19 Uhr kamen sie in Weilheim an. Sie waren bei Stephans Großeltern zum Essen eingeladen. Nach der Mahlzeit suchte Melanie gleich das Zimmer auf, das ihr Sigrid und Fritz zur Verfügung gestellt hatten. Sie war sehr müde und womöglich noch von dem Vorfall im Schwimmbad etwas mitgenommen.

Am nächsten Tag stiegen Stephan, Melanie und Robert aufs *Baumhäusl*. „Gefällt mir gut, das Häuschen. Aber langweilig ist es hier oben", stellte Melanie fest, worauf Stephan verärgert den Kopf schüttelte. „Siehst du keine Vögel, keine Bäume und Blumen?", erkundigte er sich bei ihr. „Das ist Romantik pur."

„Romantik pur? Steffi, ich glaube, du hast selbst einen Vogel. Deshalb siehst du so viele Vögel."

Als Robert wieder hinabstieg, sagte er zu den beiden: „In zehn Minuten seid ihr auch unten, ja?"

„Ja, Papa", erwiderte Stephan.

Die beiden saßen nun auf dem schmalen Bänkchen. „Stefferl, weißt du, was Liebe ist?", erkundigte sich Melanie grinsend.

„Na klar. Meine Mama und mein Papa haben sich einmal geliebt, aber sie lieben sich leider nicht mehr."

„Was bist du doch für ein kluger Junge", spottete sie.

„Na, dann erklär du es mir mal, du schlaue Tante, du."

Sie schüttelte den Kopf und meinte: „Ein andermal."

„Ja, ja, ein andermal. Was ich dich schon dauernd fragen wollte: Hast du denn damals wirklich ein Konzert gegeben?"

„Schon dreimal, aber privat. Damals hast du dich über mich lustig gemacht. Ich habe mich sehr darüber geärgert."

„Entschuldige! War ziemlich dumm von mir. Du bist also eine Pianistin."

„Bin ich leider nicht. Mein Papa sagt zwar, ich habe

Talent, aber ich bin zu bequem zum Üben."

„Das ist ja ehrlich von dir. Ich kenn das auch gut, bequem zu sein."

Melanie lachte.

Robert überlegte beim Hinabsteigen, was die beiden miteinander verband. Ständig stritten sie miteinander und dennoch wollten sie zusammensein. Er nahm sich vor, mit Andrea darüber zu reden. Er hätte auch gerne ihre Meinung dazu gehört. Ab und zu gab es das, dass sich ein kleiner Junge im Sandkasten zu einem kleinen Mädchen hingezogen fühlte und daraus später eine Ehe wurde.

Als Stephan und Melanie vom Baumhaus hinunterkamen, stand das Mittagessen bereits auf dem Tisch. Nach der Mahlzeit schlug Robert vor, noch eine Runde um den Dietelhofer See zu drehen. „Dann kommen wir auf andere Gedanken", meinte er.

„Auf welche?", erkundigte sich Melanie grinsend. Dann wollte sie wissen, ob sie im See baden dürfe.

„Morgen, wenn das Wetter schön ist", erwiderte Robert.

Am nächsten Tag, als sie zum See hinuntergingen, lagen die Menschen dicht an dicht auf der Liegewiese. Melanie ging zuerst ins Wasser, schwamm zum anderen Ufer hinüber, während Stephan ein paar Tauchübungen machte und sich gleich wieder zu seinem Vater auf die Decke setzte. Als das Mädchen zurückkehrte, stellte es fest: „Du bist wasserscheu, Stefferl."

„Bin ich nicht, aber ich könnte mal ausprobieren, ob du es bist. Ich tauch dich mal unter so wie es der Mann im Ungerer Bad gemacht hat."

„Untersteh dich, du blöder Affe, du", schrie sie so

laut, dass viele Besucher auf sie aufmerksam wurden. Robert hätte am liebsten Steffi eine heruntergehauen, doch er beherrschte sich. Schlagen war keine gute Erziehung. Er konnte nicht verstehen, weshalb die beiden so gehässig zueinander waren.

Beim Abendessen klagte das Mädchen: „Schade, morgen geht es wieder heim. Es war sehr lustig bei euch."

„Lustig?", fragte Robert verwundert. „Alles andere als lustig war es."

Melanie blickte Robert forschend an und meinte: „Erwachsene sehen das immer anders. – Und, Stefferl, du hast mir noch nicht dein Paukstudio gezeigt. Das wolltest du doch."

„Will ich nicht mehr. Ich kriege Bauchweh, wenn ich an die Schule denke. Sag bitte nicht *Stefferl,* sondern *Steffi* zu mir."

„Na gut, Steffi. Ich muss sie nicht sehen."

„Von außen siehst du ohnehin nicht, wie wir da drinnen schwitzen."

Am nächsten Tag kehrten Melanies Eltern von Nürnberg zurück und holten ihre Tochter ab. Stephan bedauerte, dass sie schon heimfuhr. Er hatte die abwechslungsreichen Tage genossen, auch wenn sie nicht harmonisch verlaufen waren. Er hielt Melanie für streitsüchtig. Aber war er es nicht auch selber?

Oskar war beleidigt, als er erfuhr, dass Melanie hiergewesen war und er sie nicht zu Gesicht bekommen hatte. Dazu erklärte ihm sein Freund, dass sie ständig unterwegs gewesen waren."

„Aber ihr hättet mich doch mal kurz besuchen können. Meinst du vielleicht, ich hätte sie dir weggeschnappt, deine Melanie?"

„Wenn sie wiederkommt, bist du dabei."
„Wenn ich bis dahin nicht gestorben bin", lachte der Freund.

Ottmar Degendörfer feierte heute, wie lange bereits versprochen, seinen Geburtstag auf dem Seegrundstück in Tutzing. Besonders die Kinder waren begeistert. Tamara und Evi hatten sich vorgenommen, ihren Cousin bei einer kleinen Bootsfahrt ins Wasser zu werfen. Sie wollten sich für seine Streiche rächen.

Robert und Stephan hatten Fritz und Sigrid von daheim abgeholt, und Andrea war mit der S-Bahn bis Tutzing gefahren. Jochen und seine Frau waren mit Klein-Michaela gekommen.

Biertischgarnituren und Getränke hatte ein Gastwirt angeliefert. Hinzu kam noch der bestellte Schweinebraten und ein Topf Sauerkraut. Robert hatte Gebäck mitgebracht. Alternativ zum Schweinebraten wurden Schweinsbratwürstchen gegrillt. Erst als Kaffee und Kuchen serviert wurden, erschienen Monika und Eduard.

Ottmar hatte eine Begrüßungsrede gehalten. Er hatte verkündet, sich zu freuen, in all die fröhlichen Gesichter sehen zu dürfen. Dies sei eine Garantie dafür, dass man miteinander Spaß haben werde. Der Wettergott habe ihm versprochen, den Regen zurückzuhalten, aber nur, wenn sich keiner betrinken würde.

Stephan schob eine Kassette nach der andern in den Recorder.

Die beiden Mädchen fragten ihren Vater, ob er ihnen eine Bootsfahrt erlaube. „Das Boot hat ein Leck. Ich möchte nicht, dass jemand von euch ertrinkt", erwiderte er und fügte hinzu: „Tamara, du könntest doch deine gesammelten Witze vortragen."

„Das kann sie lassen", bemerkte Stephan, „ich trete jetzt als Zauberkünstler auf.

„Dann mach das", schlug Ottmar vor. Er blickte zu Mona und Andrea hinüber, die redeten, gestekulierten, und sie merkten nicht, was um sie herum geschah. Er freute sich darüber, dass sich die beiden Frauen so gut verstanden. Es war schon einmal anders gewesen.

Friedlich schlief Michaela in ihrem Wagen. Margitt bat Stephan, die Musik etwas leiser zu stellen, damit ihr Kind nicht aufwache. Doch vom Grundstück nebenan wurde plötzlich so laut gelacht und gekreischt, dass die Kleine im Schlaf zusammenzuckte. Man hörte dann vom Wasser her ein Geplätscher und hinterher ein lebhaftes Klatschen. Jemand war drüben vom Steg aus ins Wasser gesprungen.

Stephan verschwand in der Hütte, zog sich seine Zaubermontur vom Fasching an und stieg aufs Dach. Von dort präsentierte er sich dem Publikum. „Hallo, hier ist euer Zauberer Mario Marcinelli."

Vor allem Fritz und Sigrid blickten erstaunt zu ihrem Enkel hinauf. Der Junge zog zur Überraschung aller ein buntes Stoffteil nach dem andern aus seinem Ärmel. Tamara flüsterte Evi etwas ins Ohr. Aber dann sah keiner mehr zu ihm hin, weil jemand zum Gartentürchen hereingekommen war. Diese Person trug eine Maske im Gesicht, auf dem Kopf eine spitze Kappe, an den Beinen eine violette Seidenhose und darüber eine schwarze Samtjacke. Die Erscheinung wollte näherkommen, aber Fritz rief ärgerlich: „Stehenbleiben! Maske abnehmen oder Sie verschwinden."

Die unbekannte Person blieb stehen.

„Hören Sie nicht? Sie sollen endlich dieses Ding da vom Gesicht nehmen", rief Fritz noch einmal, worauf sich die Gestalt zu erkennen gab. Es war eine Frau. In diesem Moment hüpfte Mona aus dem Boot, rannte auf die Person zu und umarmte sie.

„Eveline, wo kommst du jetzt her? Kommst du etwa direkt aus Hollywood?", erkundigte sie sich.

„Nicht direkt. Euer Nachbar hat mir verraten, dass ihr hier Geburtstag feiert. Mein Magen knurrt. Was habt ihr zu essen?"

„Moment mal!" Erst stellte Mona allen Anwesenden ihre Freundin vor, das heißt, Ottmar, Tamara und Evi kannten sie bereits. Dann setzte sie sich mit ihrer Freundin zu den anderen Gästen auf die Bänke, und Ottmar bediente Eveline mit den noch übriggebliebenen Würstchen. Dazu reichte er ihr eine Semmel.

„Mich dürstet nach Kaffee", erklärte Eveline, aber Tamara gab bekannt: „Alle Kannen sind leer."

„Habt ihr Cola?"

„Ja." Tamara holte eine Flasche und dazu ein Glas aus dem Häuschen. Sie wies sogleich darauf hin, dass ihr Vater gesagt habe, dass Cola für die Gelenke nicht gut sei, worauf Eveline kicherte: „Otti war schon immer ein Gesundheitsapostel. Er wird sicher hundert Jahre alt werden."

Aufgebracht rief Ottmar: „Sei still, du Lästermaul. Wenn du frech wirst, kommst du auf den Grill. Gebraten bekommst du mir viel, viel besser als roh."

Mona hielt die Luft an und Eveline rief wütend: „Das ist ja so etwas von gemein. Du hast dich also nicht verändert, Otti. – Und sagt mir doch mal, was der Junge da oben auf dem Dach macht. Will er es reaparieren?"

„Er will uns verzaubern", lachte Evi. „Ich möchte ein Schwan werden und immer auf dem See herumschwimmen."

„Eveline rief hinauf: „Zeig mal, was du kannst. Wie heißt du überhaupt?"

„Stephan."

„Stephan, der große, große Clown, wie?"

„Stephan, der Hexenmeister."

„Oha. Und wo hast du deinen Zauberlehrling stecken? Etwa auch im Ärmel?", lachte die Schauspielerin. „Weißt du was, Stephan, dich packe ich in meinen Koffer und führe dich in Hollywood vor. Die werden große Freude an dir haben."

„Denkste", rief Stephan hinunter. „Ich bin doch kein Hund, der nach Aufforderung Männchen macht."

Eveline verzog das Gesicht. „Schlagfertig und frech, dieses Bürschlein."

Robert blickte zu seinem Sohn hinauf und rief: „Junge, halt endlich dein freches Mundwerk", woraufhin Stephan vom Dach hinabstieg.

Andrea verließ jetzt auch das Boot und nachdem Eveline gegessen hatte, legte sie sich dort lang, um zu schlafen. Mona zog den Gästen die Decke unter ihrem Popo weg und bedeckte damit ihre Freundin.

Eine Stunde lang schlief Eveline, obwohl es auf dem Nebengrundstück abermals laut und feuchtfröhlich zuging.

Martina schlug die Augen auf. Andrea bot sich an, die Kleine auf dem Fußweg spazieren zu fahren.

Nachdem Eveline wach geworden war, setzte sie sich wieder zu den anderen Gästen. Sie öffnete ihre Tasche und zog eine Flasche Hochprozentigen heraus. „Stoßen wir alle miteinander an", schlug sie vor. Mona rief: „Das Zeug ist gefährlich. Ich bin einmal danach krank geworden."

„Dann hast du zu viel getrunken", meinte die Schauspielerin.

Mona schüttelte den Kopf. „Weißt du was, Eveline! Wenn du deinen Schnaps nicht loswirst, trinkt ihn Ottmar mit Genuss."

Ottmar fühlte sich sehr verletzt. „Mona, du stellst mich als Säufer hin. Das ist eine dumme Verleumdung."

Eveline lachte. „Aber rabiat ist er immer noch, der Bursche. Er wollte mich auf den Grill legen."

Ottmar winkte ab und holte die benutzten Gläser aus dem Häuschen, die er mit Wasser aus dem Schlauch abspülte. Den Kindern füllte er Limo ins Glas, und Eveline schenkte den Erwachsenen etwas von dem Escorial hinein.

Sie prosteten einander lachend zu. Stephan ließ noch einmal eine neue Kassette abspielen. „Freude schöner Götterfunken…"

Vom Grundstück nebenan kam ein Mann in einer grünen Badehose herüber und klagte: „Eure Musik ist zu laut. Man versteht ja sein eigenes Wort nicht mehr."

Stephan, der neben Ottmar stand, erwiderte: „Und könnten Sie vielleicht etwas leiser ins Wasser springen und nicht so toll plätschern? Wir verstehen auch unser eigenes Wort nicht mehr."

Der Mann wurde ärgerlich: „Sagen Sie mal, Herr Nachbar. Führt hier dieser Dreikäsehoch Regie?"

„Natürlich nicht", erwiderte Ottmar. Zu Stephan gewandt, sagte er: „Bua, stell die Musik leiser." Da Stephan nicht gleich gehorchte, zerrte ihn Ottmar am Arm zum Kassettenrecorder hin. Der Mann war inzwischen gegangen.

Andrea kam mit dem Kind zurück und stieß mit Eveline an.

„Erzähl mal, was du in Hollywood erlebt hast", bat Mona ihre Freundin, woraufhin die Schauspielerin kurz berichtete, Aussicht auf eine Rolle zu haben, aber bis jetzt nur vertröstet worden zu sein.

„Und wann holst du mich nach Hollywood?", fragte Mona.

Eveline entgegnete mit einem verschmitzten Lächeln: „Mona, willst du deine Familie auf Eis legen? Und wenn du es wirklich tun willst, dann tu es erst im Winter."

„Wieso? Gibt es da einen neuen Film?"

„Nein, aber Eis."

Unmutig rief Mona: „Na, so ein Quatsch. Willst du mich etwa verhohnepipeln?"

Ottmar schmetterte plötzlich sein Glas auf den Boden und tobte: „Mona, wenn du nach Hollywood gehst, lass ich mich scheiden. Hast du mich verstanden?"

Tamara ging auf ihren Vater zu und wisperte: „Mama bleibt bestimmt bei uns, weil sie uns lieb hat."

„Vielleicht, vielleicht auch nicht", flüsterte der Vater.

Nachdem gegen Abend bald alles, was ein Partyservice an Essereien geliefert hatte, verzehrt worden war, löste sich die Gesellschaft auf. Und Mona hatte beschlossen, ihren Traum, Schauspielerin zu werden, ihrem Mann und ihren Kindern zuliebe für immer aufzugeben. Tamara hatte recht behalten.

16. Kapitel

Die Wochen und Monate vergingen wie im Flug. Es war Herbst geworden. Es gab viel Regen und Wind. Nur selten spitzte die Sonne heraus. Die Bäume hatten teilweise schon ihr Laub verloren und auf den Wiesen blühten bereits Herbstzeitlosen.

Robert hatte Sehnsucht nach den Bergen. Von seinem Schlafzimmer aus konnte er bei besserem Wetter den Heimgarten und sogar die Zugspitze sehen. Er fand, dass es höchste Zeit war, noch einmal wandern zu gehen, ehe die Berge wieder mit Schnee bedeckt waren. Aber an diesem Wochenende hatte er nur Lust zum Spazierengehen. Er ging zum Gögerl hinauf, trank dort einen Kaffee und lief hinterher durch den Wald und wieder zurück zu seiner Behausung. Stephan war nie dabei. Er kam sich mit seinen zwölf Jahren schon zu alt dazu vor, mit seinem Vater etwas zu unternehmen. Alle vierzehn Tage zum Wochenende besuchte er seine Mutter. Daran hielt er immer noch fest. Die beiden gingen öfter zusammen ins Kino oder zum Schwimmen in die Olympiahalle. Manchmal kam sogar Markus mit, der jetzt in München wohnte und arbeitete. Stephan betrachtete ihn nicht mehr als Feind. Er war für ihn ein älterer Freund. Andrea bestätigte ihrem Sohn, vorläufig nicht zu heiraten, aber er zweifelte daran, denn er fühlte und beobachtete, dass sich die beiden sehr gut verstanden.

An den Wochenenden, an denen Stephan nicht nach München fuhr, setzte sich Robert mit ihm ein paar Stunden hin, um für die Schule etwas zu tun. Er sagte: „Wenn du dich öfter auf deinen Hosenboden setzt, macht sich das bezahlt. Dann kannst du auch das Abi gut schaffen."

„Hosenboden?, sagst du. Das Wort hast du vom Opa übernommen. Der sagt es immer zu mir, wenn ich lernen soll."

Robert lachte. „Von deinem Opa habe ich viele Gewohnheiten und Redensarten übernommen. Weißt du, Kinder ahmen oft nach, was Eltern sagen oder tun. Meistens unbewusst."

Stephan grinste, als er sagte:

„Hm, ja, Paps. Ich werde auch eines Tages ein halber Robert sein."

„Das glaube ich nicht. Du hast einen sehr starken Willen und lässt dich nicht mehr so leicht wie früher beeinflussen. Allerdings ahmst du ein bisschen deinen Bruder nach. Er ist für dich ein Vorbild, nicht wahr? Das ist schon in Ordnung so."

Stephan hielt sich oft nachmittags bei seinen Großeltern auf, manchmal aß er auch mittags bei ihnen.

Er vergaß nie, zum *Baumhäusl* hinauf zu steigen, um zu sehen, dass alles noch in Ordnung war. Auch Tim, seinem Schulfreund, hatte er es schon vorgeführt. Wenn auch Oskar mit dabei war und sie zu dritt etwas unternahmen, gab es öfter Streit. So lud Stephan fortan immer nur einen seiner Freunde ein.

Robert hatte sich eine Erkältung zugezogen und litt wochenlang darunter. So ging er erst wieder in die Berge, nachdem der Winter bereits seinen Einzug gehalten hatte. Dann verstauchte er sich den Fuß, und er konnte auch nicht mehr zum Skifahren gehen. Seinem Sohn machte dies nichts aus. Er traf sich zurzeit ohnehin lieber mit seinen Freunden. Es wurden davon immer mehr. Einmal sah Robert Stephan mit fünf anderen Jungen am Marienplatz mit Händen in den Hosentaschen herumstehen. Der Vater fragte Stephan hinterher, was sie hier tun würden. Der Junge erwiderte: „Reden und Leute beobachten. Manchmal amüsieren wir uns über sie."

„So ist das. Ich hoffe bloß, ihr raucht nicht."

„Nein, Paps, wir sind alle sehr vernünftig."

„Oh, oh. Du sagst *vernünftig?* "

„Wir schauen den hübschen Mädchen nach."

„Aha! So weit seid ihr also auch schon. In der Gruppe macht es mehr Spaß, wie?"

„Wir wollen mal in die Disko gehen."

„Wie bitte? Habe ich mich etwa verhört? Da fliegt ihr hochkantig wieder hinaus. Ihr seid ja noch Kinder. Außerdem verbiete ich es dir. Du hast abends daheim zu sein."

„Pfui, Paps, du darfst nicht sagen, dass ich noch ein Kind bin. Das beleidigt mich."

Zurzeit hatte es der Vater mit dem Sohn schwer. Außerdem litt er darunter, mit Marika nicht mehr klar zu kommen. Sein letzter Besuch, um den sie ihn damals gebeten hatte, lag weit zurück. Heimlich hoffte er immer noch, dass sich seine Beziehung zu ihr über das Freundschaftliche hinaus entwickeln könne. Dann, als sie eines Tages von sich hören ließ, war er im ersten Moment freudig überrascht.

Aber sie rief ihn an, um ihm zu sagen, dass sie in den Schwarzwald ziehen wolle. Sie entschloss sich deshalb dazu, weil sie für ihren Sohn ein erstklassiges Behindertenheim in der Nähe von Freiburg ausfindig gemacht hatte. Für ein Jahr lang konnte sie in einer Freiburger Firma unterkommen.

Da Marika jetzt München verließ, glaubte er nicht mehr daran, dass sie wieder zusammenkommen würden.

Beim Umzug lehnte sie seine Hilfe ab. „Robert, mein Exmann ist es mir schuldig. Ihn werde ich nicht verschonen. Sei mir nicht böse. Ob wir uns noch einmal im Leben wiedersehen werden?"

Er zeigte eine Leidensmiene, als er kleinlaut erwiderte: „Ich glaube nicht." In dieser Aussage steckte nicht einmal ein kleiner Hoffnungsschimmer.

Der Abschied erschütterte Robert so sehr, dass ihm weitere Worte im Hals stecken blieben. Schweigend umarmte er Marika.

Stephan wunderte sich, dass sein Vater am Sonntag Nachmittag im Bett lag. „Papa, bist du krank?", erkundigte er sich, worauf sich Robert aufsetzte und klagte, wie sehr ihn die Trennung von Marika schmerze. Außerdem habe er heftige Kopfschmerzen. Die Tablette, die er eingenommen habe, zeige keine Wirkung. Er stöhnte: „Am besten, man hält sich von Frauen fern. Sie bereiten nur Schmerzen."

Altklug entgegnete Stephan: „Hab ich auch schon gedacht. Aber jetzt bin *ich* doch für dich da, Paps."

Stephans zärtliche, so fürsorgliche Worte, wirkten wie Balsam auf seine seelische Wunde. „Ein Glück, dass ich dich hab, Steffi", kam es wehmütig über seine Lippen. Der Vater fragte ihn, ob es ihm etwas ausmache, wenn er noch ein Stündchen liegenbliebe.

Stephan schüttelte den Kopf.

„Dann gehen wir später an die Ammer, um Steinchen über das Wasser springen zu lassen", versprach Robert.

„Prima, Paps, darauf freue ich mich."

Um seinem Vater Trost zu spenden, willigte Stephan jetzt zu einigen gemeinsamen Unternehmungen ein.

Einige Wochen später kam zu Roberts Überraschung ein Brief von Marika. Sie vermisse ihn sehr, schrieb sie, aber wahrscheinlich komme ihre Erkenntnis zu spät. Rolands wegen habe sie ihr Glück aufgegeben. Ein Psychiater habe ihr geraten, sie solle endlich an sich selbst denken, sonst würde sie eines Tages Bitterkeit verspüren. Daraufhin habe sie beschlossen, ihn, Robert, einmal einzuladen, auch wenn er womöglich bereits mit ihr abgeschlossen habe. Zumindest habe sie das Bedürfnis, mit ihm in Ruhe über alles Vergangene zu sprechen. Ein Gästezimmer stehe ihm für seinen Aufenthalt zur Verfügung.

Eine hoffnungsvolle Nachricht für Robert. Gleich am nächsten Tag schrieb er zurück, dass er sich auf ein Wiedersehen freue. Er habe vor, in ungefähr drei Wochen seinen Urlaub bei ihr zu verbringen. Eher könne er nicht kommen.

Sie antwortete darauf postwendend: „Schreibe mir, wann Du kommen kannst. Auf ein Wiedersehen freut sich Marika."

Stephan spürte, wie glücklich der Vater nach diesem Brief war. Robert erzählte ihm von Marikas Schreiben und kündigte bereits an, seinen vierzehntägigen Urlaub in Freiburg zu verbringen.

„Und ich darf nicht mitkommen?", erkundigte sich Stephan mit hängenden Schultern, weil er bereits die Antwort ahnte.

„Ich muss mich mit Marika aussprechen, verstehst du?"

Stephan grinste. „Aussprechen? Küssen wollt ihr

euch und noch was. Paps, ich bin kein kleiner Junge mehr. Heiratest du sie?"

„Ach, Steffi. Ich mach dort erst mal Urlaub. Ich frag mal deine Mama, ob sie in dieser Zeit nach Weilheim kommen mag."

Stephan schüttelte den Kopf. „Paps, ihre Boutique ist ihr wichtiger! Ich bleibe bei Oma und Opa."

„Das ist vernünftig und sehr rücksichtsvoll", lobte der Vater.

„Ich tu's aber nur, damit du wieder fröhlich sein kannst."

Weil Robert seine Zukunft wieder in einem freundlicheren Licht sah, suchte er die Pfarrkirche *Mariae Himmelfahrt* auf. Hier sprach er in Ruhe ein Dankgebet. Als er so niedergeschlagen war, weil Marika ihn abgewiesen hatte, hatte er sich von Gott abgewandt. Jetzt erst begriff er, dass es kein Menschenleben ohne Schmerzen gibt, aber man sich auch in Zeiten seelischer Not an Gott wenden könne und auch sollte.

Sein Vater hatte einmal zu ihm gesagt: „Robby, kennst du das Sprichwort: *Im Unglück richte dich auf, im Glück beuge dich nieder.*"

Bei Robert verhielt es sich gerade umgekehrt. Er hatte sich im Unglück niedergebeugt.

Seine Eltern hatten viele Sprichwörter und Aussagen von bekannten Persönlichkeiten parat. Er musste jetzt öfter daran denken, dass seine Mutter gesagt hatte: „Das Leben der meisten Menschen ist ein Auf und Ab. Und jeder hat sein Päckchen oder manch einer sogar ein schweres Paket zu tragen."

Jochen hatte mit seinem Schwiegervater einen Termin in dessen Kanzlei vereinbart. Die Sekretärin öffnete ihm. „Treten Sie ein, Herr Teschner. Herr Steppentreu erwartet Sie."

Bert Steppentreu kam bereits aus seiner Tür, begrüßte Jochen und führte ihn in sein Arbeitszimmer.

„Bitte, geh nicht gleich wieder. Ich möchte dir mal eine Akte zeigen. Es soll nur ein Beispiel dafür sein, womit ich mich ab und zu herumschlagen muss. Es ist ein Eigentumsdelikt. Karner, mein Mandant, behauptet, dass ihm sein Nachbar, David Holzbichler, ein Fahrrad gestohlen habe, das er kurz unbeaufsichtigt an einen Baum angelehnt hatte, um noch rasch aus seiner Garage etwas zu holen. Bei seiner Rückkehr war das Fahrrad verschwunden. Holzbichler hatte sich in der Nähe aufgehalten. Also müsste er es nach Karners Ansicht gewesen sein. Karner verlangt jetzt die Herausgabe des Fahrrads."

Jochen schüttelte verwundert den Kopf. „Kann doch nicht wahr sein, dass du dich mit solchen Sachen abgeben musst."

„Es ist zum Glück nicht die Regel."

Jochen erklärte seinem Schwiegervater, dass er nach seinem Studium selbst eine Praxis eröffnen und sich auf Umwelt spezialisieren wolle. „Die Gesetzesübertretungen sind der reinste Wahnsinn. Unternehmen, Landwirte, Privatleute machen sich schuldig, Wasser zu verseuchen, Luft zu verschmutzen, Energie zu vergeuden. Die Lebensverhältnisse von Mensch und Tier werden sich verschlechtern. Es ist abzusehen, dass es viele Gerichtsverhandlungen geben wird, um dem Umweltschutz Rechnung zu tragen."

Der Schwiegervater blickte erst erstaunt, dann

äußerte er:

„Alles möglich, aber sich als junger Anwalt mit Schwerpunkt Umweltschutz selbständig zu machen, ist ein großes Risiko."

Jochen rümpfte die Nase, aber er sagte nur: „Stimmt schon."

Bert starrte erst zur Decke hinauf, dann blickte er seinem Schwiegersohn in die braunen Augen. „Jochen, ich habe eine Idee. Du richtest dir das Zimmer nebenan als dein Büro ein. Und wenn du meinen Rat brauchst…"

„Oh, das ist ja ein Angebot", freute sich Jochen. „Das willst du mir ermöglichen?"

Bert lächelte. „Ja. Und wenn ich älter bin, kannst du die ganze Praxis übernehmen und vielleicht einen Angestellten einstellen."

Jochens Augen leuchteten. „Dieser Gedanke ist fabelhaft, großartig." Er stellte fest, dass er Bert Steppentreu bis jetzt noch nicht genügend gekannt hatte. Er hatte ihn immer für etwas berechnend gehalten. Das war er sicher nicht. Aber plötzlich legte er seine Stirn in Falten, weil ihm einfiel: „Und was ist mit Carsten? Du wirst doch deinen Sohn nicht benachteiligen."

„Mein Bruder wollte ihn als Nachfolger haben. Aber er schafft das Studium nicht."

Die Sekretärin klopfte an die Tür und trat ein. „Ihr Herr Sohn ist da, Herr Steppentreu", meldete sie.

Jochen schoss blitzartig die Röte ins Gesicht. Er dachte wieder an Carstens Bemerkung bei der Hochzeitsfeier.

Bert flüsterte: „Ach du grüne Neune." Etwas lauter sagte er: „Dann bitten Sie ihn herein."

Nachdem die Sekretärin hinausgegangen war, trat Carsten ein. Er warf erst Jochen einen vernichtenden

Blick zu, dann murmelte er: „Papa, ich möchte mit dir allein reden. Kommst du mal."

Sie verließen das Büro und unterhielten sich im Nebenraum.

„Was hast du auf dem Herzen, Carsten?"

„Ich brauche Geld. Gib mir bitte hundert Mark."

Bert Steppentreu fasste sich an die Stirn. Er dachte nach. „Du willst dir sicher wieder damit Stoff besorgen. Nein, nein."

Carsten reagierte ärgerlich: „Stimmt nicht! Ich brauche einen Anzug, um mich vorstellen zu können."

Der Vater war überrascht. „Du suchst dir wirklich Arbeit?"

„Ich will endlich leben und nicht mehr vegetieren."

„Kein Studium mehr?"

„Nein, du weißt doch selbst, dass ich dazu nicht fähig bin."

„Hoffentlich schaffst du alles, was du dir jetzt vornimmst. Ich bin immer noch in Sorge um dich."

„Ich will mich ändern. – Papa, sag mal, was will dieser Kerl hier? Den nimmst du doch nicht in deine Praxis?"

„Vergiss nicht, er ist mein Schwiegersohn", antwortete Bert leicht ärgerlich. „Und sehr begabt."

„Du hältst mir jetzt unter die Nase, dass ich es nicht bin."

„Ach was, du musst doch nicht eifersüchtig sein."

„Aha, oho, aha, er ist ein Schleimer. Tu doch was du willst. - Gibst du mir das Geld?"

„Er ist kein Schleimer, er ist sehr bescheiden. Es war *mein* Vorschlag, nicht seiner, dass er in meine Praxis einsteigen soll.- Das Geld kannst du haben. Kauf dir einen gescheiten Anzug."

Bert fasste in seine Hosentasche, nahm sein Portemonnaie heraus und entnahm diesem drei Fünfzigmark-Scheine, die er Carsten reichte.

„Bitte, geh sparsam damit um. Gibst du mir Bescheid, ob es mit einer Stelle klappt?"

Carsten lächelte. „Ja, Papa. Und danke. Glaub mir endlich, dass ich dabei bin, ein anderer Mensch zu werden."

Bert strich Carsten über das Haar. „Auf deine Worte müssen unbedingt Taten folgen. Verstehst du?"

„Es wird kein leichter Weg für mich sein. Ich bemühe mich. Darauf kannst du dich verlassen. Und grüße mir bitte Mama. Ich melde mich zu gegebener Zeit. Tschüss, Papa."

Zum Abschied umarmten sie sich.

Der Rechtsanwalt kehrte in sein Arbeitszimmer zu Jochen zurück. Ohne eine Erklärung darüber abzugeben, welches Anliegen seinen Sohn zu ihm geführt habe, bemerkte er: „Also, Jochen, wir sind uns einig. Wenn ich mit Jana von Thailand zurückgekommen bin, sprechen wir noch einmal über alles."

„Danke, Schwiegerpapa. – Eines möchte ich noch wissen: Geht es Carsten schon wieder besser?"

Bert lächelte. „Ja. Er ist dabei, ein neues Leben zu beginnen, und er sucht sich eine Arbeit. Ich glaube ihm das."

„Ich auch. Ich wünsche ihm viel Glück dabei."

Sigrid Teschner hatte den heißen Wunsch, einmal ihre Urenkelin auf den Arm zu nehmen. Das gleiche Bedürfnis hatte auch ihr Mann. Aber Jochen hatte das Versprechen, mit seiner Familie nach Weilheim zu kommen, immer noch nicht eingelöst. Zurzeit hatte er für seine Klausuren zu pauken. Aber dann, am Ostermontag, dem 1. April, nahm sich das junge Paar Zeit, mit ihrer kleinen Tochter zu den Weilheimer Großeltern zu fahren. Sigrid und Fritz freuten sich riesig über den Besuch. Da sich heute die Sonne zeigte, kamen sie auf den Gedanken, mit Klein-Michaela an der Ammer entlang zu fahren. Aber es ging noch ein unangenehmer kühler Wind.

Die Urgroßmutter durfte den Wagen schieben.

„Haltet mal an", bat Fritz. „Jetzt will ich mit dem schönsten Baby der Welt durch die Gegend fahren."

Sigrid bemerkte: „Als junger Vater hast du dich nicht getraut. Damals war es verpönt, dass Väter ihre Kinder spazierenfahren."

„Die Zeiten ändern sich", erklärte Robert. „Heute gibt es sogar alleinerziehende Väter. Und das ist nicht mal so selten."

Klein-Michaela wachte plötzlich auf. Erst quengelte sie, dann schrie sie so laut sie konnte. Die junge Mutter bat umzukehren.

Daheim durfte Sigrid dem Baby das Fläschchen geben und es wickeln. Fritz half dabei. Es war nett anzusehen, wie die beiden dem Kind das Strampelhöschen überstreiften.

„Und wie ist sie in den Nächten?", wollte Sigrid wissen.

„In den ersten Wochen konnten wir nicht an Durchschlafen denken, weil Michaela ihre Nahrung verlangt hat."

Fritz meinte: „Ihr hättet nicht so früh heiraten sollen."

„Mag sein, Opa. Ohne Trauschein wollten wir nicht zusammenleben", erklärte Jochen. „Aber jetzt leide ich darunter, meine Familie nicht ernähren zu können."

Margitt schüttelte den Kopf. „Schatz, nimm endlich alles ohne Gewissensbisse an. Du wirst doch einmal der Nachfolger meines Vaters werden. Insofern muss er jetzt für uns etwas tun."

„Margitt hat glücklicherweise Eltern, die nicht arm sind", erlaubte sich Sigrid zu sagen, worauf die junge Frau nickte.

Erst blickte Jochen sinnierend zu Boden, und als er wieder aufsah, zeigte ihm Margitt ihr schönstes Lächeln. „Keine Sorge, mein lieber Mann, wir meistern das alles. Du musst nur ein bisschen mehr Geduld haben", wisperte sie, worauf sich sein Mund zu einem Lächeln entspannte.

Es war Samstag Abend. Stephan hielt sich bei seiner Mutter in München auf. Sie bereiteten beide wieder einmal eine Pizza zu. Bis das Gebäck im Ofen gebacken war, setzten sie sich an den Küchentisch und redeten miteinander. Stephan blickte traurig vor sich hin. Die Mutter sah ihn etwas verwundert an. „Was ist mit dir los, Steffi? Du machst ein Gesicht wie drei Tage Regen."

„Wenn Papa in den Schwarzwald zieht, bin ich ganz allein. Er hat auf seine Karte geschrieben, dass es ihm gut geht."

Andrea erschrak über die Worte ihres Sohnes. Sie erwiderte: „Steffi, das ist doch ein Missverständnis. Papa macht nur Urlaub bei Marika. Er kommt doch bald wieder."

„Und wenn er sie heiratet?"

„Sie heiraten doch nicht. Sie lebt doch jetzt im Schwarzwald. Außerdem bin ich dann auch noch da.

Dann kannst du wieder zu mir kommen."

„Und wenn du Markus heiratest?"

„Ich habe dir doch gesagt, dass Markus und ich in nächster Zeit nicht heiraten werden. Glaube mir das bitte. Papa und ich werden immer für dich da sein. Du brauchst dir keine Sorgen zu machen. Bist du jetzt beruhigt?"

„Nee, bin ich nicht", antwortete Stephan. Er öffnete das Backrohr. Die Pizza war fertig. Er zog das Blech heraus. Sie setzten sich im Wohnzimmer an den Tisch und begannen zu essen. Andrea klagte, nur wenig Appetit zu haben, aber ihr Sohn bat sie, wenigstens ein Eckchen von der Salami-Pizza zu essen. Die würde besonders gut schmecken.

Als es an der Wohnungstür klingelte, sprang Stephan auf, um zu öffnen. Was für eine große Überraschung! Robert war gekommen. Vater und Sohn schlossen einander glücklich in die Arme. „Papa, wie schön, dass du wieder da bist", jauchzte der Junge. „Von woher kommst du gerade?"

„Von daheim. Und gestern bin ich wieder aus Freiburg zurückgekommen."

Der Junge strahlte über das ganze Gesicht. „Ich hab dich vermisst, Paps."

Robert lächelte. „Ich dich auch."

Sie betraten zusammen das Wohnzimmer, wo Robert auch Andrea begrüßte. Sie sagte: „Ich dachte, du bleibst noch länger im Schwarzwald. Was willst du jetzt hier?"

Er wunderte sich über ihre Frage und atmete erst ein paarmal tief durch, ehe er ärgerlich antwortete: „Ich will Steffi abholen und mich auch nach dir erkundigen. Darf ich das etwa nicht?"

„Doch, entschuldige bitte. Es ist mir so herausgerutscht. Setz dich doch zu uns. Wir haben noch jede Menge Pizza übrig. Dein Sohn ist ein wahrer Meister im Zubereiten."

Steffi suchte die Küche auf, um den Rest des Gebäcks zu holen. Es war noch ein großes Stück übrig

Der Vater griff zu und hatte im Nu alles aufgegessen. „Das hat geschmeckt. Steffi, jetzt musst du bei uns mindestens einmal in der Woche Pizza machen", lachte er.

„Vielleicht", erwiderte der Junge.

Robert erhob sich, um seine Tasche aus der Diele zu holen. Beim Öffnen kam ein Fotoapparat zum Vorschein. Diesen überreichte er seinem Sohn. „Ein Geschenk für dich, Steffi. Wir haben uns doch neulich darüber unterhalten, dass du eine Kamera bekommen sollst. Ich möchte, dass du auch eines Tages auf die Schönheiten der Natur aufmerksam wirst, vielleicht zusammen mit mir? Wir könnten im Sommer eine kleine Bergwanderung machen oder am See die Vögel beobachten."

Stephan fiel seinem Vater vor Freude um den Hals. „Danke, Papa, danke. Jetzt weiß ich, was ich werden will: Fotograf."

Robert und Andrea lachten.

Stephan nahm den Apparat an sich und betrachtete ihn genau. „Darf ich gleich ein Foto machen."

„Jetzt noch nicht. Ich muss dich daheim erst einweisen."

„Das ist wirklich ein tolles Geschenk", bemerkte Andrea. „Ich möchte auch etwas dazu geben. Robert, das hatten wir ausgemacht."

„Wir reden noch darüber. Andrea, dir habe ich auch

etwas mitgebracht. Hoffentlich gefällt es dir." Er fasste noch einmal in seine Tasche und zog einen kleinen Karton heraus, in dem sich eine Schwarzwälder Trachtenpuppe befand. Mit leuchtenden Augen nahm Andrea sie in Empfang. „Hübsch ist die. Wie eine echte Schwarzwälderin. Ich habe schon immer diese schöne Tracht bewundert. Danke, Robert, danke."

Er hatte erwartet, dass sie ihn vor Freude umarmen würde, aber sie streckte ihm nur ihre Hand hin, die er entgegennahm.

„Und wann wollen wir nach Weilheim fahren, Steffi?"

„Heute nicht mehr. Frag doch mal Mama, ob du hier übernachten kannst."

„Natürlich kann er das", erwiderte Andrea. „Ihr beide schlaft im Doppelbett und ich hier auf der Couch."

„Gern", erwiderte Robert und fügte hinzu: „Danke, Andrea."

Stephan hätte sich gerne bei seinem Vater erkundigt, wie es bei Marika gewesen war, aber er wagte es nicht und dachte, dass dies ja auch bis morgen Zeit habe, wenn seine Mutter nicht dabei sein würde. Sie könnte sich womöglich kränken, wenn sie über Marika sprechen würden. Stephan besaß viel Empathie.

Nachdem sich die drei etwa eine Stunde unterhalten hatten, gingen sie schlafen.

Am Morgen beim Frühstücken kam Robert der Einfall, zum nächsten Wochenende nach Tutzing zu fahren, um dort einen Spaziergang am Starnberger See zu unternehmen. „Dabei könnten wir ein bisschen reden."

„Reden, reden, immer nur reden", entfuhr es

Stephan, „das tun wir doch auch gerade."

Leicht verärgert fragte Robert noch einmal: „Wollen wir zum Starnberger See fahren, oder nicht?"

„Nur, wenn Mama mitkommt und ich meinen neuen Fotoapparat ausprobieren darf", erklärte Stephan.

Andrea nickte. „Ich komme mit und fahre mit der S-Bahn bis Tutzing. Ihr holt mich dann vom Bahnhof ab. Und Steffi darf doch fotografieren, nicht wahr, Robert?"

„Selbstverständlich darf er das."

„Papa, sag mal, gibt es dort wieder Kanadagänse?"

„Weiß ich nicht. Manche Leute hassen sie, weil sie die Wiese mit Fäkalien verschmutzen."

„Fäkalien? Ist das nicht Scheiße?"

„Ich wollte es vornehm ausdrücken."

„Die sind so nett, die Gänse. Da sieht man doch über die Scheiße hinweg. Eine Toilette haben sie ja nicht."

Die Mutter bat Stephan, nicht „*Scheiße*" zu sagen. Robert grinste. „Weißt du, Steffi, deine Mama ist eine vornehme Dame. Solche Begriffe gibt es in ihrem Wortschatz nicht."

„Doch, gibt es. Sie rutschen mir einfach mal heraus. Und was soll an mir vornehm sein? Das bin ich doch überhaupt nicht."

„Bravo", triumphierte Stephan. „Ist toll, dass dir das auch passiert, Mama. Und wisst ihr, warum *ich* die Kanadagänse mag? Weil sie auch ihren Hals so ungern waschen wie ich. Nur meiner ist nicht ganz so schwarz."

„Steffi, du unverbesserlicher Witzbold, du", lachte der Vater.

Sie saßen noch lange am Frühstückstisch und plauderten fröhlich miteinander. Andrea kam die Idee, das Fotoalbum zu holen, und sie betrachteten Bilder von Stephan als Kleinkind. „Du warst so ein süßer Säugling, ich meine, so ein niedliches Baby", schwärmte sie.

„Wie? Ich war ein Säugling? Was ist denn das? Woran habe ich denn gesaugt?"

Robert lachte. „Weißt du das wirklich nicht? Oder tust du nur so? An der Mutterbrust hast du gesaugt."

Er kicherte. „Echt? Ich dachte, die Babys kriegen ein Milchfläschili."

Andrea grinste. „Das schon auch, wenn die Muttermilch nicht reicht."

„Und woher kommt die?"

„Nach einer Geburt füllt sich die Mutterbrust damit."

„Ist ja praktisch. Und wo ist die Milch jetzt?"

Andrea lächelte. „Versiegt, weil ältere Kinder sie nicht mehr benötigen. Bist du jetzt genügend aufgeklärt?"

„Vorerst ja", meinte Stephan.

17. Kapitel

Am Sonntag fuhren Robert und Stephan nach Tutzing und holten Andrea vom Bahnhof ab. Zu Mittag aßen sie in einem Seerestaurant, ehe sie am Ufer entlang spazierten. Sie kamen an einer Gruppe Jugendlicher vorbei, die sich durch Gebärden verständigten. Stephan stellte sich breitbeinig hin und sah ihnen grinsend zu. Robert zog ihn beiseite und wies ihn zurecht. „Steffi, diese Menschen sind taubstumm. Sie haben ein schweres Schicksal zu tragen und müssen ihre Kommunikation auf international festgelegte Gebärden ausrichten."

Stephan reagierte betroffen. „Das habe ich nicht gewusst."

„Hast du das an ihrem Verhalten nicht erkannt? Du bist doch sonst so ein Schlaumeier."

Stephan kicherte. „Manchmal ist dieser Meier auch nicht so schlau."

Sie blickten über den See und fanden es dort auffallend ruhig. Nur zwei Fischerboote dümpelten draußen vor sich hin.

Sie kamen auch an dem Grundstück vorbei, auf dem das Sommerfest stattgefunden hatte. Stephan wollte über den Zaun klettern, aber der Vater verbot es ihm. Er meinte: „Da liegt noch vieles im Argen. Das Gartentürchen muss gerichtet werden, und das Boot wollen Ottmar und ich fahrtüchtig machen. Wir dürfen es auch benutzen, hat mir Ottmar versprochen."

Die Augen des Jungen strahlten. „Prima! Tamara und Evi wollten mich ins Wasser werfen. Jetzt mache ich es, wenn das Boot gerichtet ist. Sie werden schon nicht gleich ertrinken."

Robert schüttelte verärgert den Kopf. „Jetzt muss doch zwischen euch auch Frieden herrschen. Wir Erwachsenen haben das geschafft."

Sie setzten ihren Weg fort. Stephan hielt immer noch nach Kanadagänsen Ausschau, aber es gab nur Schwäne, Enten und Blässhühner zu sehen. Die Wasservögel nahmen die alten Brotreste wie ein Festmahl entgegen. Der Junge amüsierte sich darüber, dass sie einander in ihrem Futterneid angriffen. Sie kreischten und schnatterten aufgeregt. Rasch war das Brot alle, aber ein Mädchen reichte Stephan Frühstückskekse zum Verfüttern. „Nimm, die mögen sie gern", sagte sie.

„Ich mag sie auch gern", entgegnete Stephan. „Das werden ja Feinschmecker. Mein Hase, der hat nach dem Urlaub auch nur noch Knäckebrot, Granny-Smith-Äpfel und Chicoree gefressen, weil ihn meine Nachbarin verwöhnt hat."

Die Unbekannte lachte. „Wird dein Häschen dabei satt?"

„Es lebt nicht mehr. Es wurde krank."

„Ich hätte deinen Knäckebrotfresser gerne kennengelernt."

Stephan grinste. „Dafür hast du mich jetzt kennengelernt. Ich bin auch ein Knäckebrotfresser", lachte er.

Er verabschiedete sich von dem Mädchen mit einem „Tschüss." Sie rief ihm nach: „In Bayern sagt man *pfüati*. Merk's dir. Oder bist a Preuß?"

„Ein halber. Meine Mutter kommt aus Hannover, mein Papa aus Weilheim. Also dann pfüati. Richtig so?"

„Ja, perfekt. Wie ein echter Bayer. Also, pfüati."

Die Eltern hatten im Hintergrund das Gespräch schmunzelnd verfolgt. Sie gingen jetzt alle drei weiter, und als Stephan auf dem Spielplatz das handbetriebene Karussell entdeckte, stürmte er gleich darauf zu und setzte sich auf den Schwan. Robert schubste ihn an. Als das Karussell wieder zum Stehen kam, meinte der Vater: „Jetzt ist aber Schluss. Früher wolltest du fünfmal hintereinander fahren und hast dich immer auf den Schwan gesetzt. Heute muss *einmal* reichen."

„Mein lieber Schwan", lachte der Junge.

Der Vater sprach weiter: „Einmal kam ein Mädchen und wollte sich draufsetzen, da hast du sie weggestoßen."

„Wie gemein von mir. Schieb mich nochmal an, Papa."

„Noch einmal, dann gehen wir weiter", bestimmte die Mutter.

Stephan setzte sich wieder auf den Schwan.

„Zum Abgewöhnen", meinte der Vater. „Abschied von der Kindheit."

Aber dann sprang Stephan plötzlich wieder vom Karussell herunter, weil zwei kleine Jungen kamen. Der Jüngere der beiden setzte sich auch auf den Schwan, der andere auf das Pferd. Robert brachte das Karussell noch einmal in Schwung, und die Kinder jauchzten vor Vergnügen. Inzwischen kamen die Eltern der beiden näher.

„Danke, nett von Ihnen", lobte die Frau. Und das ältere Kind sang: „Das Karussell geht immer rundherum, rundherum und du bist dumm und dumm und dumm…" Sein Vater rief: „Ja, das Leben geht auch rundherum und immer dieses dumme Einerlei."

Robert zuckte mit den Schultern. „Bei uns gibt es kein Einerlei. Mir wird manchmal sogar zweierlei."

„Vielleicht schaffen Sie sich die Probleme selber. Man darf nicht alles so tragisch nehmen", erwiderte der Mann.

Robert dachte: *Was weiß der schon von unserem Leben.* Er versuchte, Andrea und Stephan zum Gehen zu bewegen, aber sein Sohn stand verträumt da und blickte zu den beiden quietschvergnügten Jungen hin.

Andrea stieß Stephan an und flüsterte: „Du erinnerst dich wohl daran, dass du auch einmal so klein warst, wie?"

„Ja, war schön, aber erwachsen sein ist noch schöner."

„Ich weiß warum", bemerkte sie, „weil man als Erwachsener nicht mehr auf seine Eltern hören muss."

Der Mann, der sich den Dialog angehört hatte, meinte: „Als Kind sollte man schon noch auf seine Eltern hören, weil sie die Erfahrenen sind."

Stephan kicherte. „Gern tu ich das nicht, aber ich tu's halt."

Andrea bat Stephan und Robert weiter zu gehen. Sie kamen am Brahms-Denkmal vorüber.

„Papa, wer war Brahms?", erkundigte sich der Sohn.

„Ein großer Komponist, der Klavierwerke geschaffen hat. Er hat auch Volkslieder gesammelt. Als Baby haben wir dir auch ein Schlaflied von ihm gesungen: *Guten Abend, gut' Nacht, mit Rosen bedacht...*"

Stephan fiel ein, dass sein Vater den Fotoapparat mitgenommen und er noch kein einziges Mal ein Foto gemacht hatte. „Papa, gib mir bitte mal die Kamera", bat er.

Robert reichte sie ihm. Stephan nahm das Brahms-Denkmal auf. Hinterher bat er seine Eltern, sich nebeneinander zu stellen, um von ihnen ein Bild machen zu können. Sie taten ihrem Sohn den Gefallen.

Stephan wollte noch einmal zum Seeufer gehen. Seine Eltern folgten ihm. Robert griff nach Andreas Hand, aber sie zog sie schnell zurück. Stephan beobachtete dies.

Andrea fröstelte. Sie zog ihren Kopf ein. „Mir ist kalt", jammerte sie. „Jetzt wird es Zeit, in ein Café zu gehen", fügte sie hinzu.

„Papa könnte dich ja wärmen", fiel dem Sohn ein, worauf Andrea ärgerlich erwiderte: „Steffi, mach nicht immer wieder solche Anspielungen. Wir haben uns getrennt und dabei bleibt es. Wenn du mal erwachsen bist, wird es dir egal sein."

„Mir wird es nie egal sein. Ihr seid meine Eltern, und ich brauche euch auch, wenn ich erwachsen bin. Ich will studieren."

Andrea war verblüfft. „Kürzlich hast du gefragt, ob du das Abitur machen musst. Das passt nicht zusammen, Steffi."

Der Sohn meinte, er könne sich ja auch geändert haben.

„Davon habe ich noch nichts gemerkt", brachte Andrea den Einwand, worauf der Vater meinte: „Ich glaub an dich, Steffi. Du wirst das Studium schaffen, wenn du nur willst."

Andrea legte ihre Hand auf Stephans Arm und flüsterte: „Ich glaube auch fest an dich, aber ein bisschen wundern darf ich mich schon noch, wie?"

„Ach, Mama, du wirst dich noch öfter wundern

müssen."

„Das kann durchaus sein", erwiderte Robert an Andreas Stelle. „Du bist ja ein Wunderknabe, auch wenn du manches noch nicht begriffen hast. Aber mit der Zeit wird's schon werden."

Stephan blicke plötzlich ernst. „Sagt mal, können Vater und Mutter den Kindern Freunde sein, auch wenn sie sich voneinander getrennt haben?", wollte er wissen, und er fügte noch rasch hinzu: „Ich möchte das so."

Erst zuckte Robert mit den Schultern, weil er nichts damit anzufangen wusste, doch dann kam die Erkenntnis: „Oh ja, das möchte ich auch unbedingt und deine Mutter sicher auch, nicht wahr, Andrea?"

„Wenn ich wüsste, wie sich unser Junge das vorstellt."

„Einfach nur Freunde, freundlich zueinander sein. Ist das so schwer zu verstehen?"

Robert versuchte, seine Version darzulegen. „Vielleicht ist das jetzt der Anfang unserer Freundschaft. Verwandt sind wir ohnehin miteinander. Wir gehen jetzt gemütlich Kaffee trinken, und am Abend stoßen wir bei uns in Weilheim mit Sekt an. Du bekommst auch ein paar Schlückchen davon, Steffi."

Stephan lächelte zufrieden. „Gepunktet."

Sie schwiegen alle drei eine ganze Weile, bis Stephan die Stille unterbrach: „Wenn ich mal heirate, geh ich nicht weg von meiner Frau. Sonst ist sie traurig. Papa, du bist deshalb auch traurig, nicht wahr?"

Robert erschrak über diese Worte. Ihm lief es heiß und kalt über den Rücken, aber er schwieg. Dafür erwiderte Andrea:

„Steffi, du Klugscheißer. Was weißt du denn schon von einer Ehe."

„Toll, Mama. Jetzt hast du endlich auch einmal *Scheiße* gesagt. Solche Damen wie du eine bist sagen das nicht."

Andrea unterdrückte ihr Lachen. Sie legte die Handflächen auf ihre kalten Wangen. „Mir ist eisigkalt. Also los, gehen wir ins Café. Hoffentlich lässt sich bald der Frühling sehen. Immerhin haben wir schon April."

Der Junge blickte zum Firmament hinauf und rief: „Mama, schau doch mal hinauf, die Sonne wird gleich herauskommen. Oben ist schon ein blauer Fleck. Juhu, es wird wärmer."

Hört, hört, unser Wetterprophet", amüsierte sich Robert. Und dann gab er Stephan einen Schubs und rief: „Komm, geh weiter. Sonst erfriert uns deine Mama noch."

„Sie wird nicht gleich Frostbeulen kriegen."

Die Mutter schüttelte verärgert den Kopf. „Steffi, du bist sowas von frech. Robert, kannst du ihm seine Frechheit nicht abgewöhnen? Zumindest könntest du ihn zurechtweisen. Er muss nicht immer das letzte Wort haben."

Sie betraten nun ein Café. Andrea wurde es bald wieder wärmer. Sie erinnerte sich auf einmal daran, wie damals in Kärnten Frank Leroux in das Café gekommen war. Dies hatte ihren Urlaubsplan zerstört. Nie mehr war diesbezüglich zwischen Robert und ihr ein Wort gefallen. Jetzt versuchte sie, diesen Gedanken daran zu verscheuchen. Gleich dachte sie wieder an Markus, den sie bald treffen würde.

Robert sinnierte über Marika nach, und darüber, was sein würde, wenn sie wieder vom Schwarzwald nach München zurückkehrte.

„Mama, wo bist du mit deinen Gedanken. Ich frage

dich zum zweiten Mal, ob dir der Kuchen schmeckt. Und du gibst keine Antwort. Du siehst mich nicht einmal an."

Robert murmelte: „Sie denkt an Markus."

„Lass das bitte", rief Andrea ärgerlich. „Ich überlege, was Steffi einmal studieren wird."

Dass sie daran gedacht hatte, war gelogen.

„Wahrscheinlich Umwelttechnologie", meinte der Sohn. „Jochen studiert es leider nicht."

Der Vater schüttelte den Kopf. „Du kannst ihm keine Vorwürfe machen. Es hat sich anders ergeben, weil er Margitt geheiratet hat. Mir hat er erzählt, dass er nach seinem Studium bei seinem Schwiegervater ein Büro bekommt und er sich als Rechtsanwalt auf Umweltprobleme spezialisiert. Ist das etwa nichts?"

„Doch", entgegnete Stephan, „das ist viel."

„Siehst du! Und deine Idee, Umwelttechnologie zu studieren, ist großartig. Bis dahin vergehen noch viele Jahre. Immerhin hast du was von deinem Bruder gelernt."

„Das hat er", bestätigte auch Andrea, der soeben eine Haarsträhne ins Gesicht fiel, die sie rasch hinwegwischte. Sie fügte ihren Worten noch hinzu: „Und Steffi, du hast doch davon geredet, dass wir uns noch oft über dich wundern werden, aber hoffentlich immer nur im positiven Sinn."

„Das zu schaffen, wird eine Kunst für unseren Steffi sein", meinte der Vater und grinste seinen Sohn an.

Ende